당신은
어떤 세상을
살고
있습니까

What Kind of World are You Living In:
Personal Essays on Politics

By Kang Mi Sook

Published by Hangilsa Publishing Co. Ltd., Korea, 2022

당신은
어떤 세상을
살고
있습니까

지극히 사적인 정치에세이

강미숙 지음

한길사

이제야 깨닫는다.
나는 경계에서 밀실을 지향하면서도
늘 광장을 잊지 않고 있었음을,
광장으로 통하는 길은
언제나 열려 있었음을 말이다.

작은 등대가 될 수 있다면

• 프롤로그

눈물이 많다. 아직도 흘릴 눈물이 남았나 싶게 어떤 생각만 하면 지금도 엉엉 잘 운다. 어릴 때 엄마에게 억울하게 야단맞으면 서러워 눈물부터 북받쳤다. 그러면 내 방에 들어가 미처 강변하지 못한 마음을 찢어둔 달력 뒷장에 빼곡히 쏟아냈다. 타블로이드만 한 새하얀 달력이 점점 새카매질 때쯤 억울함 이면에 숨겨진 진짜 내 마음이 보이기 시작했다. 창피하고 미안해진 마음까지 마저 쏟아내고 나면 툭툭 털고 골방을 나올 수 있었다. 내 머리로 정리하지 않으면 다음 걸음을 내딛지 못하는 관념의 과잉과 행동 박약은 그 시절 엄마보다 더 늙은 어미가 된 지금도 변함이 없다.

스무 살에 받아든 존재론적 질문, '어떻게 살 것인가'는 하늘의 뜻을 안다는 오십이 넘은 지금도 현재진행형이어서 '어떻게 살 것인가' '사람은 무엇으로 사는가'라는 질문을 천착하며 산다. 나는 1960년대와 70년대 생의 경계에 있고 1980년대와 90년대 청춘의 경계에 있으며 지리적으로는 원주와 여주의 경계에 있다. 경계에 있다는 것은 어느 쪽으로도 확장될 여지가 있으니 열려 있는 동시에 언제든 보이지 않게 숨어들기 좋다는 뜻이기도 하다. 날개가 한 번 꺾인 나는 오랫동안 그 경계에서 조용히 살았다.

그런 나를 세상 밖으로 끌어내준 두 스승은 유시주 선생님을 비롯한 북클럽 동료들과 페이스북 벗들이다. 오랫동안 잊고 살았던 나의 지적 허기를 깨워준 유시주 선생님 덕분에 경계를 벗어나는 뫼르소의 '기막힌 자유'를 맛보았고, 나의 삶은 전환기를 맞았다. 더불어 다른 환경과 다른 삶의 이력으로 살아온 북클럽 동료들과의 만남은 오랜 세월 무의식이 만들어온 긴장과 방어벽을 허물며 확장된 세계와 만나는 긴장과 설렘을 안겨주었다. 그리고 또 하나, 페이스북에서는 특별할 것 없는 이야기를 턱 괴고 들어주는 이들이 있어 마음부자가 되었다. 디지털 시대의 광장은 각자의 방식으로 자신을 드러내는 또 하나의 사회다. 책이나 생각, 여행 따위의 일상을 공유하는 것은 그 안에 깃든 상념과 보편적인 정서를 나누는 동시에 세상과 인간에 대한 이해를 넓히는 것이기도 하다.

이제야 깨닫는다. 나는 경계에서 밀실을 지향하면서도 늘 광장을 잊지 않고 있었음을, 광장으로 통하는 길은 언제나 열려 있었음을 말이다. 어릴 적 골방에서 억울함을 풀어놓던 달력은 페이스북의 담벼락이 되어 내 눈물을 닦게 하고 문을 열고 마당으로 나갈 힘을 주며 때로는 "그래도 이건 아니잖아요"라고 외칠 용기를 준다. 비록 온라인이지만 개별성과 고유성을 가진 이들과 연결되어 있다는 경이로움은 삶을 살아가는 용기를 주고 무한한 가능성과 상상력의 원천이 된다. 그리하여 나는 밀실과 광장, 혼자와 여럿의 긴장관계로부터 등거리를 유지하고 개폐의 자유로움을 누리며 산다. 끊임없이 타자와 소통하는 방법을 배우고 익히지 않으면 생물학적 나이와 관계없이 스스로를 밀실에 유폐시키게 될지도 모른다는 위기감을 안고 말이다.

개개의 동물들은 주변 생태계, 즉 주체에 따라 존재하는 시간과 공간이 다르므로 저마다 다른 움벨트(Umwelt)*를 갖는다. 땅속에서 7년을 살다 성충이 된 매미와 하루를 살다 죽는 하루살이, 그리고 인간의 하루는 얼마나 다른 것인가. 움벨트는 자신의 감각세계를 중심으로 한다는 의미에서 자기중심적이다. 우리는 같은 세상을 공유하지만 저마다 다른 움벨트, 각자의 사유체계 속에서 세상을 읽고 타인의 세계를 이해한다. 다양성을 인정한다는 것은 저마다 독립된 움벨트가 있음을 이해하는 것이다. 다양한 관점으로 사물과 자연, 인간을 이해하지 않는다면 타자의 움벨트와 연결되지 못하고 고립될 수밖에 없다.

그러나 지금은 생각의 속도가 세상이 변화하는 속도를 따라잡지 못한다. 진짜와 가짜, 현상과 본질을 분별하기 어렵고 보이는 것이 전부가 아님을 안다 해도 이면에 숨겨진 진실이 여간해서는 잘 보이지 않는다. 그러다보니 자신의 고유한 세계인 움벨트가 진정 자신의 것인지조차 모호해지는 것이다. 어쩌면 이 시대에 가장 필요한 능력은 보이지 않는 것을 보는 눈, 사실과 거짓을 식별하여

* 하나의 생명체가 주관적으로 인지하는 세계. 저마다 처해 있는 환경이 다르므로 세상을 보는 방식도 다르다.

자신의 고유성을 왜곡하지 않는 것인지도 모른다.

　나의 움벨트는 시골살이를 하며 퍽 명징하게 확장되었다. 시골살이가 주는 제일 큰 기쁨은 식물이 생로병사하는 한 과정을 다 볼 수 있다는 것이다. 햇살 홀로 심심한 마당에 비와 바람, 새의 배설물에 실려온 씨앗들이 온갖 꽃을 피워낸다. 텃밭은 또 어떤가. 토마토꽃, 참외꽃, 쑥갓꽃 등속의 노란 꽃 사이에서 새초롬하게 보랏빛 꽃을 내어보이는 치커리를 보며 감탄하게 된다. 세상에 꽃 없이 열매를 맺고 자손을 번식하는 식물이 어디 있으랴. 하지만 생각지도 않았던 데에서 꽃을 발견하면 어찌 이 단순한 이치를 모르고 살았을까, 내가 모르는 건 아직도 얼마나 많으냐 싶은 것이다. 더러 자기 생의 바다를 건너느라 지친 이들을 만나면 마당 한구석 누가 봐주지 않는데도 작고 갸냘픈 몸으로 힘껏 꽃을 피워 올린 고들빼기 이야기를 들려주고 싶어진다. 열매 맺는 것들은 다 꽃을 피운다고. 우리도 어디엔가 작은 꽃을 피우며 살고 있는 건지도 모른다고.

　'개인적인 것이 가장 정치적'이라는 테제처럼 흔히 숨 쉬는 것을 제외한 나머지는 모두 정치라고 한다. 하지만 어느 부분에서건 약자가 되어보면 숨 쉬는 것마저 정치의 자장 안에 있음을 금세 알아차리게 된다. 의식주를 비롯하여 일상의 그 모든 것들은 다 정치적이다. 신영복 선생은 "변방을 찾아가는 길이란 결코 멀고 궁벽한 곳을 찾아가는 것이 아니며 각성과 결별 그리고 새로운 시작이 있는 곳이라면 바로 그곳이 변방임을 새삼 깨닫게 된다"고 했다. 변방은 단지 공간의 문제가 아니라 주류 이데올로기에 종속되지 않고 자신만의 고유성과 개별성으로 연대하는 것, 그리고 바로 이 지점에서 창조가 시작된다는 것을 의미하는 것이리라. 이 책은 그런 이유로 기획되었다. 정치란 정치인들의 고유한 영역이 아니라 인간의 삶이 놓이는 그 어떤 곳에도 한줌 햇살처럼 따스하게 내려앉아야 하는 것임을 동시대를 함께 살아가는 동료들과 공유하고 싶었다.

'잠든 사람은 깨울 수 있지만 잠든 척하는 사람은 깨울 수 없다'는 말이 있다. 세상을 배우고 깨우치는 것이 인생 전반기만의 일이 아닌 바에야 이왕이면 내가 욕망하는 것이 무엇인지, 욕망을 어떻게 공공선과 조화롭게 발현시킬 것인지 늘 사유하는 습관을 잃지 않으려 한다. 세상을 보는 눈을 키우는 것은 실체와 그림자를 분별하는 과정이며 나아가 참과 거짓을 가려내 나를 둘러싼 시간과 공간을 설명하기 위함이다.

지난 2년 남짓한 글을 묶으며 나무에 죄 짓는 일은 안 하리라 했던 다짐은 내 부끄러움으로 남았다. 부끄러움을 상쇄하는 길은 밀실에 숨지 않고 광장을 기억하는 것, 강물이 바다를 잊지 않듯 강물로 이르는 길을 열어둠으로써 '나'를 넘어 '우리'의 가치를 잊지 않는 것이라 믿는다. 부족한 글, 때로 편협한 내 견해가 길 잃은 누군가에게 지도가 되고 작은 등대가 될 수 있다면, 단 한 사람이라도 눈물을 닦아줄 수 있다면 나무에 빚진 마음을 견딜 수 있을 것 같다. 그리고 꽃피는 춘삼월임에도 북풍한설이 사무치는 오늘, 연은 순풍이 아닌 역풍일 때 더 높이 더 잘 난다는 자연의 가르침을 기억하려고 한다. 광장으로 나가게 도와준 유시주 선생님과 북클럽 동료들, 그리고 기꺼이 정신적 교유를 허락하신 내 페이스북 벗들에게 머리 숙여 감사와 존경을 전한다.

2022년 3월
부론 은섬포 나루에서
강미숙

**당신은
어떤 세상을
살고
있습니까** 지극히 사적인 정치에세이

2 작은 꽃을 피우는 사람들

3 일상은 나의 힘

4 세상이 들려준 이야기

1

우리가 사는 세상

사람 사는 세상은
'돌아오는' 게 아니라
끊임없이 진보하는
'지금'이어야 한다.

공고한 것들이 무너질 때

앙시앵 레짐에서 자유롭지 못한 인류

1830년 프랑스 7월 혁명의 한가운데에서 집필하고 이듬해 발표한 빅토르 위고의『파리의 노트르담』은 고딕양식의 백미라 할 수 있는 노트르담 성당을 배경으로 한 작품이다. 1482년 1월 6일을 시작으로 찬연한 고전시대의 문화가 몰락하는 15세기 말, 종교적 삶과 교회의 지배력이라는 어둠 속에서 종교개혁의 여명이 밝아오는 때가 이 작품의 시간적 배경이다.

위고는 이 작품을 통해 종교개혁을 거부한 결과라고도 할 수 있는 '앙시앵 레짐'이라는 구체제의 모순으로 시작된 프랑스혁명이 이미 그때부터 맹아가 싹터온 것임을 우회적으로 보여준다. 동시에 자신의 감정에 충실함으로써 낡은 권위에 도전하는 새로운 인물들을 통해 멀고도 험난한, 그러나 그 길만이 인간의 존엄을 회복할 수 있는 유일한 길임을 천명한다. 자유의지를 지닌 에스메랄다와 천한 신분인 카지모도의 선한 행동은 클로드 부주교의 위선과 크게 대비된다.

작품 도입부인 광인절 연극에는 카지모도를 광인교황으로 선출하는 장면이 나온다. 작품 속 관객들은 당시 신학자, 교회법 제정자, 의사, 소송대리인 등 사회 상위계층으로서의 역할을 제대로 해내지 못하는 사람들일 뿐 아니라 최고의 권위를 자랑하던 교황마저 일그러진 인물로 보고 있음을 드러낸다. 최후까지 부패해서는 안 되는, 사회의 기준이 되어야 할 교권이나 신마저 비판의 대상으로 전락한 것이다.

귀머거리(청각장애인이라 써야 한다는 정치적 올바름은 잠시 접어 두자) 카지모도가 에스메랄다 납치범으로 재판받을 때 그를 재판한 판사도 귀머거리였다. 이 때문에 재판정은 폭소로 가득 차고 마침 파리시장이 참관하고 있었기에 카지모도는 판사와 시장을 웃음거리로 만든 죄목으로 한 시간 태형이라는 가중처벌을 받는다. 당시 사법제도의 병폐와 판사들의 특권의식, 정의가 몰락해가는 혼란스러운 상황이 이 재판에 오롯이 담겼다. "판사들은 그저 듣는 척하면 되는 사람들"이라니, 위고의 통찰력은 오늘날 한국사회에서도 새겨들을 만하다. 귀머거리여도 재판할 수 있는 시스템, 진리는 오직 연금술뿐이라며 자신의 물욕을 부끄러워하지 않는 클로드 부주교의 몰염치가 쌓여 앙시앵 레짐을 만든 것이다. 그리고 인류는 지금도 앙시앵 레짐에서 자유롭지 못하다.

이 작품에서 내가 백미로 꼽는 가장 인상적인 부분은 클로드 부주교가 책상 위에 있는 성경과 노트르담 성당을 가리키며 절규하는 장면이다.

"어찌할 것인가! 이것이 저것을 파괴하다니! 어찌할 것인가! 작은 것이 큰 것을 파괴하다니! 책이 건물을 파괴하다니!"

각국의 언어로 번역되어 민중이 스스로 읽게 된 성경책으로 인해 사람들에게 기독교의 권위로 상징됐던 교회 건축이 힘을 잃어가는 것을 한탄하는 말이다. 당시 성경은 성직자들이 독점한 라틴어로만 쓰였고, 신도들이 접할 수 있던 성경의 내용은 설교와 성당 내부에 만들어놓은 스테인드글라스로 표현된 몇몇 장면뿐이었다. 웅장한 규모와 화려한 색채로 신도를 압도하던 교회 건축이라는 언어가 민중의 언어로 읽히기 시작하며, 하늘 높은 줄 모르던 첨탑과 같은 교회의 권위는 지상으로 내려왔다. 인쇄된 책을 통해 민중들은 자신의 목소리로 말하게 되고 신앙은 무너져내릴 것이라는 클로드 부주교의 탄식은 패러다임의 전환을 감지한 것이다.

실제로 당시 역사를 보면, 고딕양식을 끝으로 신을 찬미하는 방법은 건축에서 인쇄술로 완전히 넘어갔다. 신이 바벨탑 건축을 훼방 놓기 위해 인간의 언어를 모조리 다르게 만들어버렸지만 인류는 문자를 만들고 인쇄술을 발명해 신의 의지를 꺾었다.

듣는 척하는 사법부의 민낯

국정원, 법무부, 행안부의 권력기관 개혁 합동 브리핑을 보며 뭉클했다. 그 자신이 피해 당사자이기도 한 박지원 국정원장은 국정원 개혁을 보고하면서 1961년 중정 창설 이후 처음으로 국정원이 해야 할 것과 하지 말아야 할 것을 명확히 규정했다며 국민의 대표기관인 국회에 의한 민주적 통제를 받게 되었다고 말했다. 더 이상 국정원의 정치개입은 없을 것이며 댓글사건, 민간인 사찰과 같은 구태를 청산함은 물론 진상규명에도 적극 나설 것이라고 말이다. 좀 늦은 감이 있지만 이제 국정원은 더 이상 국내정치에 개입하여 정보권력의 칼을 휘두르는 일은 하지 못할 것이다.

추미애 법무부장관은 자신의 상급 기관장과 임명권자인 대통령까지 겁박하는 검찰총장의 불법적 행위를 징계하는 초유의 일을 해냈다. 추 장관은 검찰이 새로운 형사사법 시스템을 통해 국가형벌권을 실현하는 공소기관으로 자리매김할 수 있도록 하는 검찰개혁 작업을 계획대로 진행하고 있음을 발표했다. 수사권과 기소권을 통해 마음만 먹으면 영혼까지 탈탈 털 수 있는 무소불위의 권력인 검찰총장의 행태에 대해 법과 절차에 따라 징계하는 성과를 올림으로써 그 자리가 엄연히 법무부장관의 감독하에 있는 민주적 통제의 대상임을 증명했다.

마지막으로 행안부장관은 자치경찰제 도입과 국가수사본부 설치 등 경찰개혁의 법제화를 통해 경찰에 대한 민주적 통제와 국민을 보호하고 헌신하는 본연의 역할에 충실하겠노라 발표했다. 브리핑은 약 11분에 지나지 않았지만 이는 실로 70년이 넘도록 외쳐온 개혁의 성과였다. 국정원, 검찰, 경찰개혁의 공통점이라면 국민을 겁박하는 권력기관이 아닌 국민을 위한, 국민의 인권보호를 최우선으로 하는 권력기관으로 거듭난다는 것이다. 이 당연한 것을 되찾는 데 무려 73년이 걸렸다. 이제 최소한 국정원이 내 뒤를

처다보고 있을지도 모른다는 원초적인 두려움에 떨지는 않아도 된다.

오랫동안 권위를 누려온 것들이 무너지는 것은 석화(石化)된 시간이 긴 만큼 지난한 과정이 필요하다. 섣불리 덤벼들다간 목숨이 남아나지 않음을 익히 봐왔기에 신중하고 또 신중해야 한다. 해임이 아니라 고작 정직 2개월이냐고 실망하시는 분들도 많지만 성과가 작지 않다고 생각한다. 검찰 기관지로 전락한 언론은 그렇다쳐도 심지어 정의당마저 개혁과 반개혁이라는 구도로 보지 않고 추·윤갈등으로 폄훼하는 마당에 털끝만큼이라도 절차적 결점이 있다면 애써 놓은 징검다리를 내 손으로 거두어들여야 할지도 모른다.

윤석열 검찰총장은 혐의 있음을 처분받았으니 당장 기소되어도 하등 이상할 게 없음에도 임기를 보장받는 자신을 쫓아내기 위한 술수라고 끝까지 결사 항전할 뜻을 밝혔고 추미애 장관은 징계를 받아야 할 정도로 부하를 제대로 관리감독하지 못한 자신의 과오를 인정하는 뜻으로 사의를 표명했다. 비상식과 비현실적인 일들이 매일 일어나서 이젠 상식과 비상식의 경계마저 헷갈릴 지경이다.

며칠 전 대법원은 세월호 사건으로 동료와 학생을 잃은 교사들이 세월호 진상규명과 책임자 처벌을 요구하는 시국선언에 참여했다는 이유로 교사 35명에게 국가공무원법 정치적 중립의 의무 위반을 들어 최종 유죄판결을 내렸다. 힘없는 교사와 말단 공무원들은 서릿발 같은 법해석으로 처벌하면서 똑같이 국가공무원법이 적용되는 검사들의 집단 반발과 징계절차마저 정치화하는 검찰총장에 대해서는 오뉴월 햇살 같은 법해석을 내놓는 행태는 빅토르 위고가 말한 대로 '그저 듣는 척하는' 사법부의 민낯이다.

역사에 대한 낙관

나는 이 모든 것이 과거 힘 있는 집단들이 부당한 방법으로 쌓아올린 앙시앵 레짐이 무너지기 시작하는 신호로 들린다. 『파리의 노트르담』 광인절 연극에서처럼 사법부와 검찰, 소송대리인, 교회 권력과 자본이 얼마나 철저하게 수직적인 기득권 카르텔로 묶여 있었는지 확인하는 것만으로도 큰 성과가 아니겠는가.

공고한 것들이 무너질 때는 시끄럽기 마련이다. 오랜 세월 동안 기본적으로 누려오던 반칙과 특권을 빼앗기는데 조용히 내어줄 리 만무하다. 클로드 부주교가 책이 건축을 무너뜨린다고 절망했듯이 우리는 깨어 있는 시민의 조직된 힘, 수평적인 촛불의 힘이 거대한 수구 기득권에 조금씩 균열을 가하고 있는 것이라고 믿어 의심치 않는다.

산업혁명으로 경제구조 전반이 바뀌는 시기에 앙시앵 레짐이 폭발한 1789년 프랑스 혁명은 1848년 2월 혁명으로 공화정을 이끌어냈다. 구질서가 약화되고 노동자계급이 역사의 전면에 등장하기까지 무려 60년이 넘게 걸렸다. 문재인 정부가 촛불시민의 힘으로 세워졌다고 해서 이 정부가 모든 것을 혁명적으로 바꾸어놓을 거라고 기대하지는 않았는가. 문재인은 대통령으로서 마음에 안 든다는 이유로 검찰총장이든 판사든 장관이든 대통령에게 주어진 권한을 최대한 사용하여 징벌하거나 파면해도 된다고 생각하는 것은 아닌가.

가끔 나도 모르게 '권력을 행사하라고!' 하는 내 안에 내면화된 권위주의 시대의 잔재를 발견할 때마다 흠칫 놀란다. 그런 점에서 더디고 고구마 먹은 듯한 답답함이 없지 않지만 우리 역사의 어느 시기보다 민주주의 원리가 정상적으로 작동하고 있다고 생각한다. 입법부는 입법부의 일을, 사법부는 사법부의 일을 하고 대통령은 행정수반으로서 국정을 안정적으로 통치할 의무가 있다. 행정명령과 같이 대통령의 권한을 법으로 명시하고 있지만 그것을 최소화하는 것도 민주주의를 훼손하지 않는 길이다. 마치 로베스피에르처럼 기득권을 숙청하는 공포정치를 요구하거나 과거 권위주의 시대에 권력을 함부로 남용하던 대통령들처럼 하라고 주문하는 것은 독재자가 되라는 것과 다름없다.

과거 이명박 정부가 들어설 때 많은 사람은 시스템이 퇴행을 막을 것이라고 했지만 저들은 어렵게 쌓아올린 개혁적 성과들을 너무나 쉽게 무위로 돌려놓았다. 개혁이 혁명보다 어렵다는 것은 단순한 수사가 아니라 돌이킬 수 없도록 법제화하고 불문율이 될 때까지 인내해야 한다는 뜻일 것이다. 당연히 피로하고 짜증날 수밖에. 그러나 법치(rull of law)라는 원칙을 지키지 않으면 어떤 것도 정당성을 확보하지 못한다는 것을 잊지 말아야 한다. 우리가 할 수 있는 일은 개혁법안은 국회의원들에게, 사법정의는 법관들에게 요구하고 행정부는 법에 근거한 절차적 정당성하에 개혁 작업을 해나가라고 주문하는 것뿐이다.

개혁은 대통령 한 사람, 선두에 있는 한두 사람의 힘으로 되는 것이 아니라는 것을, 그러니 잃지 말아야 하는 것은 원칙과 역사에 대한 낙관임을 새삼 확인하는 요즘이다. (2020.12.17)

겨울은 강철로 된 무지개

겸허해지는 계절

내 고향 강릉에서는 코털마저 바짝 얼어붙게 만드는 한겨울 대관령에서 불어오는 칼바람과 나무가 싹을 틔우고 난 늦봄에 천방지축 망나니 날뛰듯 온힘을 다해 불어대는 광란의 높새바람을 견뎌내야 비로소 여름으로 넘어가는 잠깐의 평온한 봄을 즐길 수 있었다. 푄 현상으로 강릉의 겨울은 따뜻하지만 태백산맥의 험준한 마루에서 남대천을 타고 내려오는 골바람과 봄철의 집요한 높새바람은 아직 겨울이 끝나도 끝난 게 아니라는 경각심을 갖게 한다. 오히려 겨울의 칼바람보다 더 매섭게 느껴지고 숨 쉬는 것조차 버겁게 몰아세우며 사람과 남루한 삶을 송두리째 드러내게 만든다. 모든 것을 다 날려버리겠다는 집요함 앞에서는 모처럼 다듬은 머리도 맵시 있게 차려입은 옷매무새도 다 무용지물이다.

하지만 오랫동안 좋아했던 계절은 역시 겨울이었다. 무려 성장기 8년 동안이나 아침저녁으로 태백산맥 산마루에서 휘몰아치며 내려오는 칼바람을 맞으면서 등하교했던 기억 때문인지 미처 다

말리지 못하고 나온 머리카락이 상고대처럼 바람 방향으로 딱딱하게 얼어붙어서 뚝 부러뜨려 칼싸움도 할 수 있을 것 같았던 한 겨울을 사랑했다. 나에게 마조히즘적인 면이 있는지 그곳을 떠나고 나서도 일 년에 한두 번씩 겨울산을 찾아가 정신이 번쩍 들도록 온몸에 칼바람을 두들겨 맞고서야 섭섭하지 않게 겨울을 보낼 수 있었으니 일종의 자발적인 '얼차려'인 셈이다.

겨울은 사람도 자연도 겸허해지는 계절이다. 무성한 여름의 신록이 화려한 연지곤지 원삼 족두리로 치장하는 계절이 지나고 마지막 잎새마저 흔들어 떨궈낸 나목은 먼 길 돌아온 겨울의 언 강처럼 관능적이고 육감적이다. 자신의 속살을 하나도 남김없이 다 드러내고 그 어느 때보다 당당하게 서 있는 나목을 사랑하는 이유다.

진짜와 가짜가 뒤섞여 버무려지면 어느 것이 진실이고 어느 것이 거짓인지 알 수 없다. 기압이 높아지고 기온이 낮아지는 겨울이 다가오면 나무가 옷을 벗고 자신의 온전한 모습을 드러내듯 가면무도회가 끝나면 사람도 제 본모습을 드러낸다. 분장이나 가면을 벗고 갖은 장신구를 떼어내고 날것 그대로만 남는다. 가장 어렵고 힘든 계절이 오면 더는 위선으로 감출 수 없으니 난세에 영웅이 난다고 하는 것도 그런 맥락일 터이다. 그래서 신동엽 시인은 「껍데기는 가라」에서 "껍데기는 가라"며 "한라에서 백두까지/향기로운 흙가슴만 남고/그 모오든 쇠붙이는 가라"고 절규했나 보다.

28

권력은 국민의 삶을 바라봐야

난 요즘 매일 지축을 울리는 진군의 북소리를 듣는다. 어디선가 깊숙한 곳에서 터져나오는 발 구르는 소리가 북소리를 동지 삼아 지축을 울리며 점점 다가오는 환청을 듣는다. 맨 앞에 용장을 앞세우고 말이다.

사랑은 아름다우나 진화하지 않는 사랑의 끝은 환상이 깨지고 속절없는 감정에 휩싸이게 되는 환멸(幻滅)로 귀착되기 쉽다. 그래서 권력을 가진 자들의 민낯을 보게 되면 실망과 분노 끝에 정치혐오로 연결되는 것이다. 하지만 파괴 없는 창조가 가능한 일이던가. 무릇 환멸(幻滅)을 느껴야 번뇌를 끊고 깨달음의 세계로 돌아간다는 환멸(還滅)로 나아갈 수 있는 법이다.

혁명보다 어려운 게 개혁이라고 한다. 환멸(幻滅)을 환멸(還滅)로 이끌어내는 것, 백 년 넘게 쌓여온 기득권의 폭압과 모순의 연결고리를 끊어내고 권력이 국민의 삶을 바라보게 만드는 것, 이제 정치권이 배턴을 받아 역할을 해야 할 때다.

상록수라 사랑받으며 겨울에도 독야청청 푸르름을 자랑하는 소나무도 사실은 조용히 옷을 벗는다. 새잎을 내면서 동시에 소리 없이 진부해진 잎을 떨궈내고 나무는 청솔을 뿜어내며 우뚝 서는 것이다. 소나무 아래 떨어진 묵은 솔잎 덕분에 소나무 주변엔 관목이 자라기 어렵다.

소나무가 세월의 더께를 품고 사시사철 하늘로 푸르게 뻗을 수 있는 것은 젊고 싱싱한 것들에게 자리를 내어준 낡은 것들이 좌절하지 않고 그 자리를 지켜준 덕이다. 소나무가 자리 잡고 나면 새로운 것들에게 품을 내어주고 그늘에서도 잘 자라는 참나무가 비집고 들어와 소나무와 경쟁하며 숲은 천이과정을 거친다.

나무와 관목들이 어우러져 무성한 숲은 친근해서 좋지만 소나무처럼 독야청청 수피를 튼실히 하며 자라는 나무 한 그루도 기품 있어 좋다. 일이라는 건 어울렁 더울렁 함께 가야 할 때가 있는가 하면 무소의 뿔처럼 혼자서 가야 할 때도 있는 법이다. 대설이 다가오는 지금은 홀로 우뚝 서야 할 때다. 개와 늑대의 시간이 지나고 나면 소나무 밑둥치 어딘가에서 인고의 시간을 견디고 문자향 서권기(書卷氣)를 내뿜는 귀한 송이버섯을 얻을 수 있으리라. 벼랑 끝 두려움과 공포를 안고 기꺼이 칼 끝에 선 한 존엄한 사람, 개혁의 깃발을 높이 든 추미애 법무부장관을 보며 이육사 시인의 「절정」을 떠올린다.

"매운 계절의 채찍에 갈겨/마침내 북방으로 휩쓸려"와 서릿발 칼날 진 그 위에 선 '강철로 된 무지개'. (2020. 12. 4)

사람 사는 세상은 지금 여기에

코로나19로 달라진 일상

사람 사는 세상이 돌아와
너와 나의 어깨동무 자유로울 때
우리의 다리 저절로 덩실
해방의 거리로 달려가누나

노래 한 소절이 생각난다. 군사 정권에 항거하기 위해 청년들이
부른 민중가요 「어머니」라는 노래다. 이 노래를 부를 때마다 왜 사
람 사는 세상이 '돌아온다'는 걸까, 언제 사람 사는 세상이었던 적
이 있었나 의아했다. 20대 때는 저 산 너머에 사람 사는 세상이 따
로 있는 줄 알았다. 정치민주화와 부의 분배가 우리보다 한참 선
진적이었던 나라들이 부러웠다. 절차적 민주주의를 이루어냈지만
우리는 너무 뒤떨어졌고 주류와 기득권의 리그에 편입되려는 욕
망에 굴복한 채 스스로 맹목을 좇아 신화가 되고 신앙이 되어갔다.

어깨를 걸고 평등한 세상을 노래하는 순수한 시절이 아니었던 것이다.

사람 사는 세상은 어떤 세상인가. 지금 내가 살고 있는 이 세상은 사람 사는 세상이 요원한 곳인가. 무엇을 생각하고 말한다는 이유로 잡혀가거나 고문당할 것을 염려하지 않아도 되는, 정부를 비판하고 조롱해도 주위를 살피지 않아도 되는, 꿈을 유예하지 않고 공부에 매진하며 각자 하고 싶은 일에 몰두할 수 있는 지금은 사람 사는 세상과 거리가 먼 것인가. 유토피아는 어디에도 없는 세상이다. 우리는 진화해왔고 조금씩 사람 사는 세상을 만들어왔다. 인간은 어쩌면 현재에 한 번도 만족하지 않았기에 그 어떤 종도 해내지 못한 업적을 이뤄왔는지도 모른다.

우리는 팬데믹이 빨리 끝나기를 염원한다. 마스크에서 빨리 해방되었으면 좋겠다고 말한다. 하지만 해방되기 전에 생각해야 할 일이 있다. 코로나19로 못했던 일, 마스크를 써야 해서 하지 못한 일은 무엇이었는지 그리고 마스크를 벗고 자유롭게 활보할 수 있다면 무엇을 해야 하며 또 무엇을 하고 싶은지 말이다. 코로나19에서 벗어나면 완벽한 자유를 누릴 수 있을 것처럼 말하는 것은 어쩌면 미래의 사람 사는 세상을 꿈꾸며 현재의 고난을 자학적으로 인내하던 것과 닮았다.

코로나19가 아니었다면 결코 혹은 매우 어려웠을 변화들이 생겼다. 미술관이나 박물관에 가려면 사전예약을 해야 하지만 덕분에 여유 있게 관람할 수 있다. 반가운 건 순간이고 심한 다툼과 갈등으로 이어지기 쉬운 자리들이 적당하게 아름다운 거리를 유지할 수 있게 되었다. 한 번 옷깃을 스쳐간 사람에게도 청첩장을 건네던 결혼식 문화는 반강제적으로 스몰웨딩이 되고 성범죄가 일어나기 쉬운 온도와 습도를 조성했던 회식문화도 많이 축소되었다.

풍속이라는 이름으로 강제해온 온갖 규범과 행사로 가득한 명절의 의미는 급속하게 퇴색되었고 고강도 명절노동으로 갈등을 빚어온 것도 힘을 잃어가고 있다. 가족들끼리 정을 나누는 자리가 사라져 아쉬워하는 목소리도 있지만 누군가의 희생을 제물로 삼아 의미는 퇴색하고 형식만 남았던 반쪽짜리 축제는 오히려 절제와 진정성이라는 본래의 의미를 되찾아가고 있다.

아쉽고 불편하지만 응당 없어지거나 개선했어야 하는 것들이다. 코로나19가 가져다준 멈춤의 지혜를 삶의 변화로 연결 짓지 못하고 코로나19 이전으로 고스란히 회귀한다면 인류는 자연의 교훈을 학습하지 못한 무능력한 인류로 역사에 남을 것이다. 코로나19가 종식되면 마스크를 벗고 다시 예전처럼 살고 싶다고 하지만 과거로 돌아가는 것은 가능하지도 않고 그래서도 안 될 일이다.

어떻게 살 것인지 질문하는 팬데믹

우리 집은 모퉁이에 위치해 눈이 내리면 제설해야 할 공간이 넓다. 같은 라인에 세컨하우스가 있어 평일에는 사람이 없는 데다 옆

집은 여성노인 독거가구이니 80미터가 넘는 길의 눈을 치워야 한다. 집 앞 도로와 단지 입구 오르막을 먼저 치우고 맨 마지막에 집 앞마당과 뒷마당, 데크를 치우는 데 꼬박 오전 한나절을 작업해야 한다. 시간이 많이 걸리는 작업이지만 내가 사는 곳을 스스로 책임진다는 뿌듯함, 이웃이 내 집 앞을 지날 때 안전하게 다닐 수 있을 테니 그걸로 충분하다는 안도감 같은 건 돈으로도 살 수 없는 것들이다. 혹여 미끄러지거나 넘어져 다치기라도 하면 제설하는 수고로움 따위는 비할 수 없는 유무형의 고통을 겪게 될 것이다.

기업은 노동자들이 재해로 죽어가는 노동환경을 만들지 말아야 할 의무가 있다. 안전에 투자하는 비용이 사고난 후 발생하는 비용에 비하면 새 발의 피쯤 되는 환경이어야 기꺼이 안전에 투자할 의지가 생길 것이다. 처벌이 과해서 걱정된다면 비축한 자금으로 안전조치를 강화하면 될 일이지 복잡하게 생각할 일이 아니다. 중대재해기업처벌법은 누더기가 되었지만 그나마 만들어진 것이라도 잘 보완해서 철저하게 적용하라고 강제하는 수밖에 없다.

기업은 그렇다 치고 서비스 노동을 구매하는 개인은 사람 사는 세상을 위해 어디까지 비용을 분담할 의향이 있는 걸까. 폭설이 내리는 날 굳이 배달을 시킨다면 얼마의 위험수당을 지불할 용의가 있는가. 택배노동자들이 살인적인 물량을 감수하지 않아도 먹고 살 정도가 되려면, 위험수당과 퀵서비스 비용을 현실적으로 받으려면 고용주도 소비자도 사회적으로 비용을 분담해야 한다. 코로나19로 급증한 배달 물량으로 택배노동자들이 죽어간다고 너도 나도 성토하지만 택배비를 얼마나 더 부담할 의사가 있는지 스스로에게 물어야 한다. 명절이나 연말에 택배기사님께 작은 선물을 드리는 것으로 할 일 다했다고 생각한 건 아닌지, 근본적인 해결책이 아니라 '이 정도면 괜찮은 사람이야'라며 알량한 자족을 느끼는 것으로 알리바이를 만드는 것은 아니었는지 나 자신을 돌아본다.

눈이 와도 정부 탓, 제설작업이 늦어져도 정부 탓을 하는 거야 어쩌겠냐만 근무시간 외에 밤새도록 긴급 제설작업에 투입되어야 할 분들의 노동이 제값을 받으려면 우리도 세금을 더 부담해야 한다. 정부 탓도 기업 탓도 당연하다. 하지만 개인은 다 선한가. 오늘 같이 추운 날에도 낡은 안전화를 신고 밖에서 노동하는 분들이 많다. 우리 집도 물이 똑똑 흐르게 열어두었건만 혹한에 2층 수도가 얼어버렸다. 그런 날 업자를 부르려면 추가비용을 감수해야 한다. 나는 밑져야 본전이니 말이라도 해보자며 "비싸네요, 좀 깎아주세요"라고 말하지 않을 자신이 있는가. 혹한기와 혹서기 야외노동의 정당한 가치는 어떻게 매겨야 할까. 노동에 대한 존중, 사람과 생명에 대한 존중이 바탕에 깔리지 않으면 팬데믹이 종식되어도 우리는 위험을 사주하는 팬데믹 속에서 살아야 할지도 모른다. 결국 코로나19 팬데믹은 우리에게 어떻게 살 것인지 근본적인 질문을 던진다.

사람 사는 세상을 만들기 위해

미래인들은 코로나19에 우왕좌왕한 이 시기의 인류를 어떻게 기억하고 평가할까. 근대 이래 모든 것을 해결해줄 것이라 믿었던 과학이 이번에도 신속하게 백신을 개발해냄으로써 코로나19 종식에 다가가는 결정적인 역할을 했다. 코로나19에 대응하는 전 세계적인 정치적 무능을 과학이 간신히 지탱하고 있는 셈이다.

논리적인 이성과 검증된 근거를 활용해 작동하는 것이 과학이라면 정치의 영역은 가치판단과 의견의 영역이다. 과학은 가설과 실험을 통해 이론적인 정의가 맞는지 검증한다. 반면 정치는 각기 다른 역사적 토대 위에 형성된 경험의 산물이며 다양한 견해의 총합이다. 객관적으로 검증할 수도, 옳고 그름을 입증할 수도 없어 소란스럽다. 정치는 제한된 재화와 인적자원으로 우선순위를 정하고 조율하는 과정이다. 우선순위를 정하는 것부터 지극히 정치적이며 당파성이 반영된다. 그래서 그 어느 때보다 정부의 중요성이 부각되는 때다. 가히 세계대전에 비견될 만한 코로나19 정국은 각국 정부의 민낯을 낱낱이 드러내게 했고 국제사회의 고전적인 질서는 해체되는 중이다. 좋든 싫든 과학적 진보에 민감한 경쟁사회 한국이 코로나19 대응력이 높다는 것 또한 매우 아이러니하다.

신자유주의는 코로나19를 만나 역설적으로 인류의 자유를 박탈했고 유례없이 반복적으로 선언되는 봉쇄령에도 각국 정치세력은 국제적 협력과 연대라는 정치적 진화를 실천하지 못하고 철저한 자국이기주의로 회귀하고 있다. 기후위기, 난민, 전쟁, 핵, 보건

시스템 등에 대해 전 세계적·전 지구적인 공동노력을 촉구하는 세계시민들의 목소리는 더욱 높아져야 한다.

백신접종으로 코로나19는 수그러들겠지만 비웃기라도 하듯 그들은 이름을 달리하며 경고등으로 살아남을 것이다. 글로벌 협력 시스템이 작동해 공감과 상식, 친절이 가장 중요한 인류의 가치가 될 때 코로나19는 더 이상 숙주(宿主)를 찾지 못하고 스스로 쇠할 것이다. 아직은 이렇다 할 비전이 보이지 않지만 국제사회의 포스트 코로나 리더십, 북반구와 남반구의 보다 평등한 백신 안배, 의료·물류·우편 등 필수노동자들의 노동이 정당하게 평가받아야 하는 문제들이 남아 있다.

사람 사는 세상은 저 멀리가 아니라 지금 여기에 만들어야 한다. 마스크를 벗어도 우리의 행동은 자발적으로 자연이나 사람과 거리두기를 지속해야 한다. 가족을 만날 때 인원제한으로 머릿수를 세지 않으려면, 훗날 마스크 쓴 얼굴을 이 시기 인류로 그리지 않게 하려면 말이다. 사람 사는 세상은 '돌아오는' 게 아니라 끊임없이 진보하는 '지금'이어야 한다. 누구의 말처럼 미래를 담보 삼아 사기 치는 집단인 정치인들에게 지금 여기에 서서 발아래를 살피라고 주문하고 강제해야 하는 것이다. (2021. 2. 13)

4월은 잔인한 달

숨 가쁜 우리 현대사의 봄

4월은 가장 잔인한 달
죽은 땅에서 라일락을 키워내고
추억과 욕망을 뒤섞고
잠든 뿌리를 봄비로 깨운다
겨울은 오히려 따뜻했다
망각의 눈〔雪〕으로 대지를 덮어주고
가냘픈 목숨을 마른 구근으로 먹여 살려주었다.

제1차 세계대전 이후 정신적으로 황폐해진 유럽을 표현한 T.S.
엘리엇의 시 『황무지』의 일부다. 이 시는 433행이나 되는 장시로
위의 글은 제1부 「죽은 자의 매장」 첫 부분이다. 지난 2월 남도에
서 올라오는 탐매(探梅)를 시작으로 구례, 하동을 지나 대구, 전주
를 거쳐 강원도에 이르기까지 전국이 꽃대궐이고 만물이 소생하

는 봄이다. 제주 4·3, 4·19 혁명, 5·18 광주민주화운동으로 이어지는 숨 가쁜 우리 현대사에 봄이면 봄마다 4월은 잔인한 달이라 노래한 이 시만큼 회자된 시가 또 있을까 싶다. 게다가 4·16 세월호 참사까지, 생명이 움트는 이 거룩한 봄이 어쩌면 이다지도 잔인한 계절이란 말인가.

아니, 어쩌면 지금 내가 서 있는 자리를 톺아보고 어디로 나아갈 것인지 가늠하게 만드는 4월이 있기에 나머지 열한 달을 견딜 수 있는 것인지도 모른다. 지난 3월 15일은 4·19 혁명으로 이어진 3·15 부정선거와 마산의거가 있은 지 61주년 되는 날이었고, 아랍의 봄 이후 내전으로 치달은 시리아 내전이 발발한 지 꼭 10년이 되는 날이었다. 그리고 내일은 제주 4·3이 있은 지 73주년 되는 날이다.

3·15 마산의거에서 실종되었다가 경찰에 의해 바다에 버려졌던 마산상고 1학년 김주열 열사가 양쪽 눈에 최루탄이 박힌 처참한 모습으로 4월 11일 마산 중앙부두에 떠오른 일은 4·19 혁명의 도화선이 되었다. 장준하 선생은 4·19 혁명이 실패한 이유를 국립4·19민주묘지에 안장된 희생자 180여 명 가운데 어른이 단 한 명도 없다는 데 있다고 말한 바 있다. 4·19 혁명은 대구고, 대구경북고가 중심이 되어 2·28 대구학생민주의거를 시작으로 4월 4일 전국 최초의 대학생 시위인 전북대 시위가 있을 때까지 전국의 고등학생이 주도한 투쟁이었다.

대구 경북고, 대구고, 대구 사대부고, 수원농고, 대전상고, 충주고, 마산상고, 청주공고, 부산공고, 부산 해동고, 부산고, 부산 동성중고, 동래고, 혜화여고, 청주고, 서울 환일고, 용문고, 배재고, 선린고, 경기고, 중동고, 대동상고, 진해고, 경남공고, 서울 성남고 등 전국의 고등학생들이 학원자유와 부정선거 규탄을 외친 후에야 대학생, 재야 정치단체, 시민들이 합세했다.

4월 18일 서울에서는 최초로 고려대생들이 마산사태 책임자 처벌과 행동 없는 지식인을 규탄하며 국회의사당까지 행진했다. 학교로 돌아오는 길에 대학생들은 경찰과 공모한 반공청년단 소속 유지광 등 100여 명의 깡패들에게 무차별적인 폭력을 당했고, 다음 날 대광고 학생들이 대학생 형님들은 도대체 뭐하느냐고 질타한 후에야 비로소 타 대학의 학생들과 교수, 시민들이 참여한 항쟁으로 이어진 것이다. 이후 500여 명의 사상자를 내고 국무위원 총사퇴, 4 · 26 이승만 하야를 이끌어내면서 12년간의 독재에서 벗어났다. 그러나 4 · 19 혁명은 지금까지 미완의 혁명이다. 우리는 혁명의 역사를 끊임없이 써내려가는 중이고 앞으로도 그러할 것이다.

이뿐인가. 2011년 3월 15일은 아랍의 봄 이후 시리아에서는 시민들의 민주화 요구를 짓밟고 내전이 발발한 날이다. 알 아사다 정부는 시민들의 민주화 요구를 지지하는 국제사회가 말뿐임을 알아채고는 내전을 일으켰고, 당시 포위당한 알레포의 시민과 학생들은 반군이 되어 혁명 투쟁을 이어갔다. 내전 발발 후 지난 10년간 45만 명이 사망했고 부상자도 100만 명에 달했으며 1,200만 명의 난민이 발생했다.

유니세프 보고서에 따르면 시리아 어린이 1만 2,000명이 죽거나 다쳤으며 7세 어린이를 포함한 5,700여 명의 소년병들이 전투에 동원되었고 245만 명의 아이들이 교육받지 못하고 있다. 아랍의 봄에 뒤이은 시민들의 민주화 요구에 IS와 같은 무장단체들까지 동원해 유혈 진압을 함으로써 시리아 내전은 유럽사회를 뒤흔든 21세기 최대 재앙이 되었다. 시민들은 단지 민주화를 요구했을 뿐인데 말이다.

제2의 시리아를 연상하게 하는 미얀마의 상황은 또 어떤가. 지난 2월 1일 쿠데타를 일으킨 군부에 저항하는 반군부 민주화 시위 이래 민간인 사망자는 400명 이상으로 추정되고 이젠 비무장 시민들에게 수류탄을 던지고 기관총까지 발사하고 있다. 외신의 접근은 불가능하고 현지 언론과 인터넷은 통제되고 있으며 국제사회의 제재는 힘이 없다. 시민들은 총에 맞을 각오로 저항하고 있지만 이미 내전으로 치닫는 모양새다.

흔히 전쟁의 반대말은 평화라고 한다. 하지만 전쟁의 반의어는 일상이다. 평화가 무엇인가. 최상·최고를 의미하는 게 아니라 균형을 잃지 않은 상태다. 일하고 먹고 쉬고 즐기며 가족들과 일상을 영위하고 이웃이나 벗들과 즐거운 한때를 보내는 것, 더러 어렵고 가슴 아픈 일이 발생해도 인간에 대한 믿음으로 하나하나 극복해나가는 것, 이것이 평화다. 저 높은 곳에 있는 거창한 그 무엇이나 형이상학적인 것이 아니라 웃고 사랑하고 싸우며 행복을 만들어가는, 특별할 것 없는 일상이 평화다. 한때 고등학생이, 제주의 민초들이, 이 땅의 가진 것 없는 보통 사람들이 피 흘려 지키려고 한 것은 일상의 평화이고 상식이며 최소한의 인간의 존엄이다.

망각의 잠을 깨울 단비를

민주주의는 완성형이 아니며 시리아나 미안마에서 벌어지는 일은 결코 남의 일이 아니다. 어쩌면 우리는 운이 좋았던 것인지도 모른다. 평화는 한 번 얻으면 내 것이 되는 땅문서 같은 것이 아니다. 부모가 되면 아이를 낳아 진자리 마른자리 갈아 누이고 어른이 되어도 여전히 물가에 내놓은 아이 대하듯 하는 것처럼 민주주의와 평화도 끊임없이 들여다보고 살피고 마음을 내주어야 겨우 명맥을 이어갈 수 있는 살얼음판 같은 것이다.

잠시 잠깐 한눈파는 것만으로도 과거로 훅 퇴보하는 것이 민주주의다. 한걸음 나아가기는 동토를 뚫고 나오는 새싹같이 어려우며 열 걸음 후퇴하는 것은 날개 달린 망각의 새처럼 가볍고 부서지기 쉬운 것이 민주주의다. 인간은 근본적으로 불완전하고 욕망에 충실한 존재이기 때문이다. 4·19 혁명의 함성을 기억하는 장년층이, 대학생과 지식인들에게 잠에서 깨어나라고 일갈했던 자신들의 외침을 기억하는 아버지·어머니들이, 당신의 자랑스러운 투쟁이 빛바래지 않도록 황무지에 단비가 되어주기를.

청년들이여, 애쓴 만큼 주어지지 않는다고, 부활이 고단하다고 겨울의 죽음과 망각의 잠을 더 추구할 수는 없는 노릇이 아닌

가. 선거야 그렇고 그런 사람들이 명멸하는 것이겠지만 황무지의 고난을 피한다고 감로수가 나오는 꽃길이 열리지는 않는다는 것을 모르지 않을 터. 역사의 수레바퀴가 더디 갈 수는 있어도 되돌릴 수는 없는 노릇이다. 오늘 우리가 당연하게 누리는 자유를 위해 4월에 스러져간 숱한 생명들 앞에 부끄럽지 않으려면 말이다.

땅을 일궈본 사람은 안다. 아무리 적은 양이라도 하늘이 내리는 단비가 얼마나 대지를 깊숙이 적시는지. 나도 T.S. 엘리엇처럼 황무지를 적셔줄 단비를 꿈꾼다. (2021. 4. 2)

무엇을 욕망하는가
서울시장 보궐선거에 부쳐

사람에게는 얼마나 많은 땅이 필요한가

온통 부동산 정책이 문제라며 시끄럽다. 봄바람 든 처자마냥 심란해져서 창밖으로 하늘과 마당을 멍하니 내다보자니 문득 나도 땅을 가진 사람이라는 생각이 스쳤다. 그렇지, 나도 땅주인이다. 그래서 꼬챙이 같은 나무라도 심을 수 있었다.

자두나무, 감나무, 배롱나무, 화살나무, 소나무, 황금측백나무, 보리수나무, 체리나무, 앵두나무, 대추나무, 매실나무, 사과나무, 블루베리, 엄나무, 주목나무. 게다가 어디선가 날아와 뿌리내린 단풍나무까지 마당에 심은 나무가 무려 15종이나 된다.

누가 들으면 땅이 수백 평은 되는 줄 알겠다. 난 나에게 나무 욕심이 이렇게 많은 줄 몰랐다. 작년에 긴급재난지원금을 보태 배롱나무를 들이면서 이제 더는 안 심을 거라고 다짐했는데 올봄에 청자두와 엄나무를 데리고 와 식구가 더 늘었다.

아파트에 살 때는 식목일 즈음만 되면 허전했다. 나무 한 그루 심을 땅이 없어, 자주 다니는 섬강 간현 야영장에 심을까, 아니면 아파트 공터 어딘가에 심을까 생각해봤지만 마땅하지 않았다. 관리사무소에 얘기했더니 곤란한 표정을 짓기에 깨끗이 단념했다. 그 한풀이라도 하듯 마당에 한 그루만 한 그루만 하며 늘려온 것이다.

아파트가 주거공간을 넘어 자산가치, 교환가치로 변질되었다고는 하지만 여전히 보통 사람들은 가족이 평생 행복하게 살 수 있는 쓸 만한 아파트 하나 장만하는 꿈을 꾸며 산다. 대개 아파트에 산다거나 이사했다고 하면 몇 평인지부터 묻는다. 하지만 주택에 산다고 하면 "그럼 텃밭도 있겠네요? 나무는 뭐 심었어요?" 하고 관심을 보인다. 그게 아파트와 다른 점이다. 어떤 집에서 사는지 궁금하다면 그건 평수가 아니라 삶에 어떤 무늬를 새기며 사는지 알고 싶은 것일 게다. 하지만 아파트는 그 어디에도 내 땅이 없다. 공유면적은 누군가 만들어놓은 것을 수동적으로 이용할 뿐 주체적으로 사용할 수 있는 공간이 아니다.

흔히 땅에 두 발 딛고 산다고 말한다. 삶이란 어딘가에 뿌리내리고 정신적 거처를 만드는 모든 행위를 아울러 이르는 것이리라. 땅이 있어야 땅을 숫자(돈)로 보는 것이 아니라 생명을 길러내는 원천이라는 것을 깨닫는 기회를 얻을 수 있다. 땅을 인간과 자연이 만나는 유기적인 생명체가 아니라 물질적 가치를 의미하는 숫자나 평수로만 말할 때 거기서 인간소외가 시작되고 집은 욕망의 대체재가 된다.

톨스토이의 단편 「사람에게는 얼마나 많은 땅이 필요한가」는 물질에 대한 인간의 욕심이 부질없음을 일깨워준다. 하루분의 돈만 내면 해가 뜰 때부터 해가 지기 전까지 하루 동안 걸은 만큼 땅을 가질 수 있다는 말을 듣고 주인공은 쉬지도 먹지도 않고 '조금만 더, 조금만 더' 하며 욕심을 부린다. 그 결과 탈수·탈진의 위기를 넘기고 엄청난 땅을 확보하지만 도착하자마자 쓰러져 죽는다. 결국 주인공은 딱 자신의 몸 하나 누일 만큼의 땅을 얻게 되었다는 이야기다. 나는 그 사람과 다른가. 다르면 얼마나 다른가.

집의 또 다른 의미

집 짓는 사람들이 집을 그릴 때 지붕부터 그리지 않고 바닥부터 그린다는 것은 신영복 선생님이 주신 가르침으로 잘 알 것이다. 보통 기초를 놓을 때 땅에 '집을 앉힌다'고 말한다. 사람도 아닌데 앉힌다고 표현하는 것이다. 대지에 앉힌 '집'에서 사람들이 앉아 먹고 마시고 사랑하며 산다. 그래서 '집'이라는 말에는 아랫목 같은 따스함과 된장찌개 냄새가 난다. 집은 어쩌면 사람과 동일한 그 무엇, '사람'이 모여 만들어진 말이라고 느껴지는 '삶'의 또 다른 의미일지도 모른다는 생각이 든다.

나는 어릴 때부터 혼란스럽거나 화가 나면 일기장에 속사포처럼 풀어놓는 습관이 있었다. 엄마에게 야단맞고 속상할 때 일기장에 엄마에 대한 감정을 쏟아내고 나면 알맹이만 남게 되어 나의 행동과 감정을 대상화해서 볼 수 있게 된다. 점차 마음이 차분해지고 야단치는 엄마나 야단맞는 나나 다 안쓰러워서 눈물이 나곤

했다.

땅을 돈, 그것도 숫자로만 보는 사람들은 이웃의 삶을 들여다보기보다 욕망에 충실하라고 말한다. 우리는 우리 자신이 가진 욕망이 무엇인지 잘 알고 있을까. 진짜 욕망하는 게 무엇인지 들여다보면서 살고 있을까. 이 시대 모든 욕망은 돌고 돌아서 돈으로 귀결되는 것 같다. 그 돈으로 무엇을 하고자 하는가? 나 같은 이들은 가늠도 되지 않을 만큼 큰돈으로 어떤 욕망을 실현하고자 하는지 한 번쯤 자신에게 물어야 하지 않을까. 엄마에게 야단맞는 일로도 하고 싶은 말이 그렇게 많은데 하물며 위법이나 탈법을 마다하지 않고 때로 이웃의 삶도 파괴하면서까지 욕망을 좇는다면 그 이유를 A4 한 장 정도는 담아낼 수 있어야 하지 않을까. 나무 몇 그루를 심고 만족해하는 나보다 무엇이 어떻게 더 좋은지 정도는 설명할 수 있어야 하지 않을까 싶다.

경제는 재화와 용역을 운용하는 영역이고 그 이해당사자들의 욕망을 조율하는 것이 정치다. 그러므로 단지 욕망에서 자유롭지 않은 불완전한 존재인 정도가 아니라 욕망을 한계없이 드러내고 그것을 거짓으로 덮으려 하는 자가 선량을 자처해서는 곤란하다. 그런 사람들은 인간의 본성과 정치적 권한을 이용해 자기 욕망에 충실할 것이 뻔하기 때문이다.

선거는 이럴 수도 있고 저럴 수도 있다. 서민의 삶이 다소 팍팍해지기는 해도 죽기야 하겠는가. 어쩌면 오히려 꽃놀이와 미풍에 취해 쟁기질할 생각도 안 하던 게으른 일꾼들을 깨울 수 있으니 오히려 더 큰 소출로 돌아올지도 모를 일이다. 내가 제일 무서운 것은 말로는 공정·상식·평화를 외치면서 돌아서서 '나만 잘살 수 있다면 뭔들'을 외쳐도 된다는 메시지를 다음 세대에게 주면 어쩌나, 그것을 어른들이 앞장서서 증명해보일까 두려운 것이다.

오늘은 이래저래 손도 머리도 어수선하다. 내 동네도 아닌데 난 왜 서울·부산의 보궐선거에 이토록 마음을 빼앗기는가. 이럴 땐 김주대 시인의 말대로 "짜들름짜들름 땅에 코 박고 허리와 고관절이 뻐근해지도록 흙놀이"나 하는 게 최고다. 평당 1억에 사는 친구야, 시골이 지긋지긋한 너는 "흙놀이 따위는 개나 줘버려" 하겠지? 네가 오늘 가서 찍는 붉은 기표는 네 부모님이 너를 길러낸 땅에 헌정해야 한다는 걸 이 세상 이별할 때나 깨닫게 될까 안타깝구나. 진심으로 네가 부럽지 않다 해도 믿지 않을 가련한 영혼의 친구야. (2021. 4. 7)

작은 싸움도 연착륙이 필요하다

엄마가 차별에 대처하는 법

요즘은 저마다의 이유로 아이 없이 사는 딩크족이 많지만 나에게 출산과 양육은 독신이라면 결코 겪지 않았을, 다채롭고 입체적인 경험을 하게 해주었다는 점에서 매우 의미 있는 선택이었다. 대체로 엄마들은 (그렇다, 여자가 아니라 엄마는) 아이가 생기면 세상을 자신이 사는 현재와 아이들이 살아갈 미래, 두 가지 관점으로 바라본다. 지금 내가 사는 세상은 바뀌었으면 좋겠지만 '뭐 어쩌겠어' 싶은 것도 아이들이 살아갈 세상을 생각하면 '이건 아니지' 하며 마음을 고쳐먹거나 나서서 목소리를 내게 된다. 환경과 평화는 현재보다 미래를 위한 투자의 성격이 큰데 아이가 있으면 그 이유가 더욱 절박해져서 때로 엄마들을 투사로 만들기도 한다.

얼마 전 북미와 유럽에서 동양인을 혐오하는 범죄가 잇달아 발생했다. 그때 나는 미국에 살면서 산문집 『매우 탁월한 취향』을 펴낸 홍예진 작가가 들려준 경험담에 감정이입이 되었다. 자신의 아이가 어렸을 때 식당에서 식사하는 중에 백인가족이 들어왔는데 부모가 없는 틈을 타 또래 백인아이가 자신의 아이에게 중국인 취급을 했다는 것이다. 대처방법을 훈련받지 않아 당혹해하는 아이를 보며 어떻게 대응해야 하는지 고민에 빠졌다고. 식사를 마치고 식당을 나오면서 아이들은 멀리 떨어져 있게 하고 그 부모에게 다가가 "내 아이는 미국에서 태어난 미국인이다. 자식교육 잘 시켜라"라고 단호하게 얘기했다고 한다. 만약 그때 아무 말도 안 했더라면 얼마나 후회했을까 하는 내용이었다.

나라면 어떻게 했을까. 갈등상황이 싫어 대충 무마하지는 않았을까. 아이는 무관심한 척해도 자신이 당하는 차별에 엄마가 어떻게 대처하는지 눈과 귀를 쫑긋 기울였을 것이고 그날의 경험은 아이에게 깊이 각인되어 자존감을 형성하는 데 큰 역할을 했을 것이다. 그분의 경험을 들으며 감정적이지 않으면서 조용하지만 단호하게 대응하는 것은 피로 맺어진 관계가 갖는 생물학적 연대를 넘어 든든한 방패막, 나아가 대등한 시민으로서의 부모 자식 관계로 성장하게 한다는 생각이 들었다. 가끔 재외국민들에게 이러한 사례를 전해들을 때마다 함께 분노하기도 하지만 한국인으로서 당당한 자세에 감동받고 자랑스러움을 느낀다.

약은 약사만 짓는 겁니다

살면서 유난히 잊히지 않고 마치 어제의 일인 듯 생생하게 떠오르는 기억들이 있다. 홍예진 작가의 이야기를 읽다가 오래전 일이 떠올라 '아, 그때 나도 그렇게 했어야 했구나' 하고 가슴이 시려왔다. 인생은 반복이 없다지만 같은 상황이 벌어지면 어떻게 해야 할까.

아들이 유치원생이고 딸이 초등학교 1, 2학년이었을 때의 일이다. 딸이 감기에 걸려 학교에 보내기 전 병원에 가야 했는데 둘째의 등원 버스시간이 안 맞아 두 아이 모두 데리고 갔다. 병원에서 처방전을 받고 약국에 갔는데 그날은 빨리 약을 받을 생각에 평소 가던 약국에 가지 않고 좀 규모가 큰 약국에 갔다. 이른 아침이라 그랬는지 가운 입은 중년의 약사가 입구에서 건강음료 박스를 정리하고 있었다. 직원에게 처방전을 주고 기다리는데 약사는 여전히 밖에서 박스를 정리하고 있었다. 약은 조제하지 않고 다른 일을 하는 게 의아했지만 조제실 안에 조제전문 약사가 계실 거라는 생각으로 초조하게 약을 기다리고 있었다.

잠시 후 아까 처방전을 접수받았던 여자 직원이 조제실에서 나오더니 아이 이름을 불렀다.

'투약 안내는 약사의 소관인데 어떻게 된 일이지? 조제실에 다른 사람이 있는 것 같지도 않고 약사는 아직 밖에 계시는데 그럼 이 여자 분이 조제했다는 건가?'

순간 뭔가 잘못되었다는 생각이 들었다. 바쁜데 그냥 갈까 어쩔까 망설였지만 몸은 머리보다 빨리 반응했다.

"약사님은 밖에 계시는데 혹시 선생님도 약사님이세요?"

그때부터 황당한 일이 벌어졌다. 분쟁은 늘 이 지점에서 시작된다. 문제가 발생했을 때 대응하는 양상을 보면 그 사회의 수준이 드러난다. 직원은 너무나 당연하게 "아니오"라고 대답하는 게 아닌가.

"약사가 아닌데 왜 약을 조제하세요?"

"아, 제가 여기서 1년 넘게 일했거든요. 저도 약을 지을 줄 알아요."

이상한 트집을 잡는다는 표정이었다. 가슴에서 뜨끈한 게 올라왔다. 불길했다. 이럴 때 나로서는 빨라지는 심장박동을 안정시킬 심호흡을 해야 한다. 아이들은 나를 보고 있을 터였다. 잘못을 바로 인정하고 사과하면 앞으론 그러지 말라고 이야기하면서 끝낼 수 있는데 평화로운 상황은 물 건너간 것이다. 여기서 시간이 지체되면 첫째의 등교는 더 늦어지고 둘째는 유치원 버스 시간을 못 맞추어 데려다줘야 하며 그럼 나의 출근도 차질이 생겨 하루가 엉망이 될 터였다. 약국에는 노인 서너 분과 중년 손님들 몇 분이 대기하고 있었다.

'지금 등교가 대수겠는가, 그리고 노인들도 안전하게 조제받을 권리가 있지 않은가.'

나는 전투모드로 급전환했다.

"그럼 저도 약국에서 몇 년 알바하면 약을 지을 수 있겠네요?"

"글쎄요. 그거야 모르죠. 전 여기 전에도 약국에서 일한 경험이 많아요."

"그렇군요. 근데 약은 약사가 지어야 하는 거 아닌가요?"

"아이들 감기약은 여러 번 해봐서 잘 알아요. 복잡할 것도 없고 간단해요."

"약사님은 박스 정리하시고 직원이 약을 짓는 건 처음 봅니다. 약사님이 힘쓰는 일을 다 하시니 좋으시겠어요."

항의하지도 화내지도 않고 조심스럽게 물어보니 직원은 그동안 약을 자주 조제해왔다고 자랑스럽게 고백했다. 1라운드에서 끝나지 않으니 이제는 본게임인 것이다. 진짜 화가 나면 낮은 목소리로 마침표까지 꼭꼭 씹어서 말한다는 걸 아는 아이들은 무슨 일인지는 몰라도 엄마가 화났다는 걸 알아차렸을 것이다. 근데 눈치 없는 직원은 아직도 분위기 파악을 못하고 있었다.

"직원이 조제하는 건 불법이죠. 무자격자인데요."

목소리에서 웃음기를 빼고 이렇게 말하자 직원은 이제야 뭔가 잘못됐다는 걸 깨달았는지 당황하는 기색이 역력했다. 하지만 여전히 잘못을 인정하지 않고 한술 더 떠 지금까지 사고가 없었다면서 '별 이상한 아줌마 다 보겠네' 하는 표정을 지었다. 약사는 이쪽을 힐끗거리기만 할 뿐 상황을 정리하러 오지 않았다. 계속 실랑이가 오고 가자 기다리던 노인들이 나에게 화를 냈다.

"아이고, 애기 엄마! 거 대충해. 극성이네. 어련히 잘 해줬을까."

'이러시면 내가 더 못 참지.'

속에서 뜨거운 게 불끈 또 올라왔다. 이럴 때 동조해주지는 못할 망정 비아냥거리는 사람들이 더 밉다.

"어르신, 약은 약사만 짓는 거예요. 가끔 어르신들 장기 복용하는 약이 바뀌어서 큰일 치른 적도 몇 번 있었어요. 아무리 간단한

처방이라도 직원이 약을 짓게 해서는 안 되지요."

아이들을 힐끗 보니 '제발 엄마…' 하는 표정으로 둘 다 얼음이 되어 있는 게 아닌가. 아마 상황은 이해가 안 되겠지만 엄마 편이 하나도 없다는 걸 눈치챘을 것이다. 하지만 이미 물은 엎질러졌다. 까짓것 오늘 결석해도 어쩔 수 없다 싶었다. 지금 학교고 출근이고 그게 중요한가.

가방에서 노트와 펜을 꺼내 약사면허증 액자 밑에 가서 면허번호와 사업자번호를 적었다. 약사가 볼 수 있게 조금 과장된 몸짓으로. 그러자 힐끗거리던 중년의 남자 약사가 얼굴이 하얘져서 박스를 내팽개치고 달려왔다. 사태가 심상치 않다는 걸 이제야 깨달은 것이다.

"어머니, 뭔가 실수가 있었나본데 죄송합니다. 근데 이건 왜…"

"아, 선생님이 약사님이세요? 전 약은 약사만 지을 수 있다고 알고 있는데 직원 분이 자기는 경험이 많아서 할 수 있다고 하시네요. 지금까지 여러 번 그래왔는데 문제없었다고요. 저는 이게 의료법 위반으로 알고 있어서 항의했는데도 괜찮다고 하시니 원주시 보건소에 알아보려고요."

그러자 약사는 무조건 잘못했다고 싹싹 빌었다. 약사가 눈짓하기도 했고 직원도 이제야 상황파악이 되었는지 카운터에서 나와 머리를 조아렸다.

싸움은 시작도 중요하지만 끝내는 게 더 중요한 법. 그렇다고 그냥 없던 일로 할 수는 없지 않은가. 그래도 난 의료법 문의를 해야겠다고 한두 번 더 엄포를 놓고는 슬며시 꼬리를 내렸다. 만에 하나 약이 잘못 조제되어 의료사고라도 나면 어쩌려고 그러느냐, 약사면허와 사업자등록번호는 혹시 몰라 가져가겠다, 아이들이 한두 번 더 병원에 와야 하니 다시 와볼 거다, 그때 또 저 직원 분이 조제하는 것을 본다면 말씀 안 드리고 바로 그 자리에서 신고하겠다, 이 정도로 상황을 정리했다.

"옳은 일을 하고 있는 거란다"

나는 그 약국에 다시 가지 않았다. 개념 없는 약국에서 약을 짓고 싶지 않았고 또 그런 일을 한다면 신고할 자신이 없다는 게 솔직한 마음이었다. 이틀 후 다시 병원에 갔을 때 일부러 아이들 손을 잡고 지나가는 행인인 척 걸어갔다가 되돌아오면서 약국 안을 힐끔 들여다보니 약사는 약사 자리에, 직원은 직원 자리에 있었다. '그럼 됐다 다행이다' 하며 다니던 약국으로 갔다.

감기약이 뭐 그리 복잡할 게 있겠는가. 만약 내 약이었다면 대충 얘기하고 왔을지도 모른다. 하지만 아이가 먹을 약이었고 그냥 두고 보면 관행이 될 테고 꼭 내 아이가 아니어도 누군가 피해를 입을 수도 있지 않은가. 보건의료자격과 면허취득이 어려운 건 다 그만한 이유가 있지 않겠는가. 주고받은 대화 내용도 생생하게 기억나는 이날의 분쟁은 여기서 끝났다. 가끔 그때 생각이 떠올랐지만 늘 생각은 거기서 끝이 났다. 근데 내가 무엇을 놓쳤는지를 무려 15년이나 지나 미국에 사시는 분의 이야기를 읽으며 깨달은 것이다.

　엄마가 흥분하거나 목소리를 높이지는 않았지만 누군가와 언쟁하는 것으로 보이는 상황은 아이들에게 매우 두렵고 불안했을 것이다. 중간에 딸이 나에게 와서 "엄마 그냥 가요" 하기도 했는데 난 동생 잘 데리고 앉아 있으라고만 했다. 아이들이 초등학교 고학년만 되었어도 상황 파악이 되었을 것이고 어떤 식이든 의사표현을 해서 후속 대화가 이루어졌겠지만 아이들은 너무 어렸다. 어떤 상황인지, 결국엔 약사가 엄마에게 절절 매는 걸 보니 엄마가 잘못하지 않은 건 알았겠지만 시끄럽게 하는 엄마가 창피했을 것이다. 게다가 노인들도 제 엄마를 탓하며 혀를 끌끌 차고 있었지 않나. 약국에서 나와 속으로 분을 삭이는 게 분명해 보이는 엄마한테 그 상황을 물어보기 어려웠을 것이다.

　난 그때 아이들의 불안한 마음을 읽어주지 못한 것이다. 약국을 나와서는 시간이 늦어 학교와 유치원에 보내기 급급했고 끓어올랐던 분기를 식히는 것만으로도 벅찼던 것 같다. 아이들에게 내가 왜 그랬는지 약국이 무엇을 잘못한 건지 왜 그냥 넘어가면 안 되는 건지 설명했어야 했다. 나중에 아이들이 "사람들이 다 쳐다봐서 창피했어요"라고 했을 때 그때라도 설명해주었어야 했는데 미처 생각하지 못했다. 아이들이 있어 아이들을 '빽'으로 삼아 흥분하지 않고 따박따박 싸울 수 있었지만 정작 나는 아이들에게 든든한 '빽'이라는 느낌을 갖게 도와주지 못한 것이다. 오히려 입바른 말을 하는 건 피곤한 일이며 따돌림당하는 길이라는 인상을 심어

췄을지도 모른다. 언젠가 아이들과 다 같이 모이게 되면 이때 이야기를 하며 초보엄마의 무신경함을 진심으로 사과하고 싶다.

　동화책에서는 그럴 때 할머니 같은 분들이 슬쩍 편을 들어주던데 그런 걸 기대하는 건 애당초 무리였다. 그래서 이젠 내가 그런 어른 역할을 해주려고 한다. 부당한 일에 항의하는 엄마를 겁먹은 얼굴로 쳐다보는 아이들이 있다면 조용히 가서 눈을 맞추며 말해줄 것이다.

　"너희 엄마, 정말 멋지구나! 너희 엄마는 지금 옳은 일을 하고 있는 거란다." (2021. 6. 20)

누구 맘대로 짐을 짊어지고 가는가

91년, 그 아프고도 처연했던 봄

나는 대학생활을 전두환·노태우가 대통령이었던 5공화국과 5.5공화국하에서 보냈다. 입학하자마자 6월항쟁이라는 영광스러운 경험을 했고 학생운동과 노동운동이 막을 내리기 시작한 1991년을 전투적으로 보내고 1992년에 학교를 떠났다. 이념이 몰락한 시대에 새로운 항로를 모색하다 1994년 뒤늦게 대학으로 돌아가 졸업했다.

요즘도 가끔은 그 시기에 나의 사회적 지능이 멈춰져 있는 게 아닐까 생각할 때가 많다. 때로 까닭모를 분노와 수치심에 사로잡힐 때가 있는데 가만히 추적해 들어가 보면 늘 1991년에서 멈춰 선다. 그런 1991년을 정면으로 바라보게 된 것도 얼마 되지 않았다. 4년 전, 1991년 5월투쟁을 지켜본 권경원 감독이 만든 영화 「1991, 봄」을 보고 나서야 나의 알 수 없는 깊은 분노와 부끄러움의 연원이 어디에서 온 것이었는지 알게 되었다. 영화 속에서 물기가 다 말라버린 듯한 모습으로 기타를 치는 유서대필 사건의 피해자 강기훈 씨를 보며 부정적이고 시니컬한 나의 태도는 그해 봄에 만들어진 것임을 비로소 깨달았다.

민주화운동 언저리에 있던 사람들이 1991년에 어디에 어떻게 서 있었는지에 따라 그 이후 삶의 행보가 많이 다르다는 것을 자주 봐왔다. 소위 민주화운동의 최대 수혜자이기도 한 386세대에 공감하면서도 괴리감을 느끼고 자괴감이 드는 것도 그 연장선에 있다. 나는 특히 1987년의 영광만을 말하는 이들을 믿지 않는다. 1987년의 과실을 따먹은 인텔리그룹은 1991년을 끝으로 정치·경제·사회 전반에 진출하며 신주류가 되었고 좋든 싫든 그들이 만들어놓은 인적 그물망 안에서 지금도 6공화국은 진행 중이다.

1990년 김영삼은 구국의 결단이라며 3당 합당을 선언했다. 1987년 6월항쟁의 성과인 대통령 직선제는 정치적 고려에 의한 정계개편이라는 이합집산으로 전락했고 극심한 공안통치가 시작되었다. 그해 6월, 내가 다닌 학교에는 한밤중에 경찰 6개 중대 700여 명이 캠퍼스를 급습해 여러 건물을 압수수색하고 49명의 학생을 강제연행하는 사건이 발생했다. 여럿이 구속되고 기나긴 싸움을 벌이다 후배가 분신을 했다. 다음 해인 91년 3월부터 전국의 대학에서 등록금 인하투쟁이 벌어졌으며 명지대학교 강경대 군이 백골단의 곤봉에 맞아죽은 4월 26일부터 본격적으로 91년 5월투쟁이 시작되었다. 두어 달 동안 11명의 학생과 노동자들이 분신하며 뜨겁게 타올랐지만 학생운동과 노동운동이 고립되며 사회변혁을 향한 뜨거운 열망은 급속도로 식어갔다.

5월 말, 외대를 방문한 정원식 총리는 전교조 교사 1,500여 명을 해직한 것에 항의하는 학생들에게 계란과 밀가루 세례를 받았다. 이를 빌미삼아 학생들을 스승에게 폭력을 행사하는 패륜아로 몰아갔고, 곧이어 강기훈 유서대필 조작사건이 시작되었다. 그리고 마치 각본이라도 짠 듯 김지하와 박홍은 죽음의 굿판이니 죽음을 사주하느니 제비뽑기로 분신 순번을 정하느니 하는 요설을 늘어놓으며 학생과 노동자들을 어둠의 세력이라 매도했다. 그해 봄 매순간을 극도의 긴장 속에서 보낸 나는 지금까지도 생명을 말하던 김지하를 잊을 수가 없다. 늙은 정신에게 마이크를 들이대는 저들의 비열함과 기꺼이 제물이 된 노추의 투사, 그렇게 명망가를 중심으로 하는 투쟁의 시대는 저물어갔다. 곽상도에 의해 광주학살 책임자를 처벌하라는 김기설의 유서를 강기훈 씨가 대필한 것으로 조작되면서 변혁의 길에 있던 사람들은 하나둘 전의를 상실했고 지도부는 무기력했으며 학생운동과 노동운동은 도덕성에 치명상을 입고 급격히 동력을 잃어갔다.

나는 개인적인 일이든 사회집단적인 일이든 승리와 패배는 동량으로 평가해야 한다고 믿는다. 그 대표적인 사례가 1987년 승리와 1991년의 패배다. 승리는 지나치게 미화하고 패배는 지나치게 폄하하는 경향이 있는데 미화된 성공은 패인을 분석하지 않는 패배 이상으로 위험하다. 많은 이들은 2017년 탄핵 촛불이 1987년을 계승한 것이라고 말하지만 나는 1991년에 좌절된 대동세상에 대한 꿈이 10년이 지난 2002년 노무현으로 부활하고 2009년 노무현을 잃은 좌절이 2017년 촛불로 타오르는 동력이 되었다고 믿는다. 그것도 오로지 시민의 힘만으로 말이다. 2017년 탄핵 촛불에 지도부가 딱히 없었던 것은 결코 우연이 아니다.

노태우의 죽음을 대하는 우리의 자세

노태우가 죽었다. 드.디.어.죽.었.다. 얼마나 많이, 얼마나 오래 광주학살 노태우를 처단하라고 외쳤던가. 아마 전두환과 노태우만큼 많이 불러본 이름도 없을 것이다. 우리에게 돌이킬 수 없는 역사적 과오를 저지른 자를 단죄해본 경험이 있는가. 부천 성고문 사건의 문귀동 같은 꼬리 말고 적어도 몸통을 단죄해본 적이 있는가. 이청준의 단편소설 「벌레」를 원작으로 한 영화 「밀양」에서 아이를 죽인 살인마는 자신은 이미 하느님께 용서받았다고 했다. 용서할 수 있는 권능은 누구에게 있는 것인가. 말로 용서해달라고 하면 용서가 되는 것인가. 전두환·노태우를 사면한 YS와 DJ는 그들의 참회를 기대한 것일까. 역사 앞에 어설픈 화해와 통합은 두고두고 나쁜 선례로 작동한다.

노태우의 장례는 문재인 정부의 국무총리가 장례위원장이 되고 행안부장관이 장례집행위원장이 되며 장례비용은 국고가 부담하는 국가장으로 치러진다. 국가 및 지방자치단체와 공공기관은 조기를 게양하며 분향소를 설치한다. 광주에서는 분향소를 설치하지 않겠다고 한다. 당연한 일이다. 그들에게 남북 기본합의서 등 북방정책의 업적이 있고 형 선고 이후 추징금을 납부했다는 이유로 조기를 게양하게 하고 분향을 하게 하는 건 너무 잔인한 일이지 않은가. 그렇다면 광주시민들에게만 굴욕적이고 다른 시·도 자치단체에는 진정 그래도 무방한 것인가.

북방정책은 소비에트 해체와 동구권 몰락이라는 세계질서 변화의 기조 속에서 나온 것임을 생략한다 해도 그것이 광주학살과 맞바꿀 만큼의 업적이라고 누가 평가할 수 있는가. 내란죄로 처벌받은 사람일지라도 직선제로 뽑힌 대통령이라는 것이 국가장의 근거가 된다면 훗날 이명박근혜가 죽어 국가장으로 하자고 할 때 무슨 명분을 들어 거부할 것인가. 이제라도 전두환이 추징금을 납부하고 잘못했다고 하면 그도 국가장으로 치를 것인가.

국가가 하는 일은 원칙과 명분이 분명해야 한다. 국가가 이현령비현령이니 전두환이 정치는 잘했다고 망발을 일삼아도 속수무책인 것이다. 그들로 인해 인생이 부서진 사람들이 많고 기억에서 헤어나오지 못한 채 아직도 고통 속에서 절망하는 사람들이 너무 많다.

노태우 정권에서 참교육을 외친다는 이유로 1,500여 명의 교사들이 거리로 쫓겨났고 노동조합의 파업현장에서는 국가폭력이 공공연하게 자행되었다. 12·12 쿠데타와 광주학살이라는 내란, 살인죄는 그렇다 쳐도 직선제 대통령이라는 기만을 등에 업고 얼마나 많은 민주시민·학생들을 지옥으로 몰아넣었는가 말이다. 저들은 폐족을 도모하고 법을 악용하여 국가를 쥐락펴락하는 데 너그럽고 너그러운 정부는 노태우가 아들에게 남겼다는 사과를 대리

사과로 받아들이는 모양새다. 이낙연 씨가 이명박근혜 사면을 말한 게 엊그제인데 도대체 누구에게 용서의 권능을 부여받았기에 이리도 너그러우신가들.

원주 출신인 최규하 전 대통령 생애 말기에 12·12 쿠데타의 진실을 밝히고 떠나라 그렇게 애원했건만 모든 것은 자신이 짊어지고 가겠다며 끝내 함구하고 죽었다. 최규하는 박정희의 유고로 대통령이 되고 신군부에 떠밀려 사임했지만 5·17 비상계엄 확대와 관련한 역사의 진실을 밝힌 지도자로 기억되기를 바랐다. 구두 뒤축이 닳을 때까지 신을 정도로 검소하고 청렴한 대통령일지는 몰라도 역사의식은 결여된 사람이다. 사적인 일도 아닌데 진실을 무덤까지 가져가는 것은 숭고함이 아니라 부끄러움으로 기록되어야 한다. 원주의 일부 인사들이 '청백리'라고 최규하 전 대통령을 추앙하는 듯한 발언들을 접할 때마다 결코 종잇장 하나라도 얹고 싶지 않은 이유다. 공과를 분명히 하지 않는 것은 역사적 반복을 허용하는 것이 된다. 왜 다들 그리도 너그러우신가. 나만 과거에 사로잡혀 몽니를 부리는 것인가.

그런데 노태우도 자신이 다 짊어지고 가겠단다. 도대체 무엇을? 산 자들에게 남겨진 역사적 과제를 왜 멋대로 짊어지고 가겠다는 것인가. 진정 사죄할 마음이라면 역사와 국민 앞에 진실을 밝히고 가볍게 떠날 일이다. 사과는 말이 아니라 행동으로 하는 것이니 비록 대리사과라 할지라도 진정성이 있으려면 최소한 아들이 아닌 제3자를 통한 공식적인 사죄와 진실규명이 따랐어야 했다. 아들에게 남기는 몇 푼어치의 말이 어찌 광주영령들에 대한 사죄가 될 것이며 영령을 위로할 수 있단 말인가. 함부로 해서도 함부로 받아서도 안 되는 게 사과다.

나는 최규하 전 대통령이 그랬듯 한 인간의 생물학적 소멸을 안타까워할 뿐 노태우의 죽음을 애도할 마음이 없다. 노태우가 죽은 지 한 달이 채 지나지 않아 광주학살의 우두머리인 독재자 전두환도 따라 죽었다. 수백 명을 죽이고 숱한 사람들의 인생을 송두리째 바꿔놓았던 독재자는 천수를 누리며 침상에서 편안하게 죽었다. 아직도 우리에게는 단죄의 경험도, 치열한 자기비판도 없이 물리적인 시간에 기대고 있다는 게 참을 수 없는 치욕이고 비극이다.

착각하지 마라. 죽었다고 모든 것이 끝나는 것은 아니다. 노태우는 아들을 통해 확인되지도 않는 반성을, 전두환은 한마디 반성이나 참회조차도 없이 떠났지만 두 사람이 본질적으로 다를 게 무엇인가. 전두환 일가는 미납 추징금 956억을 완납할 의무만 있을 뿐 참회할 자격은 기대하지 마라. 그대들에겐 진상규명을 통한 부관참시만이 허락될 뿐이다.

한 가지 다행인 것은 전두환·노태우가 떠남으로써 586세대들의 역사시대도 저물어간다는 것이다. 비록 진실과 사죄는 역사의 미완 과제로 남았지만, 독재자들에게 빛나는 청춘을 담보잡혔던 586세대는 이제 질서 있는 퇴각을 준비해야 한다.

간절했던 것은 때로 벼락같이 오기도 하고 알아채지 못하도록 땅거미처럼 오기도 한다. 젊어 민주화운동을 하지 않았다 하여 정통성 운운하는 것도 이제 역사의 뒤안으로 사라질 것이다. 사랑이든 희생이든 세상에 어떤 것도 당연한 것은 없고 그것을 머리가 아닌 가슴으로 이해하려고 애쓸 필요도 없이 가슴으로 살아올 수밖에 없었던 사람들이 새 시대를 끌고 가야 한다. 역사적 짐으로부터 자유로운, 오히려 그래서 더욱 자유로워질 대한민국이 무척 기대된다. (2021. 10. 26 노태우 죽은 날 쓰고, 11. 23 전두환 죽은 날 덧붙이다)

지방대에 관하여
○○대 청년들에게

벚꽃 엔딩과 대학 서열

안녕하세요. 저는 서울에서 대학을 다니는 20대 청년과 취업준비생을 자식으로 둔 50대 엄마입니다. 그러니 이 글은 내 자식의 친구들이나 선후배들에게 쓰는 편지가 되겠지요. 사실 여러분들이 '청년세대'를 과잉대표하고 있는 건 아닌가 하는 의구심은 있습니다.

'청년'만큼 애매모호한 말이 없다고 생각하는데요, 일단 한국사회에서는 대체로 20대 전반에 걸친 연령을 청년이라고 부르는 듯하니 저도 거기에 기준을 두겠습니다. 하지만 언론에서 청년의 목소리라고 말하는 데에는 다분히 서울 중심의 또는 서울 주요 대학 재학생이거나 20대 취준생이라는 생각을 지우기가 어려운데 이 또한 저의 편견이라 지적한다면 그 연원이 무엇일까 하는 논란의 여지는 있을 것 같습니다.

제가 무슨 말을 하든 꼰대 아줌마의 잡소리라고 여겨도 어쩔 수 없지만 같은 하늘을 이고 살아가는 사이인 만큼 한 번쯤은 귀 기울여주길 바라요. 말이든 글이든 전달하는 과정에서 오해의 소지는 늘 있게 마련이니 혹 걸리는 단어나 문장이 있다고 해서 숲이 아니라 나무만으로 매도하면 어쩌나 하는 불안도 있습니다. 이런 걸 기성세대는 자기검열이라고 말합니다. 절차적 민주주의가 확대된 지금은 자기검열에서 자유로워졌지만 진보를 자신의 정치적 성향으로 삼는 사람들은 이제 권력자가 아니라 언론이나 청년 여러분들을 염두에 둔 자기검열을 하게 된 경향이 있는 것 같아 다소 씁쓸하기도 합니다.

저는 최근 더불어민주당 고민정 의원의 분교 발언에 분노하는 여러분과 기성세대에게 연일 놀라는 중입니다. 여러분이 밉상이라고 하는 고민정 의원은 '학력, 학벌, 부모 직업, 고향, 나이'를 가리는 공공기관 공정채용법 제정안, 일명 '블라인드 채용법'을 발의했습니다. 그 과정에서 경희대 수원캠퍼스 또는 분교라는 발언으로 여러분에게 항의를 받고 있는 이 상황을 저는 도저히 납득하기 어렵습니다. 고민정 의원이 사과와 해명의 글을 썼는데 또 문제가 되었더군요.

저는 고민정 의원이 어느 학교를 나왔는지, 더욱이 어느 캠퍼스 출신인지 알지 못했어요. 그분에 대해 특별한 호불호도 없었습니다. 그런데 이번에 논란이 된 발언을 보며 당당하게 자신의 학벌을 밝히는 고민정 의원이 오히려 좋아 보이더군요. 지방캠퍼스를 나왔어도 굳이 물어보지 않으면 말하지 않는 게 한국사회의 엄연한 현실이니까요. 아, '지방캠퍼스'라고 하면 안 되는 건가요? 블라인드 채용법에 대한 논의가 아니라 엉뚱한 데 불똥이 튀어 논점이 달라지다보니 이렇게 소심해지는군요.

이쯤에서 저도 지방대 출신이라는 것을 말씀드려야겠어요. 저는 여러분이 '지잡대'라 부르는 지방 거점국립대를 나왔습니다. 대학원 다니는 오빠가 있어 국립대를 가라는 부모님의 뜻에 따라 서울대를 갈 실력은 안 되니 울며 겨자 먹기로 제가 사는 동네의 국립대로 진학했어요. 예전에 제가 대학을 갈 때는 진학률이 30퍼센트 내외였고 공부 좀 한다 하는 학생들도 부모님 부담을 덜어드리기 위해 지방대를 많이 갔지요. 지금은 '인서울'에서 1차 거르고 경기권 대학에서 2차 거르면서 벚꽃 지는 순서로 서열이 매겨진다지요?

지방대란 무엇인가

지방대란 무엇입니까. 사실 '지역'(area)의 의미로 보면 서울도 지방의 한 부분이지만 이 경우에는 서울이 아닌 나머지 지역을 협의의 의미로 가리키는 말입니다. 그렇다고 카이스트와 포항공대를 지방대라 부르지는 않습니다. 이것이 한국인들이 지방대라는 말을 사용하는 데 작동하는 복잡한 코드를 방증하는 것이라고 생각합니다. 일반적으로 "지방에 위치한 대학 또는 비서울권 소재 대학"이라는 사전적 의미로 사용하는 사람은 없다는 뜻이기도 하겠지요. 그런데 이것은 청년세대 여러분이 만든 것이 아니라 기성세대의 유산입니다. 여러분은 그렇게 생각하는 환경에서 자랐고 그렇게 생각해야 한다며 학업을 강요받아왔으니 한편으론 억울할 것입니다. "그렇게 가르쳐놓고 이제 와서 웬 말?" 하고 말이지요.

기성세대들 사이에서 이런 말이 회자되곤 합니다. "국적은 바꿀 수 있어도 학적은 바꿀 수 없다." 저는 이 말을 비교적 최근에, 그것도 자신을 진보라고 여기는 분에게서 듣고 매우 큰 충격을 받았습니다. 저 말이 자녀들에게 재수를 권하는 논리라니, 게다가 한때 혁명을 외치던 사람의 말이라니요. 전 몹시 부끄럽고 화가 났지만 지방대 출신의 자격지심이라고 할까봐 아무 말도 못했습니다. 제가 이런 정도이니 부모의 뜻에 따라 재수·삼수 또는 어릴 때부터 '서연고' 주문을 외며 성장한 여러분을 비난하는 일부 기성세대가 몹시도 못마땅할 것 같습니다. 하긴 야당의 대선 경선 후보였던 어떤 이는 40년이 지난 지금까지도 학력고사 전국 몇 등을 우려먹으니 말해 무엇하겠습니까.

참고로 제 딸은 수능에서 3년간 한 번도 받아보지 못한 성적표를 받았는데요. 다시 도전하면 된다는 말에 "시험 보는 것도 내 실력"이라며 재수를 거부하고 지방 국립대를 갔습니다. 그리고 최근 블라인드 채용으로 국제기구 인턴십에 합격해 일하고 있습니다. 합격하고 나서 보니 대부분 SKY 출신이라고 하더군요. 비록 인턴에 불과하지만 제 딸은 블라인드 채용이 아니었다면 언감생심 서류전형에서 번번이 고배를 마셔야 했을 거예요. 고민정 의원이 말하고자 했던 것도 바로 이 점이었을 겁니다.

그래서 알게 되었습니다. 공기업 지망생들이 공공기관의 지역

인재 전형을 얼마나 반대하는지를요. 깜냥도 안 되는 지역소재 대학 출신들 때문에 자신들의 파이가 줄어든다고 생각하는 것이겠지요. 누군가 그러더군요. 자신의 것을 뺏는 게 아니라면 분노하지 않는다고요. 그렇다면 내 것과 네 것을 이미 결정지어 놓았다는 뜻일 텐데 정말 그런가요?

경희대는 항일독립운동의 거점이었던 신흥무관학교의 후신답게 2007년부터 분교인 수원캠퍼스를 국제캠퍼스로 바꾸고 10년 전부터 본교와 분교의 차별을 없앴다지요? 한국외대, 성균관대, 한양대 등이 이원화에 성공한 것으로 압니다. 연세대도 1학년은 전원 송도 캠퍼스 소속 아니던가요? 그런데 그거 아세요? 이원화에 성공한 대학들은 전부 수도권에 제2캠퍼스를 둔 경우입니다. 그래서 지방대라는 말이 불편했던 것은 아닌가 싶습니다. 수도권으로 묶이는 경기까지는 지방이라 부르지 말아달라고 말이지요.

고려대 조치원 캠퍼스는 '조려대'라고 부르고 조치원 캠퍼스를 표기하지 않으면 고려대생을 사칭한다며 비난한다는 것을 압니다. 제가 사는 원주에는 연세대 제2캠퍼스가 있습니다. 원주시민들은 '원연대'라고 부르며 애정을 갖고 있는데 밖에서는 '원세대'라 부른다지요? 말 그대로 수도권 밖, 경기 이남에 있는 분교나 제2캠퍼스는 다 비슷한 대접을 받는 것 같습니다. 이 학교들도 이원화가 가능할까요?

블라인드 채용법이 아니라 분교 발언으로 논란의 주인공이 된 고민정 의원은 2019년 총선에서 페이스북에 수원캠퍼스라 밝히지 않고 '경희대학교'라고만 써서 공직선거법 위반혐의로 고발되어 수사를 받았다고 하더군요. 학력 허위기재 혐의라네요. 과거에는 제2캠퍼스를 밝히지 않아서 문제, 이번에는 과거 분교였으니 분교라고 지칭해서 문제, 저는 이 상황이 참으로 기괴하게 느껴집니다. 솔직히 이 지점에서 홍길동이 살아 돌아와 한바탕 통곡을 할 것만 같군요.

우리 좀 솔직해져 볼까요? 고민정 의원이 이원화된 국제캠퍼스를 분교나 지방대로 말하는 것에 왜 화가 날까요. 고민정 의원은 이원화된 국제캠퍼스가 아니라 분교인 수원캠퍼스를 다녔으니 틀린 말도 아닌데 말이지요. 오히려 경희대는 본교와 분교의 차별을 두지 않고 전공 중심으로 이원화한 것을 홍보할 수 있는 절호의 기회가 아닌가요? 차별을 극복해낸 학교라고 자랑스러워해야 하는 게 아닐까요? 어쩌면 여러분은 과거 분교였던 시절에 다닌 사람이 국회의원이 되어 마이크를 잡는 게 기분 나빴던 것은 아닙니까? 본교와의 차별을 금지하기 위해 이원화된 제2캠퍼스까지는 좋은데 그외 지방에 있는 분교를 포함한 지방대생들이 여러분을 제치고 블라인드 채용법으로 합격하는 기회를 얻는 게 싫었던 것은 아닌가요?

건설사들이 아파트를 브랜드화한 후 오래된 대림아파트를 'e편한세상'으로, 코오롱아파트를 '하늘채'로, 대우아파트를 '푸르지오'로 간판을 바꾸다는 것에 화들짝 놀라 거부반응을 보이는 걸 생각해보세요. 마찬가지로 고민정 의원은 이원화된 국제캠퍼스 출신인 양 또는 회기캠퍼스인 척 비껴가지 않았는데 왜 도리어 그녀가 비난의 화살을 받아야 하는 것인지 저는 납득이 잘 안 됩니다. 일관성이 없잖아요.

저도 제가 지방대 출신이니 당연히 학벌콤플렉스가 있을 거라고 생각하는 사람들을 더러 만납니다. 심지어 어떤 이들은 전혀 지방대 출신 같지 않다거나 왜 수도권 대학원에 가서 학벌세탁을 하지 않았는지 물어보는 분들도 있어요. 무례라고 생각하지 못하는 거지요. 아니면 혹시 그것을 추어준다고 생각하는 걸까요?

이것이 한국사회의 민낯이니 어쩌겠습니까. 고민정 의원의 발언을 기사화해 대서특필한 언론도 문제지만 소위 '진보연'하는 인사들도 싸가지 없다느니 설화로 화를 자초한다느니 입 다물고 살라느니 모교를 우습게 만들었다고 조롱하는 판국에 제가 무슨 말을 더 하겠습니까. 저는 그들의 발언 이면에 숨겨진 교묘한 능력주의의 폐해를 봅니다.

그러니 여러분이 그런 생각을 하는 것에 제가 돌을 던질 생각은 없습니다. 그런 가치를 우선적으로 가르쳐온 것은 다름 아닌 우리 세대니까요. 누군가 그러더군요. 진보들은 자기 자식이 공부도 잘해야 하고 공정하기도 해야 하고 게다가 생태적 감수성까지 갖추기를 요구한다고요. 그 말을 듣고 저도 무척 반성했습니다. 공부를 강요하지는 않았지만 저 또한 '능력주의'가 다양하게 변주되어 내면화되어 있었음을 인정하지 않을 수가 없었거든요.

네, 기성세대는 이렇게 못났습니다. 자유와 평등을 말하면서 차별이 내면화되어 있고 민주주의를 말하면서 권위적인 면모도 많아요. 물론 우리도 '개천에서 용 나야 한다' '억울하면 출세하라'는 성공 이데올로기를 강요당했으니 억울하고 할 말도 많지요. 그러나 한 가지 분명한 건 기성세대나 청년세대나 우리는 모두 더 나은 인간으로 살기 위한 과정 속에 있고 모든 인간은 불완전한 존재라는 것입니다. 기성세대는 잘해보려 했으나 여기까지밖에 오지 못했어요. 생각을 말한다고 잡아가고 마음에 안 든다고 노래를 금지시키고 함께 다 같이 잘 살자 말한다고 식칼로 위협하던 시대를 지나온 기성세대는 절차적 민주주의, 형식적 민주주의를 굳건하게 세우는 것을 절체절명의 과제로 생각했고 어느 정도 성취해냈다는 자부심이 매우 큽니다.

여러분의 조부모세대는 어떠한가요. 배곯지 않는 것이 지상 최대의 과제였습니다. 내 새끼 배불리 먹이는 게, 한 자라도 더 가르쳐서 사람답게 살게 해주는 게 꿈이었고 나라가 좀더 부강해져서 무시당하지 않고 사는 것이 그 세대의 어깨에 놓인 숙제였어요. 그래서 그분들은 가난에서 벗어났다는 자부심이 대단합니다. 그래서 허구한 날 데모질하는 우리들에게 "너희들이 가난을 알아? 전쟁을 겪어봤어?" 하고 노여워하셨지요. 마치 586세대가 청년세대에게 "너희들이 유신을 알아? 뭐만 하면 잡아가던 시대를 경험해봤어?" 하는 것과 다르지 않습니다.

그래요. 핑계 없는 무덤 없다고 다 자기 할 말은 있는 거지요. 해방 1세대가 역할을 잘 해주었기에 해방 2세대인 586세대가 민주화를 말할 수 있었고, 3세대인 여러분은 공정과 미래를 말할 수 있는 것 아닐까요. 아직도 이것저것 엉망인 것들도 많지만 이젠 지구 어느 구석에 붙어 있는 나라인지도 모르고 중국인이냐 일본인이냐 무시받던 나라에서 어깨에 힘이 들어가는 나라, 촛불집회라는 평화적인 방법으로 위정자를 몰아낸 수준 높은 민주주의 국가로 인정받고 있으니 이만하면 1세대, 2세대의 성적표가 그리 나쁘지만은 않은 것 같군요.

여러분의 동료인 제 딸이 그러더군요. 어느 세대나 시대적 과제가 있고 586세대는 그 과제를 충실히, 그것도 우수한 성적으로 해냈으니 자부심을 가지라고요. 지금 세상은 더 만신창이가 된 것 같지만 그래도 배곯고 고문을 당하거나 감옥에 갈 걱정은 일절 안하고 살 수 있게 되었노라고, 자신들은 청년세대에게 지워진 시대적 과제가 버겁고 막막하지만 방법을 찾아가고 있으니 믿고 지켜봐주는 여유를 보여달라고요. 훈계가 아니라 먼저 경청해달라는 거였어요. 그래서 제가 하는 말이 꼰대 짓은 아닌지 기분 나쁘지만은 않은 자기검열을 하게 됩니다.

'지록위마'(指鹿爲馬)라는 말을 들어보았나요? 진시황이 죽자 환관이었던 조고가 태자 부소를 죽이고 어린 호해를 황제로 세우고 실권을 장악했는데요. 조고가 호해에게 사슴을 바치면서 "좋은 말 한 마리를 바칩니다"라고 했대요. 당연히 호해는 "어찌 사슴을 일러 말이라 하는가" 하며 신하들에게 의견을 물었고, 조고는 사슴이라 말한 신하들을 기억했다가 모조리 죽였다는 고사에서 나온 말입니다. 저는 언제부터인가 보고 듣는 주체가 스스로 생각하고 판단하는 '나'가 아니라 성공신화나 가짜 언론, 기득권이 만들어놓은 프레임에 왜곡된 자아로서의 '나'가 아닌가 생각할 때가 많습니다. 이번에도 보아하니 언론이 교묘하게 약한 고리를 건드려 논란에 부채질을 했더군요. 그들이야말로 현대판 조고들입니다.

야당 대선 후보의 배우자는 자신의 이력서에 한림성심대를 '한림대'라 쓰고 서울대 경영전문가과정을 '서울대 경영대 석사'라고 썼다지요? 제 상식으로는 한림성심대, 한림대, 서울대 경영전문가과정, 서울대 경영대 모두가 공식 항의해야 할 일이라고 생각합니다. 그런데 아무도 항의하지 않는군요. 이런 기괴한 상황은 또 어떻게 이해해야 한답니까. 단지 청년 여러분의 선택적 분노를 탓하는 게 아닙니다. 왜곡의 대상이 된 네 곳의 그 누구도 나서서 따지지 않는 것이 이상한 일이지 뭐든 당당하고 솔직하라고 배운 여러분이 '분교'라는 표현이 기분 나쁘다고 항의하는 것은 하등 이상할 게 없습니다.

하지만 밥이 중요했던 조부모세대, 자유가 중요했던 부모세대에 이어 여러분은 그 토대 위에서 공존과 공감, 연대의 가치를 한번쯤은 생각해보는 세대가 되기를 간절히 바랍니다. 586세대가 해방세대를 밟고 진보해왔듯 여러분은 586세대의 성취와 한계를 밟고 더 넓고 더 높이 비상하는 세대가 되기를 바라요. 여러분은 사특한 주술 같은 '서연고서성한중경외시건동홍'을 벗고 그 범주

밖에 서 있는 여러분의 동료들, 가난한 부모를 만나 대학이 아닌 취업현장으로 달려가야 했던 여러분의 동무들과 손을 잡고 앞 세대가 제대로 만들지 못한 것들을 다듬어가야 하지 않겠어요? 그것만이 지금의 불공정 사회를 만들어놓은 기성세대에 보란 듯이 복수하는 길이라고 생각합니다.

저는 제 두 아이가 살아갈 세상에 관심이 많지만 그건 어디까지나 자식들의 몫이라고 생각합니다. 기성세대든 20대 청년이든 각자 주어진 짐을 기꺼이 지고 가자고 이야기하고 싶군요. 내 발밑만 바라보면 풍경을 다 놓칩니다. 옆 사람하고만 이야기하면 같은 풍경만 보게 되지요. 저는 풍요로운 인생을 살기 위해서는 전후좌우를 두루 살피면서 때로는 낯설고 다른 세계도 보아야 한다고 생각해요. 그래야 세상의 다양한 풍경과 다양한 사람들과 다양한 목소리들을 접할 수 있을 테니까요. 블라인드 채용법에 대한 논점을 비껴가지 말고 본질을 이야기하자고 말하려던 것인데 꽤 길어졌네요.

긴 글 읽어주어 고마워요. 동시대를 함께 살아가는 동료로서 우리 잘 해봐요. (2021. 11. 18)

국가는 어디에 있나요

분별없는 인권침해

지난봄 어느 날 소방차 한 무리가 고요한 시골 아침의 적막을 깨며 멀리 들판의 농로를 맹렬하게 달려가고 있었다. 알고 보니 남한강 안에 있는 섬에 불이 난 것이었는데 마치 빨간 소방차가 내가 도와줄게, 내가 구해줄게 조금만 기다려요, 하고 말하는 것처럼 느껴져 울컥했다. 화재가 발생하면 소방차와 소방관들이 달려가는 것은 당연한 일이지만 난 그럴 때 국가가 정상적으로 작동하고 있다는 사실에 감동받는다.

내가 곤경에 처하면 경찰이 달려와 도움을 줄 거라는 믿음, 화재가 발생하면 소방차와 훈련된 소방관들이 달려올 거라는 믿음, 법치국가에서 법이 나를 보호해줄 거라는 믿음은 시민으로서 국가의 존재를 느끼는 기제다. 국가와 개인 사이의 사회계약이 작동하는 모습은 매우 아름답다. 우리가 더 나은 사회를 만들려고 애쓰는 것도 당연한 것들을 더 많이 만들기 위함이라고 생각한다.

서경대 조교수인 조*연 씨는 더불어민주당 이재명 대선후보의 인재영입 1호로 송영길 당대표와 함께 공동상임선대위원장으로 위촉되었으나 혼외자 논란으로 3일 만에 사퇴했다. 이라크 자이툰 부대, 한미연합사령부, 외교부 정책기획관실, 육군본부 정책실 등은 조*연 씨가 17년간 국가에 복무한 이력이다. 물론 직업이기도 했지만 국가의 이익을 위한 공적인 삶을 살아온 세월이다. 그럼 국가는 그녀에게 무엇을 해줄 수 있는가. 월급? 자긍심? 무슨 일을 해왔든 그녀가 국가전복을 꾀하는 현저한 위험인물이 아닌 한 국가는 그의 시민권을 보장하고 지켜주어야 할 의무가 있다.

악마의 얼굴을 한 극우 유튜브는 조*연 씨의 어린 자녀의 실명과 생년월일, 얼굴을 공개하고 TV조선과 『조선일보』는 나팔수가 되어 확산시켰다. 어른들의 분별없는 패악질에 아이들이 무슨 죄인가. 엄연한 인권침해이자 심각한 아동학대다. 이번 일은 대선 댓글 사건 수사를 막을 목적으로 채동욱 전 검찰총장을 몰아내기 위해 『조선일보』가 했던 짓과 똑같다. 조*연 씨는 더 이상 가족들을 괴롭히지 말아달라며 사퇴했음에도 그들은 그녀를 악마로 지칭하며 사생활과 관련한 녹취를 공개하겠다고 추가 폭로를 예고했다. 이 정도면 타인의 고통을 오락거리로 삼는 반사회적인 사디스트들이다.

이 과정을 지켜보며 과연 법이 국민의 인권보호에 정상적으로 작동하고 있는지 묻지 않을 수 없다. 해당 유튜브와 『조선일보』가 개인의 사생활을 과도하게 침해하고 밝히고 싶지 않은 사생활을 유포시키는 것은 누가 봐도 알 권리와 거리가 멀다. 조*연 씨의

10년 전 이혼사유가 공익과 어떤 점에서 부합되는가. 이혼은 지극히 사적인 영역이다. 더구나 이유야 무엇이든 위자료까지 지급하며 법적으로도 책임을 다했다. 한국사회는 한 번 이혼하면, 아니 인생에서 뜻하지 않은 복병을 만났을 때 혹여 부적절한 선택을 하면 법적인 책임을 다 지고도 평생 주홍글씨를 달고 살아야 하는 야만적인 사회인가.

2020년 한 해 동안 한국인의 이혼건수는 10만 7,000건, 그나마 전년대비 4,000건이 줄어든 수치다. 이 중 미성년자를 둔 부부의 이혼은 42.3%이고 협의이혼은 78.6%, 재판이혼은 21.4%이다. 대략 매년 10만 쌍이 이혼하는데 이 사람들은 다 문제 있는 사람들인가. 이혼은 개인의 행복을 위한 사적 판단의 영역이다. 간통죄가 폐지된 지 5년이 지났으니 지금은 배우자의 외도가 원인제공의 사유는 아닐 테고 매년 10만 쌍의 이혼사유는 백인백색일 것이다. 간통죄 폐지 이전이든 이후든 윤리적인 문제로 이혼한 사람들은 정치인이나 고위공직자로서의 자격이 없는 것인가. 개인의 고유한 영역이 단지 공인이 되고자 한다는 이유만으로 윤리적 매도의 대상이 된다면 이슬람 사회에 현존하는 명예살인, 인격살인과 무엇이 다른가.

'조*연 씨 사생활 의혹이 사실이라면' 하고 단서를 다는 사람들, 한국여성정치네트워크의 신지예 대표와 백혜련 더불어민주당 선대위 국가인재위원회 총괄단장에게 진지하게 묻고 싶다. 우리는 앞으로 공직자 인사청문회를 하거나 정치인 후보자를 검증할 때 이혼사유까지 확인해야 하는가. 자녀들이 친자인지 아닌지 증빙자료를 사전에 제출하는 것이 인사검증인가. 누군가 악의적으로 내밀한 사생활을 폭로하고 '팩트체크'해 사실로 드러나면 부실검증이 되는 것인가. 한 개인의 지극히 내밀한 영역을 두고 삶의 태도에 문제가 있는지 없는지 판단할 권리가 그대들에게 있는가. 혼외자를 낳아 기르는 것은 중차대한 범죄행위도 아닐뿐더러 설령 처음부터 혼외자임을 인지했다 하더라도 낙태가 금지된 나라에서 여성이 선택할 수 있는 길은 무엇이라고 생각하는가.

아무리 전남편이라 해도 정당한 절차를 거쳐 이미 10년 전에 법적 혼인관계가 끝났음에도 마치 인격적으로 심대한 결함이 있는 것처럼 전 국민을 상대로 연일 폭로를 이어가는 야만적인 폭력이 횡행하는데 여성단체는커녕 어디에도 국가 시스템이 보이지 않는다. 여성가족부는 어디서 무엇을 하고 있고 손톱을 만진 정도로도 분노를 쏟아냈던 숱한 여성단체들은 어디에 있는가. 당신들이 지키고 보호할 여성은 '정상가족' 안의 '도덕적'인 여성들에 한하는 것인가.

이럴 때 나는 공포를 느낀다. 나 같은 필부야 그럴 일도 없겠지만 만에 하나 저들에 의해 좌표라도 찍히게 되면 누구도 나를 보호하지 않을 거라는 공포. 이건 조국 전 장관 일가에 대한 전방위적 검찰 수사에서 느낀 것과 동일한 공포다. 따뜻한 피가 흐르는 게 맞기는 한가 싶은 악마들이 날뛰어도 제재할 수 있는 수단 하나 없는 게 무슨 문명국가인가. 나는 마치 무정부상태에서 살고 있는 느낌이다.

개인을 보호하지 않는 정글사회

조*연 씨와 더불어민주당 선대본이 해당 유튜브를 명예훼손 혐의로 검찰에 고발했지만 재판을 거쳐 판단이 내려지기까지는 부지하세월일 것이다. 그사이 아이들은 성장할 것이고 지금 이 순간에도 스마트폰에 엄마 이름 석자만 쳐도 마녀사냥하는 무수한 화살들을 보게 될 것이다. 국가(사법부)의 법적 판단이 내려지는 건 극우 유튜브의 유무죄를 떠나 언제가 될 지 기약도 없는 허망한 사후 약방문이다.

이럴 때 국가인권위원회가 작동되어야 하는 게 아닌가 묻고 싶다. 국가인권위는 사법기관이 아니다. 말 그대로 국민의 인권을 수호하라고, 누구의 눈치도 보지 말고 인권이 침해되는 현장을 감시 감독하라고 독립적인 지위를 부여한 국가기관이다. 한 여성과 그 아이들에 대한 악의적인 사생활 폭로가 유튜브와 언론에 의해 무차별적으로 유포되어 사회가 떠들썩한데도 국가인권위가 어떤 방식으로든 작동되지 않는다면 그 존재이유는 무엇인가. 국가인권위는 법원처럼 법 위반 여부를 검토하는 심판기관인가.

법률적 판단은 법원의 몫이고 상당한 시간이 흐른 후에나 이루어진다. 그사이에 인권침해의 피해자는 인격살인에 무방비로 노출된다. 빅데이터가 되었든 무엇이 되었든 나름의 합리적인 기준을 만들거나 사태의 심각성을 따져 긴급개입과 같은 비상등을 켜는 시스템이 없다면 피해자들은 법적 판단을 받기 전에는 국가로부터 어떤 보호도 받지 못하게 된다. 뿐만 아니라 지켜보는 국민들에게 국가는 개인을 보호하지 않는다는 잘못된 신호를 주게 된다.

집에 불이 나면 일단 묻지도 따지지도 않고 소방차가 달려와야하고 괴한이 침입하거나 누군가에게 협박을 당한다면 경찰의 공권력이 작동하는 게 상식이다. 불이 났는데 집주인이 보호받을 자격이 있는지 따지느라 또는 화재원인을 밝히느라 불 끄기를 지연시킨다면 소방서는 존재할 이유가 없다. 마찬가지로 10년 전 이미법적·도의적 책임을 다한 일을 마치 현재진행형인 양 유포하고조롱하는데도 그 누구도 개입하지 않는다면 여성가족부도 국가인권위원회도 존재할 의의가 없다. 우리 사회의 정의를 바로 세우는것은 국가의 도덕적 책무다.

조*연 씨가 지난한 재판을 거쳐 정신적·물질적 피해보상을 받는다 한들, 아이들의 부서진 인격과 열심히 살아온 고단한 삶이 조롱의 대상으로 전락한 한 여성의 인생, 그들의 낙인찍힌 삶을 되돌릴 수 있는가. 국가전복과 같은 현저한 해악행위가 아니면 헌법이보장하는 기본권을 제한할 수 없고 국가로부터 시민권을 보호받지 못할 이유가 될 수 없다.

의심할 것 없는 진실은 채동욱 전 검찰총장의 아이와 조*연 씨의 아이들도 국가가 품어야 할 국민이라는 점이다. 친자든 아니든이혼의 사유가 무엇이든 지극히 개인적인 일, 사적인 삶을 제3자그 어느 누구에게도 심판할 권리는 없다.

나는 인격살인의 위기에 처한 선량한 국민을 보호해주는 국가의 존재를 보고 싶다. 사람이 먼저라고 했던 국정운영의 철학은 어디로 갔는가. (2021. 12. 4)

종교와 유사종교가 집어삼킨 한국 정치

계몽은 미성숙과의 결별

흔히 종교와 정치는 화제의 중심에 올리지 말라고 한다. 정치는 비판적 사유에 취약하고 토론을 하지 않는 한국교육의 치명적인 약점으로 인해 논쟁이 아니라 감정적인 언쟁의 여지가 커서 그렇고, 종교는 확신의 영역인지라 근본적으로 합리적 대화의 대상이 못 되기 때문일 것이다. 어느 쪽이든 득 될 게 없고 건전한 논쟁이 아닌 말싸움과 갈등만 남겨 관계를 불편하게 만든다는 점에서 안 하느니만 못하다는 인식이 강하다.

하지만 그런 인식이 오늘날 정치를 후진적으로 만들고 종교의 방종을 초래한 원인은 아닐까. 정치와 종교만큼 우리 생활에 절대적인 영향을 주는 것도 많지 않다. 소크라테스가 무엇을 알고 무엇을 모르는지 끊임없이 물어야 한다고 한 것처럼 '정치란 무엇인가' '종교란 무엇인가'를 자꾸 묻고 이야기해야 한다. 그건 마치 '인간이란 무엇인가'를 묻는 것과 같다. 정치든 종교든 당사자들에게 맡겨놓고 판단을 유보하거나 중지하는 것이 종교가 권력과 결탁하고 부도덕한 정치와 제휴하며 타락하게 만든 원인은 아닌지 생각해볼 필요가 있다.

칸트는 근대정신인 계몽을 "인간의 정신에 빛을 비추는 것"이라며 미성숙과의 결별이라고 했다. 미성숙에서 벗어나기 위해서는 감히 알려고 하라, 자기 머리로 생각하는 결단과 용기를 가지라고 주문했다. 그러니 판단을 위임함으로써 책임으로부터 자유롭고자 하는 것은 미성숙한 상태를 방치하는 것이므로 맹목과 다르지 않다. 그런데 인류탄생 이래 정보의 평등이 가장 극대화되고 있는 것에 반해 이성을 거부하는 사람들이 늘어가는 현상을 어떻게 이해해야 할까.

문재인 정부는 특이하게도 집권 시기 내내 종교와 유사종교 집단과 싸우고 있다. 우리는 2년 전 신천지라는 변종집단을 경험했다. 심리적인 빈틈을 파고드는 전도방식으로 기존 교회를 잠식해 들어가 기독교단의 반발이 상당했다. 하지만 그들은 권력과 결탁하여 반공에 충실히 복무함으로써 기득권이 된 일부 극우적인 기독교의 계보를 잇는다. 기독교인 내에서도 종교를 맹목으로 받아들이는 일부 의존적인 사람들을 규합하여 모두가 신성시하는 힘과 권력으로 세력화하려는 집단이 있다. 전광훈으로 대표되는 극우기독교나 그들이 이단이라 비난하는 이만희를 앞세운 신천지나 초록이 동색이다. 실제로 그 두 집단은 돌아가며 조직적으로 방역을 방해했다. 그러나 이제는 그들을 이단이라 비난했던 일부 목회자들까지도 그들을 묵인하거나 옹호하기 바쁘다.

신천지 신도들은 스스로 자신의 무지와 미성숙을 부끄러워하지 않는다는 점에서 자기 머리로 생각해온 이성의 역사를 부정하는 반사회적이고 비이성적인 집단이었다. 당시 어땠는가. 팬데믹이라는 비상 시국이었던 만큼 방역당국이 대형 종교집회를 자제해달라 요청했음에도 강행하여 물의를 빚고 대구시장은 종교의 자유니 권리니 하며 비호하고 옹호했다. 주무부처인 문체부장관은 차마 종교집회를 금지하라는 명령을 하지 못하고 제발 자제해달라고 간청하자 영락교회 같은 대형교회와 전광훈이 이끄는 사랑제일교회는 보란 듯이 3·1절 광화문집회를 강행했다. 종교활동을 존중하는 헌법상 기본권이 다수에게 피해로 돌아온 것이다. 종교 활동의 자유가 정치와 민주주의를 집어삼킨 셈이다.

극우 기독교가 수면 아래에서 카톡정치하느라 잠잠하니 이젠 정치승려들과 유사종교인 일광조계종이 세상을 어지럽힌다. 조계종 승려들은 자신들과 비슷한 이름을 사용하는 역술인 무리들을 죽비로 내려치기는커녕 전국 14곳 사찰에 국한된 문화재관람료 문제로 동안거 기간임에도 산문을 나와 전국 승려대회를 열었다. 참회하겠다는 중생도 내치고 대화도 거부하며 집권여당과 정치인을 악마화했다. 자비와 성찰이라는 부처님이 말씀을 전하는 이들의 입에서 쏟아져 나온 것은 배척과 응징의 기운이었다. 28년 만에 산문을 나와 집단행동을 한 것이 어리석은 중생들에게 돈을 걷는 문제라니, 그들이 점괘와 사술로 중생을 미혹시키는 일광조계종과 무엇이 다른가.

가톨릭 분열에 따른 종교 갈등으로 피비린내 나는 종교 전쟁의 참상을 겪고 나서야 관용이라는 가치를 깨달은 유럽과 달리 종교의 자유가 보장되고 수십 가지의 종교가 평화롭게 공존하는 우리 사회가 매우 탄력적이고 열린사회라 생각한 적도 있었다. 하지만 종교가 권력·자본과 결탁하면서 모든 균형은 무너졌다. 과거는 문밖으로 내쫓기면 창문으로 들어온다더니 기독교는 유사종교인 신천지를 낳고 조계종은 일광조계종과 궤를 같이한다.

종교와 권력이 만날 때

한국사회에서 종교는 어떤 의미인가. 혹시 기독교든 불교든 기복신앙에서 한 발짝도 벗어나지 못한 것은 아닌가. 신은 사라지고 그 자리에 기복과 영혼의 점령군들이 신을 자처한다. 철학이 신학의 시녀로 전락했던 시대보다 더 타락했다. 종교를 기준으로 인간을 바라보는 시각을 단절하고 인간 스스로의 경험에 입각하여 인간의 본성을 이해하는 것이 계몽이라 한다면 우리는 아직도 계몽의 시대를 벗어나지 못하고 있는 것이다.

종교는 지극히 내밀한 영역이다. 자신의 영적인 세계를 드러내고 심지어 당당하게 강요하는 것이 아무렇지도 않은 우리 사회는 아무래도 비정상적이다. 어떤 생각이나 사상을 금지하는 국가보안법이나 어떤 생각을 하라고 신앙을 강요하는 것이나 동전의 앞뒷면이다. 아이의 학교 졸업식에서 하느님의 가호로 무사히 졸업하게 되었음을 감사하고 앞날에 하느님의 은혜가 충만하기를 기도한다는 학교 교장의 축사가 아무리 봐도 내 눈엔 정상이 아닌 것 같은데 그것을 개인의 취향이라 간섭할 수 없다고 답변하는 교육행정이 오늘을 만든 것은 아닐까. 신념의 영역임에도 마치 좋은 제품 소개하듯 전도하는 풍토가 이렇게 만든 것은 아닐까.

이유 불문하고 이 모든 것은 불교든 기독교든 종교지도자들과 교단의 책임이고 기성세대의 책임이다. 신과 자연 앞에 겸손한 것보다 목사의 권위를 먼저 가르친 대가, 학교에서 아이들에게 제 머리로 생각하는 철학을 가르치지 않은 대가, 인간과 자연에 대한 통찰보다 두려움에 대한 공포로 힘 있는 자들에게 순종하도록 만든 대가, 공동체 의식보다 나만 잘 살면 된다는 이기주의와 성공신화를 강요한 대가를 치르는 것이다.

광신은 미신과 같은 얼굴이며 맹목과 무지의 소산이다. 그리고 신앙과 권력이 만날 때 늘 피바람이 불었다. 오늘날 우리는 종교와 기득권에 결탁하여 이성의 시대를 야만의 시대로 되돌리려는 검찰과 시민의 눈과 귀를 교란시키는 언론, 권력과 부를 좇는 유사종교 집단이라는 파렴치들을 목도하고 있다. 우리는 무엇을 해야 하는가. 1517년 95개 조의 논제를 게시하며 가톨릭 교회의 개혁을 외친 마르틴 루터 목사의 종교개혁은 2022년 대한민국에서 외쳐져야 한다. 1762년 가톨릭교도들의 부당한 모함으로 온 가족이 풍비박산난 장 칼라스 사건 이후 이성에 대한 믿음과 관용을 강조하며 교회의 부조리에 정면으로 맞선 볼테르의 외침은 250년이 지난 한국사회에도 적용된다. "파렴치를 분쇄하라." (2022. 1. 25)

2

작은 꽃을 피우는 사람들

간절했던 것은 때로

벼락같이 오기도 하고

알아채지 못하게 땅거미처럼

오기도 한다.

연탄재 함부로 차지 마라

연탄재의 길을 걷던 분

몇 년 전 건강에 적신호가 켜져 일을 그만두고 치료에 전념했다가 활동을 재개하며 완전히 새로운 일을 해보자 싶어 노인을 대상으로 하는 일을 준비했다. 공부하는 것도 좋았고 현장에 나갔을 때 반응도 좋았지만 왠지 신이 나지 않았다. 지금까지 늘 일하면서 에너지를 얻어왔는데 이상하게 에너지가 빠져나가는 느낌이었다.

그즈음 시어머니와 이야기하다 이게 내 일이 맞나 망설여진다고 말씀드렸더니 내 성향이 노인들을 감당하기 힘들 거라며 손사래를 치셨다. "그동안 제가 어머니께 많이 부족했나 봐요" 했더니 "네가 노인들 상대 안 해봐서 모른다. 다 나 같은 줄 아니" 하고 웃으셨다. "노인들 비위 맞추려다 기껏 힘들게 다스려놓은 병 도진다"며 단호하게 "그건 네가 할 수 있는 일이 아니다" 하셔서 내심 망설이던 내게 피해갈 명분을 주시는구나 생각했고 결국 난 그 일을 하지 않았다. 이렇게 나는 나부터 생각하는 이기적인 사람이다. 윤미향 의원과 손영미 소장이 나의 반의반만큼만이라도 이기적이었다면 오늘의 비극은 결단코 없었을 것이다.

어른을 모시고 사는 분들을 존경한다. 더 정확하게 말하면 어른과 한집에 사는 며느리들을 존경한다. 요양보호사의 도움도 받고 이런저런 제도적 장치들이 있어도 시설에 입소하지 않고 동거하는 조건이라면 돌봄노동은 대부분 동거하는 젊은(상대적으로) 여성의 몫이다. 육아는 아무리 어렵다 해도 걷고 뛰고 스스로 할 수 있는 때가 오고 수직상승하는 에너지라 나날이 느끼는 기쁨이 크다. 그러나 노인 돌봄은 기약도 없이 퇴행과 절대적인 의존을 거듭하다 결국 소멸을 지켜봐야 하는 일이다. 게다가 머지않은 자신의 미래를 미리 보는 일이어서 육아보다 훨씬 많은 정신적·육체적 에너지가 필요하다. 노인과 함께 산다고 하면 잘하고 못하고를 떠나 그 사실 하나만으로도 존경하게 되는 이유다.

늙고 병들면 자식도 마다하고 시설로 모시는 세상이다. 그런데 내 부모도 아닌, 게다가 사회적으로 지지받지도 못하던 시절부터 혼자 지내기 힘든 위안부 피해할머니들을 돌보며 살아오신 마포 평화의 쉼터 손영미 소장님. 올해 60세라는데 2004년 서대문쉼터 시절부터 무려 16년을 할머니들과 살아왔으니 그 세월이 차마 가늠이 되지 않는다. 마포쉼터는 작년 1월 김복동 할머니가 떠나신 후 길원옥 할머니 한 분만 기거해서서 손영미 소장은 그분과 동거하며 파주 자택에는 주말에만 잠깐씩 다녀왔다고 한다. 사회복지학을 공부하는 것 외에 그녀에게 사적인 삶이란 게 있기는 했을까.

마흔네 살 꽃다운 시절부터 16년 세월 동안 많은 할머니들을 떠나보내고 언젠가 다 떠나실 그곳에서 자신을 조용히 불사른 사람. 그녀를 그 자리에서 견디게 한 것은 최저임금도 후원금도 찬사도 아닌, 자신이 만든 삶의 지향과 지도였을 것이다. 아무리 그럴싸한 명분과 당위성으로 설명해도 노인들을, 그것도 성노예 피해자 할머니들을 보살피며 사는 것은 결코 가벼운 일이 아니다.

"삶이란/나 아닌 그 누구에게/기꺼이 연탄 한 장 되는 것"(「연탄 한 장」)이라는 안도현 시인의 읊조림처럼 기꺼이 스스로 연탄 한 장의 길을 걷던 분이 우리 곁을 떠났다. 대가를 바라지 않고 타인을 위해 기꺼이 자신을 내어줘 본 적 없는 사람들이 함부로 휘두르고 마구 써내려간 칼과 펜은 이미 사회적 흉기가 된 지 오래다. 자신의 신념으로 지탱해온 삶이 송두리째 부정당하는 지옥의 삶. 길원옥 할머니의 아들도 못한, 16년 동안 상처 입은 할머니들을 바라보는 삶을 살고도 끝내 부정당한 현실을 못 견뎌 극단의 선택을 했을 것이다. 왜 우리는 이런 순수한 영혼들을 지켜주지 못하는 것일까. 왜 저들의 몇 마디 기획된 요설에 쉽사리 넘어가 같이 돌을 던지고 입에서 칼날을 내뿜는 것일까.

악마의 현신

검찰은 고발장 하나로 정의기억연대(정의연) 사무실 압수수색도 모자라 정의연 회계자료를 은닉했을 거라며 마포쉼터를 압수수색하고, 안성쉼터와 시공업체 사무실도 압수수색했다. 손영미 소장이 고인이 되자 사람들에게 겁주는 데는 일가견이 있는 법 기술자들이 고인을 조사한 일도 출석요구를 한 일도 없다고 뻔뻔하게 시치미를 뗀다. 이용수 할머니의 기자회견 이후 윤미향 의원도 손영미 소장도 어떻게 살아왔을지 짐작이 된다. 시도 때도 없이 초인종을 누르고 전화를 걸고 마당에 카메라 렌즈를 고정시키고 사람만 나타나면 낮밤을 가리지 않고 플래시를 터뜨렸을 클릭 장사치들. 어떤 이들은 참고인으로 조사받는 것만으로도 자존에 깊은 상처를 받는다는 것을 알 리가 없는 만무방 같은 자들이야 그렇다쳐도 번번이 당하고도 그런 자들의 말을 무게 있게 듣는 우리는 왜 학습효과가 없는 것인가.

데칼코마니다. 노무현 전 대통령을 그렇게 보내고 조국 전 장관과 그의 가족을 모두 지옥으로 몰아넣고 그렇게 많은 억울한 피의자들을 보내고도 아직도 그 못된 습성을 버리지 못하는 벌레 같은 사람들. 그리고 그들과 한통속이 되어 카메라와 마이크를 들이대며 더러운 웃음을 짓는 똥파리들. 며칠 전 국회 윤미향 의원 사무실 문틈에 기자들이 매달려 핸드폰을 들이대며 역시 카메라는 삼성폰이 좋다느니 희희낙락하는 한 장의 사진은 악마의 현신이었다. 블라인드의 빈틈으로 카메라를 고정시키고 그녀가 '웃는다'고 보도하는 클릭 장사치들을 누가 기자라고, 언론인이라고 부르는가.

이용수 할머니는 이제 당신이 무슨 일을 하신 건지 깨달았을까. 시모께 혹독한 시집살이를 받은 트라우마에서 아직도 자유롭지 않은 나의 시어머니는 치매가 아니어도 변덕이 심하고 심술이 많은 게 노인이라고, 시기심과 질투를 감당하기 어려울 거라며 나에게 노인과 함께 일할 생각을 하지 말라 하셨는데 그분을 보며 그 말씀이 맞을지도 모른다고 하면 너무 무례한가.

92세의 연세답지 않게 세련된 디자인의 멋진 자켓을 입으셔서 아름다우신데 왜 하시는 말씀은 비수로 느껴질까. 한국정신대문제대책협의회(정대협)와 '정신대할머니와 함께하는 시민모임'이 26년간 당신들을 도와준 게 하나도 없다. 위안부 할머니들을 팔아먹었다고 눈물 흘리는 모습을 보며 왜 난 그분께 감정이입이 안 되는 것일까. 당신이 부정하고 있는 것은 윤미향과 정대협, 정의연이 아니라 당신과 당신의 동료들, 그리고 수많은 활동가와 시민들이 당신과 함께 광야에서 눈비를 맞으며 오랜 세월 함께 쌓아올린 성과임을 진정 모르시는 것일까. 먼저 가신 당신의 동료들에게 정녕 당당한 문제제기인가 묻고 싶어지는 나는, 인류애가 부족하고 패륜적인 사람인가.

가족과 함께 한가하고 평화로운 주말을 즐기다 손영미 소장의 부고소식을 듣고 내 마음도 함께 무너졌다. 내 마음 더 다칠까봐 거리를 두고 일상에 충실했던 내가 죄스럽게 느껴진다. 지금 내가 누리는 소소한 행복 따위의 개인의 삶을 마다하고 오로지 위안부 할머니들에게 당신의 생을 내어주며 헌신해오신 손영미 소장님, 그동안 정말 애쓰셨습니다. 부디 편히 영면하소서. 당신의 인간에 대한 애정과 숭고한 헌신을 기억하겠습니다. (2020. 6. 7)

분노와 낙관의 힘으로

나를 지켜줘야 합니다

노무현 전 대통령이 당선 직후 지지자들에게 "당신들은 이제 뭘 할 거죠?"라고 물었습니다. "감시하겠다"는 지지자들의 대답에 "아닙니다. 감시가 아니라 나를 지켜줘야 합니다"라고 했다지요. 해방 이후 친일파의 후예들이 공고하게 쌓아온 한국사회의 토대와 상부구조에 대통령 하나 바뀌었을 뿐이니 그들을 상대로 싸울 수 있게 자신을 잡아주고 지지해달라고 말씀하신 거죠. 그것을 '참여'라고 했고요. 임기 내내 뭐가 됐든 자꾸 공론화하자 토론해보자 하니 국민들은 사는 것도 피곤한데 알아서 하라고 뽑아놨더니 자꾸 귀찮게 묻는다고 짜증을 냈던 것으로 기억합니다.

저는 그때야말로 시민들이 스스로를 정치적 타자가 아니라 주체로 인식하기 시작한 때라고 생각합니다. 직선제라 해도 대통령이나 국회의원을 뽑고 나면 '그들이 나 대신 다 해주겠지'라고 생각하며 스스로 타자의 위치에서 벗어나지 못했던 것입니다. 실제로 많은 이들이 태평성대의 상징인 요순시대 노인처럼 격양가를

부르며 살게 되기를 바랐죠. 대통령 만들어줬으니 나랏일 신경 안
쓰게 알아서 일 잘하고 우리는 배를 두드리며 먹고사는 일에만 신
경 쓰고 살겠노라고 말입니다.

끊임없이 시민들의 의견을 묻고 수평적으로 머리를 맞대려고
노력했던 그분을 잃은 2009년, 우리는 망치로 머리를 한 대 맞은
느낌이었습니다. 주권자로서 정치적 타자가 아닌 주체이자 발화
자로 자리매김하는 것이 얼마나 중요한지 비싸고 뼈아픈 수업료
를 치르고서야 깨달았습니다. 그리고 명망가 중심의 민주화운동
에서 시민 한 사람 한 사람이 주체가 되는 진정한 시민 권력의 시
대를 열었습니다. 민주개혁진영이 지식인과 민중이라는 수직적
구조에서 벗어나 서 있는 자리에 따라 단지 역할이 다를 뿐임을
자각하는 수평적인 시대 말입니다.

진짜 동료애

2009년 이후 2016년 국정농단 단죄에 이르기까지 우리가 깨달
은 것은 정치발전은 타자가 아니라 특정 정당의 당원이든 아니든
n분의 1만큼의 주체로 참여해야 가능하다는 것입니다. 손에 동전
을 움켜쥔 아이에게서 빼앗으려고 하는 힘은 동전을 지키려는 아
이의 힘을 당하기 어렵습니다. 본시 가진 것을 빼앗기지 않으려는
기득권의 저항은 가공할 만한 위력을 지니는 법인데 우리는 가져
본 적이 없어 그것이 얼마나 달콤한 것인지 잘 모릅니다. 그래서
단일대오로 뭉치기 어려운 게 아닐까요. 보수는 부패로 망하고 진

보는 분열로 망한다는 말도 다 같은 맥락이라고 생각합니다. 그런데 우리는 종종 그 사실을 잊어버리는 것 같습니다.

감옥생활을 오래한 사람들은 한겨울 냉수마찰 이야기를 많이 합니다. 저도 겨울을 이기는 방법으로 냉온수욕을 번갈아 하는 것을 좋아하는데요, 냉수마찰은 정신을 명징하게 해주고 본질을 직시하게 만드는 힘이 있지요. 누구는 문재인 정부의 실패를 말하지만 저는 저들의 뿌리가 어디까지 연결되어 있는지 낱낱이 드러내게 했다는 점에서 나름 큰 성과라고 생각합니다. 언젠가는 맞닥뜨려야 했던 검찰권력에 대한 민주적 통제를 위한 전면전이 이제 시작된 것이죠.

중요한 건 누구도 탓하지 않고 지치지 않는 것이라고 생각합니다. 힘은 사랑에서 나오고 사랑을 잃은 분노는 힘이 없으니까요.

온 누리에 축복을 주고 낮은 데로 임하셨던 예수가 이 땅에 오신 성탄의 밤이 저물어갑니다. 가난하고 소외된 사람들을 위해 때로는 미움도 분노도 마다 않으셨던 그분이 걸어가신 길이 오늘날에도 똑같이 펼쳐집니다. 동지(冬至)를 보낸 오늘 낮, 한결 길게 느껴지는 햇살처럼 서로를 격려하며 누구도 탓하지 않고, 지치지 말고, 분노와 낙관의 힘으로 어둠을 함께 밝혀가기를 소망합니다. 그것이 동시대를 살아가는 진짜 동료애인 것 같습니다.

(2020. 12. 25)

말하게 하라

자신을 존중하는 법

어렵사리 꺼낸 깊은 아픔에 귀 기울이지 않는다거나 무시한다고 느껴지면 분노는 일반으로 확장되거나 약자들에게 전가되고 무기력함과 허탈함, 억울함은 원한으로 깊어진다. 어떤 사람이든 고통받았던 기억과 분노로 얼룩진 마음을 간직하고 싶은 사람은 없다. 지난 일이니 다 잊으라고 말하지만 잊을 수 있는 기회를 마련해주지 않는다면 고통과 절망을 더 깊은 곳으로 몰아가는 것과 다르지 않다. 잊어버리고 새로운 삶을 살고 싶은데 버릴 수 있는 기회를 얻지 못한 이들은 어디에서 활로를 찾아야 하나. 가해 당사자가 진심으로 참회하면 좋겠지만 현실적으로 기대하기 어려우니 누군가가 들어주는 것만으로도 화해하고 용서할 수 있는 게 사람 마음이다. 어쩌면 그들은 제발 용서할 기회를 달라고 말하고 있는지도 모른다. 원망의 대상이 특정인이든 불특정 다수든 시대적 한계든 화해하고 용서해야 그 고통에서 자유로워질 수 있다는 것을 당사자들이 누구보다도 잘 안다.

시모의 시집살이로 젊은 날이 고통이었던 나의 시어머니는 너무나 오랫동안 주눅들었던 당신 삶을 이제야 조금씩 객관화해가고 있다. 고통과 억울함의 실체를 알아봐주고 공감해주는 것만으로 자신을 존중하는 법을 배우기 시작했다. 아직 밑장의 얼음을 다 녹여내지는 못했지만 그나마도 수십 번의 봄날을 보내고 비로소 맞이한 당신 인생의 봄날이다. 더 이상 자신을 자책하지 않고도, 더 이상 당신 시모를 원망하지 않고도 당신 삶에 대해서 이야기하는 것이 가능하다는 것을 깨달아가고 있다. 그리고 당신 자식들에 대한 집착 대신 당신이 원하는 것이 무엇인지 더 많이 생각하게 되었다.

상처를 치유할 수 있는 힘

남성들은 저마다 다른 군복무의 고통을 안고 있지만 상대적으로 민주화된 사회에서 성장한 젊은 남성들이 군에서 겪는 인간적인 모멸감, 자기 효능감의 저하, 경쟁에서 도태되는 불안감은 기성세대의 그것과 비슷한 듯 사뭇 다르고 그 억울함과 분노를 어떤 방식으로든 해소할 사회적 창구가 없다.

부당한 힘을 행사하는 선임을 미워했음에도 후임에게 똑같이 하고 있는 자신을 발견했을 때의 자괴감, 그들이 인생을 살며 두고두고 자신을 저주할 것이라 생각하면 너무 괴롭고 미안해서 당장이라도 쫓아가 사죄하고 싶은 죄책감에 시달린다. 그런 상황에 놓인 자신을 못 견디겠다며 괴로워하는 아들에게 엄마가 해줄 수 있는 말은 존재하지 않는다. 그저 들어주고 안아주는 것 말고는 자식의 아픔을 바라볼 수밖에 별 도리가 없다.

그 젊은이에게는 병역제도, 병영문화의 개혁과 혁신만이 상처를 치유할 수 있는 힘이 된다. 자신보다 큰 권력을 가진 자의 횡포에 굴종해야 했던 국가폭력의 피해자인 자신도 자신이 가진 권력만큼 누군가에게 가해할 수 있다는 것을 깨달음으로써 자신의 경험을 보다 정의로운 사회를 위한 밑거름으로 삼을 수 있게 될 것이다. 그리하여 약자의 고통에 공감하고 연대할 줄 아는 진정한 남성성으로 거듭나는 것만이 자신을 구원하는 길이 될 것이다. 이는 군대에서 사회로 이제 막 재진입한 내 아들에게도 적용되는 이야기다. 위계에서 비롯된 힘을 사람에게 모멸감을 주는 식으로 남용하는 것은 얼마나 반지성적인 행위인지 깨닫지 못하는 사람들은 사람을 죽음으로 몰아가는 것이 때로는 한마디 말로도 가능하다는 사실을 알지 못한다. 인격살인은 생물학적 살인과 다르지 않다는 것을 깨닫지 못하는 이들이 허용되는 사회는 또 얼마나 불행하고 무책임한가.

아픈 기억을 말하게 하라

더 이상 자식들이 죽어가게 해서는 안 된다고 부르짖는 세월호 희생자 어머니들, 산업재해로 숨진 비정규직 노동자 김용균 씨의 어머니 김미숙 씨가 원하는 대로 다 이루어지지는 않더라도 정치인들이 좀더 진정성을 보이고 최소한의 요구를 수용하고 타협할 수 있는 여지라도 주어야 그들도 다음 단계로 나아갈 수 있다. 그들이 더 이상 자식 잃은 짐승이 아니라 자신의 삶을 살 수 있도록 돕는 것은 오직 그들의 이야기를 경청하고 존중하는 것뿐이다. 들어주지 않으면 일상으로 돌아갈 수 없는 어머니들의 절규를 외면하는 사회와 국가, 정치는 무용하다.

누군가를 사랑한다는 것은 그의 입장이 되어보는 것이고 감정이입을 통해 다른 사람에게로 건너가는 다리를 놓는 것이다. 이혼한 후 치매에 걸린 50대 아버지를 홀로 부양한 이야기 『아빠의 아빠가 됐다』(이매진, 2019)를 쓴 20대 청년 조기현 씨는 아버지가 공사장 사고로 병원에 실려 갔는데 미성년자인 자신은 어떤 권리도 행사할 수 없고 주변에 도움을 청할 사람도, 도움을 주는 사람도 없어 무서웠다고 고백했다. 병원비도 걱정이지만 그에게 가장 두려운 것은 자신의 두려움을 나눌 사람이 없다는 사실이라고 했다. 먼 길을 돌아 아빠의 아빠가 된 그는 한때 차라리 아버지가 죽기를 바라는 자신의 이야기를 영상으로 담아내고 책으로 엮는 등 세상 사람들에게 말 걸기를 함으로써 자존을 되찾았다. 인간의 존엄은 아픔과 고통을 정면으로 마주할 때 회복될 수 있음을 잘 보여준다.

'동결하다'는 뜻의 'freeze'는 '시간을 멈춘다'는 뜻도 있고 공포나 흥분으로 말을 못하는 상태, 즉 자유롭지 않은 상태를 가리키기도 한다. 자유로운 상태가 된다는 것은 얼어붙는 게 아니라 말을 할 수 있는 환경을 얻는다는 게 아닐까. 마주하는 것이 두려워 심연에 숨겨둔 기억을 꺼내놓을 수 없게 억압당하는 상태에서는 건강한 사유가 불가능하다. 그저 살아남기 위한 본능만 덩치를 키워갈 뿐이다. 동결 상태가 오래되면 될수록 자신보다 더 약한 이에게 공포를 전가하며 심지어는 폭력을 행사하는 것으로까지 발전하게 되는 것이다.

그런 점에서 사회와 이웃, 친구와 가족이 말할 수 있는 장을 만들어줘야 한다. 억울하게 젊음을 저당잡힌 시간으로 기억하는 군복무에 대해 말하게 하고, 시어머니든 직장 상사든 억압당한 경험을 말하게 해야 한다. 바보같이 아무 말도 못하고 자유의지를 되찾을 생각도 하지 못한 채 노예 같은 삶을 살았던 때를 수치스러워하며 꽁꽁 묻어두기보다 꺼내놓을 수 있게 도와야 한다. 그것이 진정한 위로와 공감의 자세가 아닐까. SNS에서도 어릴 적 폭력에 대한 아픈 기억, 평생 가족이라는 굴레에서 속박당한 자신의 삶을 하나하나 풀어내는 용감한 분들을 본다. 나는 그들이 용기 있어서라기보다 그렇게라도 하지 않으면 죽을 것처럼 숨이 쉬어지지 않기 때문일 거라고 생각한다. 말하는 것을 누군가 들어주고 있다는 것만으로도 절반은 해방이다. 그들이야말로 언젠가 궁극의 자유를 얻으리라 믿는다.

한진중공업 김진숙 씨가 부산에서부터 32일째 해고노동자와 시민 희망 뚜벅이들과 함께 걸어 올라오고 있다. 우리는 35년 숙원인 복직에 대한 그녀의 이야기를 얼마나 들어주고 있는가. 단지 일하게 해달라는 외침이 이렇게 오랫동안 공허한 진짜 이유는 무

엇인가. 우리 모두에게 그녀가 말하고 싶은 것, 나의 시어머니와
전역한 젊은 남성과 세월호 어머니들과 김미숙 씨가 하고 싶은 말
은 하나다. 나는 사람이라는 것. 사랑하는 사람들과 울고 웃으며
평범하게 일하면서 살고 싶은 한 사람이라는 것 말이다.

(2021. 2. 4)

하노버에서 온 '하소즐'

독일에서 온 선물

독일 하노버에서 귀한 우편물을 받았다. 한국·독일 시민들과 수평적으로 소통하면서 베를린 미테구 평화의 소녀상 영구존치에도 힘써주신 슈뢰더 전 총리와 김소연(Soyeon Schröder‒Kim) 부부의 친필사인 초상화와 정성이 가득한 카드가 도착한 것이다.

독일은 존경하는 사회지도층 인사들에게 친필사인 초상화를 받는 것을 영광으로 생각하는 문화가 있다고 한다. 시민들이 반송봉투, 때로는 우표까지 동봉해 친필사인을 청하면 요청받은 분들은 정성껏 사인카드를 만들어 보낸다. 우리에겐 없는 문화여서 처음엔 생경했는데 SNS를 통해 슈뢰더 총리 부부가 나란히 앉아 사인하는 모습을 몇 번 보고 나니 친숙하게 느껴졌다. 그녀는 한국과 독일 양국의 시민들에게 직접 만든 마스크와 친필사인을 보내며 팬데믹이라는 강을 건너오고 있다.

얼마 전부터는 친필사인도 모자라 평화의 소녀상 영구존치를 위해 발 벗고 나서준 독일 시민들에게 한국의 문화를 알릴 겸 화선지에 붓으로 정성껏 쓴 인사를 보낸다. 나에게 온 것도 한 획 한 획 정성껏 쓴 카드다. 붓으로 쓰는 글씨는 시간도 많이 들어 여간 정성이 필요한 게 아니다. 이렇게 일일이 쓰고 붙이고 하는 그녀의 하루는 도대체 몇 시간일까. 그녀를 볼 때마다 이런 부드러운 카리스마는 어떻게 몸에 배게 된 걸까 궁금해진다. 슈뢰더 전 총리에 대한 기사를 볼 때도 비슷한 느낌이 드는데 무려 스물다섯 살이라는 나이 차에도 두 사람을 사랑으로 묶어준 힘은 그들이 공히 지닌 부드럽고 따뜻한 인간에 대한 애정과 예의에서 비롯된 것이 아닐까 생각한다.

김소연 씨와는 2020년 팬데믹 초기에 페이스북에서 친구가 되었다. 처음엔 그저 독일 교민인 줄로만 알았는데 1998년부터 2005년까지 7년 동안 녹색당과 연정으로 독일 정부를 운영한 게르하르트 슈뢰더 전 총리의 부인이라는 것을 뒤늦게 알았다. 그녀는 '하루에 소소한 즐거움 하나'(하소즐)를 모토로 옆지기가 들꽃을 한 아름 꺾어온다거나 아침상을 차리고 가드닝하는 소탈한 일상을 공유하기도 한다. 전직이기는 해도 독일 시민들에게 존경받는 정치인의 아내인데 댓글마다 정성껏 답글을 달아주며 수평적으로 소통하는 모습이 매우 인상적이었다.

그러나 그녀는 슈뢰더 전 총리의 부인이기 이전에 이미 2010년 노르트라인베스트팔렌주(NRW) 경제개발공사인 NRW 글로벌무역투자진흥공사 한국대표부 대표로 취임한 커리어우먼이다. 현재 그녀는 NRW 글로벌무역투자진흥공사 한국 대표로서 한·독 양국 기업의 교류와 협력을 돕는 역할을 하고 있으며 슈뢰더-김 비영리법인을 만들어 한·독 청소년들의 교류를 지원하고 있다. 여러 면에서 비슷한 점과 배울 점이 많은 독일 기업과의 협력을 견인하고 양국의 무역 및 교류활동의 가교로 자리매김하는 그녀는 선한 사회적 영향력을 행사하는 아름다운 여성이다.

팬데믹으로 봉쇄령이 내려진 초유의 사태에서 슈뢰더 전 총리 부부의 행보는 오피니언 리더로서의 전범을 보여주었다. 코로나 19가 팬데믹의 조짐을 보이자 한국은 재빨리 마스크와 사회적 거리두기에 들어갔지만 개인의 자유를 중시하는 유럽의 마스크 저항은 기억하다시피 매우 심각했다. 마스크를 거부하기도 했지만 생산하지 않으니 구입하기도 어려운 실정이었다. 그런 고충을 토로하는 그녀에게 집에서 직접 만들어 쓰는 천 마스크는 거부감이 덜하지 않을까 의견을 드린 것이 그녀와의 첫 소통이었다.

김소연이라는 사람이 내 머릿속에 깊이 각인된 것은 얼마 후 직접 유기농 천을 사서 재봉틀로 천 마스크를 제작해 독일 교민들에게 보내주고 국내에 있는 분들에게도 선물하는 일을 행동으로 옮겼다는 점 때문이었다. 전문영역에서 활발하게 활동하시는 분이 이런 일을 직접 하실 거라고는 생각하지 않았다. 그녀가 전 총리의 부인으로서, 대표로서 바쁜 일정을 보내면서도 재봉틀 앞에 앉아 마스크를 만든 것이 족히 2,000장은 넘지 않을까 싶다.

팬데믹 초기 그녀는 슈뢰더 총리와 나란히 직접 만든 마스크를 쓰고 마트에 가는 등 오피니언 리더 부부로서 독일 시민들의 마스크 거부감을 줄이기 위해 많은 노력을 기울였다. 한국의 성공적인 방역이 전 세계에 알려지면서 그녀는 K방역의 행복한 전도사가 되었다. 특히 방역 과정에서 개인정보 공개에 대한 독일 시민들의 불안을 고려해 한국 시민들의 경험담과 의견을 물어 청취하기도 하고 그것을 독일사회에 맞게 적용할 수 있는 방안에 대해 많은 매체와 인터뷰를 했다. 한국과 독일의 문화적 차이를 누구보다 잘 아는 사람으로서 한국의 방역 노하우를 분명하고 단호한 어조로 알리고, 과거 비밀경찰 게슈타포의 기억이 중첩되는 정보공개 문제는 조심스럽고도 유연하게 전하고자 하는 모습에 참으로 사려 깊은 사람이라는 인상을 받았다.

그녀는 이에 그치지 않고 파독 간호사, 광부 등 최고령 교민 어르신들께 고운 빛깔의 한복자켓 디자인의 셔츠를 직접 만들어 선물하고 파독 1세대 한국 교민의 삶을 돌보는 '해로'(HeRo)를 지원할 수 있는 이벤트를 소개하며 참여를 독려하기도 했다. 덕분에 나도 의미 있는 일에 동참하는 기쁨을 누렸다. '해로'는 독일에 거주하는 한국 어르신과 같은 소수 이민자들을 위한 호스피스 자원봉사활동, 일상생활 지원, 치매 어르신 돌봄 등 소외된 이웃과 함께하는 사랑공동체 비영리 사단법인이라고 한다.

독일 PSD은행이 주관하는 미래어워드는 온라인에서 최다 득표수를 받은 15개 단체를 선정해 상금을 주는 프로그램인데 김소연 씨는 파독 1세대를 위해 이메일 투표에 동참해줄 것을 호소했다. 그녀의 참여방법 안내에 따라 독일어 구글번역기를 돌려가면서 나와 우리 가족도 이메일 투표에 여러 번 참여했다. 작년 추석 즈음 김소연 씨가 '해로'의 결선 9위 소식을 전하며 얼마나 기쁘고 감사해하던지 그녀 덕분에 독일사회에 한인의 씨앗을 뿌리고 든든하게 뿌리를 내린 1세대 독일 교민들께 위로와 감사를 전할 수 있어 나 또한 무척 뿌듯했다. 리더는 사람들이 소소한 실천으로 효능감을 느낄 수 있게 해주는 것이 매우 중요하다. 그런 점에서 그녀는 매우 탁월한 리더다.

독일 국민들이 존경하는 정치인

그녀의 옆지기 슈뢰더 전 총리는 좌파 사민당 출신이면서도 실업수당 등의 사회복지비용을 과감하게 줄여 사민당 지지계층 노동자들의 비난을 받았다. 내게 그의 집권시기 정책을 평가할 능력은 없지만 독일의 실업률을 줄이고 경제체질을 과감하게 개선해 정치적으로나 경제적으로나 유럽의 리더로 거듭나는 초석을 놓았다는 평가가 일반적인 듯하다. 2005년부터 16년 가까이 이어진 기민당 메르켈 총리의 장기집권에 사민당 출신 슈뢰더 총리의 노동개혁인 '어젠다 2010'이 토대가 되었다는 것은 시사하는 바가 매우 크다.

슈뢰더 전 총리가 거의 해마다 한국을 방문해 양국의 협력과 교류를 위한 활동을 해온 것도 그녀를 통해서 알게 되었다. 방한 일정 중 가장 인상적이었던 것은 2017년 9월 나눔의 집을 방문한 일이다. 그는 위안부 할머니 한 분 한 분을 안아주시며 할머니들이 증오가 아니라 화해를 말씀하신다는 점에서 노벨평화상 후보로 손색없다며 진심어린 위로와 감사를 전했다는 것이다. 또 가해자의 용어인 '위안부'라는 말을 쓰지 말 것과 "이렇게 큰 고통을 당한 분들을 생각하니 눈물이 흐릅니다"라고 방명록에 남겼다니 참으로 냉철하면서도 다정하고 따뜻한 품성의 지도자인 듯하다.

1970년 빌리 브란트 총리는 폴란드 바르샤바 유대인 위령탑 앞에서 무릎을 꿇고 사죄함으로써 '기억과 책임, 그리고 화해'라는 새로운 시대를 열었다. 이는 역사상 가장 위대한 사죄라고 평가받는다. 슈뢰더 전 총리도 재임 중인 2000년 나치 강제노동자에 대한 손해배상합의를 이뤄내고 2004년 바르샤바에서 또 한 번 독일 침략을 사죄했다고 하니 그의 나눔의 집 방문은 하등 이상할 게 없지만 최고위층 인사로는 매우 이례적인 행보였다고 한다. 당시 그는 자서전 『문명국가로의 귀환』 한국어판 출간 기념으로 방한했는데 민감한 한일관계를 감안한다면 굳이 나눔의 집을 방문할 필요가 있겠느냐는 독일 외교부의 반대에도 처음에 한 약속을 지켰다고 한다. 고위층이 나눔의 집을 방문한 것은 처음 있는 일로 아무리 전 총리라 해도 민감한 사안이었을 것이다. 그런데도 처음의 약속을 지켰다니 과거에 반대를 무릅쓴 사민당 슈뢰더 개혁이 어떻게 가능했는지 그 일면을 보는 듯하다.

그는 나눔의 집 방문 당시 이옥선 할머니가 팔목에 끼워준 팔찌를 방한 내내 끼고 다녔으며 4년이 지난 지금도 간직하고 있다니 정치인의 진정성과 그의 인간적인 면모를 짐작하게 해준다. 우리로서야 민주정부 두 분 대통령을 제외하면 국외로 도망가거나 수감된 대통령뿐이어서 그런지 정치인을 존경한다고 대답하는 시민들이 거의 없는데 독일은 아인슈타인 같은 과학자나 음악가를 제치고 정치인들이 존경받고 사랑받는다고 하니 참 생경하다. 한때 가장 존경하는 독일인 1위를 콘라드 아데나워 전 총리가 차지한 적도 있다고 하는데 그가 어떤 사람인지는 몰라도 참 좋은 정치인이었나보다 짐작하게 된다. 그들이라고 모든 면에서 완벽하지는 않았을 것이다. 가능하지도 않고 말이다. 우리는 누군가가 대통령을 존경한다고 하면 폄하하는 경향이 있는데 김대중·노무현·문재인, 누가 되었든 가장 존경하는 한국인으로 당당하게 말할 수 있게 되기를 기대한다.

좋은 리더란 무엇일까. 과거 권위주의 시대에는 앞장서서 나를 따르라 하는 장군형 리더가 필요했고 선호했다면 쌍방향 소통의 시대인 지금은 공감으로 사회적 약자를 품을 줄 알며 이웃의 눈물을 닦는 데 자신이 지닌 힘을 쓸 줄 아는 따뜻하고 포용력 있는, 그러나 일관된 원칙을 견지할 수 있는 단호함과 냉철함을 갖춘 리더가 필요하다. 슈뢰더 전 총리와 한 번이라도 이야기를 해본 사람은 한결같이 그를 유머러스하고 포용력 있는 사람으로 기억한다고 한다. 문재인 대통령이 퇴임 후 전임 대통령으로서 평화와 국제사회의 협력을 위한 여정을 걷는다면 그런 모습이 아닐까 기대해본다. 우리도 이제 그런 전임 지도자를 가질 자격이 충분한 시민들 아니겠는가. 그리고 또 한 사람, 화선지에 붓으로 한 자 한 자 정성껏 마음을 담는 사람, 김소연 씨의 부드럽고 미래지향적인 리더십에 박수를 보낸다.

나눌수록 커지는 즐거움

내게는 딸이 독일 교환학생을 하며 겪은 매우 다채로운 경험을 전해들은 것과 보름간의 여행이 독일에 대한 경험의 전부다. 유학 초기에 딸은 친구의 고향 밤베르크 부모님의 집에 초대받아 1박 2일을 머물렀는데 그녀의 부모님은 하루 종일 뉘른베르크 여행을 함께하며 전쟁박물관, 전당대회가 열린 운동장 등 나치의 참상 이모저모를 소상하게 설명하고 안내해주셔서 딸도 몹시 의외였다고 했다. 그들은 어떤 마음으로 동양의 나라에서 온 젊은 여성을 밤베르크의 아름다운 성이나 자연이 아니라 오욕과 수치로 가득한 나치의 현장으로 안내했을까. 치부를 기꺼이 드러내 보이는 용기와 기꺼운 수고, 일상에 초대해 보통의 독일인들이 사는 모습을 공유해주는 친절함에서 나는 독일의 힘을 보았다.

10월 3일은 한국의 개천절이고 독일에서는 새로운 통일 독일의 시작을 기념하는 통일절이다. 분단과 갈등, 가족애와 이웃에 대한 배려도 많이 닮은 나라, 이미륵과 윤이상을 품어준 나라, 5·18 광주의 참상을 전 세계에 알린 참된 저널리스트 힌츠 페터의 나라로 기억하는 독일은 딸 덕분에 친숙하게 다가왔고 김소연 씨 덕분에 독일 시민들의 연대와 평화에 대한 의지를 확인하면서 마치 이웃처럼 가까운 나라가 되었다.

사실 김소연 씨의 친필사인 카드를 받았을 때 나는 친자매처럼 나를 살뜰하게 챙겨주던 언니를 떠나보내느라 몸도 마음도 지쳐 있을 때였다. 먼 곳에서 온 정성 어린 카드는 내게 힘내라고 격려하는 것 같았다. 그리고 언니를 떠나보내고 헛헛한 마음으로 돌아온 날, 김소연 씨가 보내준 꽃바구니를 받았다. 여성의 날을 축하하는 꽃바구니였지만 그 즈음 내가 이별을 준비하고 있음을 알아챈 배려이자 응원의 메시지였던 것이다. 슬픔에 젖어 있는 나에게 보내는 무언의 위로와 응원이 오롯이 전해져 따뜻한 감동을 받았다.

포리스트 카터의 『내 영혼이 따뜻했던 날들』이라는 소설에 등장하는 유대인 등짐장수 와인 씨는 주인공인 작은 나무에게 따뜻한 외투를 선물한다. 작은 나무가 받을 수 없다고 하자 그는 자기 손자에게 주려고 산 것인데 오래도록 고향에 못 돌아가니 몇 년 동안 들고만 다녔다고, 손자는 이미 자라서 이 옷은 소용없게 되었으니 어쩌면 좋겠냐고 하소연한다. 그러면서 작은 나무가 옷을 입어준다면 멀쩡한 물건을 버리는 죄의식에서 벗어나게 해주는 것이니 가엾은 자신에게 자선을 베푸는 거라고 말한다. 작은 나무는 성장하면서 와인 씨의 그 깊은 뜻을 알아차리게 될 것이다.

김소연 씨는 독일 시민들께 친필사인 카드를 보내고 광부와 간호사로 건너가신 독일 1세대 교포들에게 한복셔츠를 지어 선물할 때도, 마스크를 만들어 독일과 한국 시민들에게 선물할 때도, 심지어 소녀상 영구설치에 함께 힘을 내어준 독일 시민들께 감사의 선물을 보내면서도 그저 자신의 '하루의 소소한 즐거움'(하소즐)이라고 말했다. 많은 것을 나누면서도 오히려 즐거움을 느끼게 해줘서 고맙다는 것이다.

나는 받는 것이 참 익숙하지 않다. 주는 것은 행복하고 좋은데 받은 건 바로 갚아야만 할 것 같고 영 부담스럽다. 가급적 안 받으려 애쓰고 손사래치는 것이 주고 싶은 사람에게는 서운하기도 했겠구나 싶지만 잘 안 되는 일이다. 내가 받는 게 어렵다 보니 뭔가 주고 싶을 때도 혹 부담주는 게 아닐까 조심하게 된다. 김소연 씨가 마스크나 친필카드를 원하면 보내주겠다고 할 때마다 '뭐 나한테까지…' 하는 마음으로 다른 분들께 양보했고 결국 그녀가 먼저 내민 손을 잡았다. 그래서 그녀의 카드를 받고 나도 기쁜 마음으로 고국의 산천을 담은 작은 선물상자를 보냈다.

나는 그녀가 기꺼이 받아주어서 고마웠다. 김소연 씨를 통해 주는 것만큼이나 중요한 것이 잘 받을 줄 아는 것임을 다시금 깨닫게 되었다. 주는 것도 받는 것도 잘 하는 사람이 되어야겠구나, 주기만 하고 받는 것을 부담스러워한다면 상대를 불편하게 만들 수 있다는 것을 머리로는 알고 있지만 잘 안 되었는데 이젠 행동으로 옮길 수 있을 것 같다.

그래서 최근에는 누가 뭘 주고 싶다고 하면 기꺼이 감사하게 받으려고 애쓴다. 작가님들이 보내주시는 책들도, 은사님이 보내주시는 귀한 책도, 귀한 마음을 내어주시는 고마운 분들께도 감사한 마음으로 넙죽넙죽 받는다. 그러자 나는 무엇으로 보답할까 더 적극적으로 고민하게 되는 것 같다. 감사히 받고 더 많이 주는 사람으로 살라는, 주는 것도 받는 것도 소소한 즐거움으로 삼으라는 그녀가 내게 준 가르침이다. (2021. 3. 12)

역사는 불온한 만큼 진보한다

변방을 꿈꾸는 불온한 사람들

어느 시대나 불온한 상상력은 용납되지 않는다. 불온(不穩), 통치계급이나 기득권의 입장에서 보아 온당하지 않다는 뜻이니 지배계급은 당연히 불온한 상상력을 거부한다. 모든 사람은 자유롭고 평등하다는 '생각'이 과거에는 불온한 것이었고 처벌의 대상이었으니 오늘날 상식이고 당연한 것으로 받아들이는 많은 것은 남들은 하지 않는 엉뚱하고 전위적인 생각을 하는 사람들의 투쟁으로 얻어진 전리품이다. 그러므로 정작 불온하게 생각하고 투쟁한 이들은 누리지 못한 열매를 따먹은 우리들은 또 다른 불온을 꿈꿀 의무가 있다.

남들이 갖지 않은 심장을 하나 더 갖고 있거나 눈을 하나 더 갖고 있는 시인들은 근본적으로 변방을 꿈꾸는 불온한 사람들이다. 문학과 영화, 아니 모든 예술이 근본적으로 불온한 이유는 남들이 보지 않는 곳에 시선이 가 있기 때문이다. 보편적인 것에서 벗어난 것을 보게 하고 이야기하는 사람들은 담론을 장악한 권력자에게

눈엣가시일 수밖에 없다. 그래서 과거 불온세력으로, 불온서적으로 매도당하는 것은 고난과 동시에 영광스러운 일이었다.

한때 진보정당이 내세운 정책은 급진적이라는 비판을 받았지만 이제는 보수정당조차도 끌어안을 정도로 보편적인 가치가 되었으니 전복을 꿈꾸는 발상도 시간이 지나면 진부해지는 것은 물리적인 법칙이다. 많은 이들이 정의당이 이제는 정의롭지 않다고 여기는 것도 그들이 인간에 대한 예의를 잃어버려서가 아니라 실은 더 이상 불온한 상상을 하지 않는, 말 그대로 클리셰로 전락했기 때문이다.

불온과 지식인은 화해가 가능한가. 피지배계급이 불온을 꿈꾸는 것은 협박이나 회유, 폭력으로 제압이 가능했다. 하지만 불온한 상상력을 지닌 지식인은 체제에 심각한 위협을 주는 존재로 인식되기에 간첩으로 몰거나 학문과 양심의 자유를 억압하는 방식으로 제거되어왔다. 그래서 신영복·리영희 선생처럼 반체제 지식인, 불온한 정의를 꿈꾸는 지식인은 대중들에게 푯대의 역할을 해왔다. 억압당할수록 대중들 사이에서 더 큰사람으로 지금도 살아 있는 이유는 시대가 변하고 패러다임이 바뀌어도 변하지 않는 가치를 말했기 때문이다. 시대가 바뀌어도 진부해지지 않는 것이야말로 진리가 아니겠는가.

오늘날 불온의 딱지

오늘날 '불온하다'는 딱지를 붙일 수 있는 주체는 누구인가. 권력도 대통령도 더 이상 불온이라는 잣대를 들이대지 않는다. 심지어 국민의 안전을 볼모로 사회적 혼란을 획책하는 음흉하고 비열한 전복의지를 갖고 있어도 말이다. 오늘날 불온의 딱지를 붙이는 이들은 검찰과 사법부와 언론이다. 그러나 그들은 과거 직진만 알았던 권위주의 정권이 붙인 불온이라는 딱지가 주는 힘을 알기에 더 이상 불온한 지식인으로 몰아 무력으로 탄압하지 않는다.

조롱하고 망신을 주며 저잣거리의 시정잡배보다도 못한 비루한 존재로 폄하하고 폄훼하는 것이 오늘날 그들이 불온이라는 딱지를 붙이는 방식이다. 그들은 기득권의 전복을 꿈꾸는 불온한 지식인에 대한 두려움을 물리적인 폭력이 아니라 새를 조롱(鳥籠) 속에 가둠으로써 창공을 박탈하듯 조롱에 가두고 마음껏 조롱한다. 대중들에게 아무것도 아닌 존재로 만들기 위해 전방위적으로 공격하는 것만 보아도 실은 그들이 얼마나 두려움에 사로잡혀 있는지 알 수 있다.

쇠는 두드리면 두드릴수록 단단해진다는 것을 잘 알고 있는 그들은 자신들이 얼마나 비열하고 유치한지도 잘 알 것이다. 그들은 지식인들이 한때 문체반정에 정면으로 도전할 만큼 불온했으나 자식들에게 고추장 단지를 보내며 자족했던 말년의 연암이나, 기성질서의 전복을 꿈꾸었으나 정작 율도국의 왕이 된 후 기존의 통치방식을 답습한 말년의 홍길동이 되기를 바라는 것이다. 불온한 상상을 거두고 적당히 체제에 순응하면 지식인이라는 자리는 보전해주겠노라 비열한 거래를 제안한다.

과거에는 전선이 분명해 특정한 암호코드만 입력하면 피아식별이 어렵지 않았다. 하지만 전선이 한두 군데가 아닌 지금은 누가 아군이고 누가 적군인지 구별하기 어렵다. 마치 순백의 정의가 있는 것처럼 믿는 사람들, 오히려 순백은 모든 빛을 흡수한 결과이자 많은 스펙트럼이 담겨 있음에도 알고자 하지 않는 게으르고 이기적인 사람들에 의해 암호코드는 교란되고 대중들은 불필요한 자중지란을 겪게 된다. 이 또한 교묘한 탄압의 결과다.

우리는 심리학적으로 치밀하게 계산된 그들의 함정에 빠져 노무현 전 대통령을 잃고 노회찬 전 의원을 잃고 박원순 전 서울시장을 잃었다. 엄청난 무언가가 있다고 믿게 만든 교묘한 비틀기에 농락당해 국민에게 충심을 다해 봉사했던 귀한 사람들을 잃었다. 저들은 이제 자신의 손에 피를 묻히지 않는다. 조롱받느니 사라지겠다는 도덕적 결벽증을 이용해 스스로 무너지게 만들거나 버림받게 만든다. 정치인으로서의 깜냥도, 인간으로서의 기본도 안 되는 이에게 스승의 날 케이크를 받은 일로도 조롱당하는 불온한 지식인을 보며 드는 생각이다.

지배질서에 저항한 사람들

오늘날 지식인들이 이리저리 발에 차이고 수모를 당하는 모습을 보며 광해군 때 급진적 지식인이었던 허균을 떠올렸다. 그의 아버지 허엽은 동인의 영수로 추대될 만큼 학식과 명망이 뛰어났다. 당대 명문가 집안의 자제이자 최고 엘리트였던 허균은 26세에 과거에 급제했고 시문으로 중국 문단에까지 이름을 알린 문장가였다. 하지만 당시 사대부에게 강요되던 규범을 따르지 않는다는 이유로 번번이 파직과 복직을 반복했다. 이후 동부승지, 형조판서에까지 올랐으나 칠서지옥을 시발로 광해군을 시해하려 한다는 역모 혐의를 받아 능지처참형을 당한 허균은 불온한 지식인이었다.

당시는 지금의 삼심제와 같은 삼복제가 있고 사형을 위해서는 본인의 자백도 받아야 했지만 '묻지마'에 해당되는 역모죄인 만큼 정식 재판도 거치지 않고 많은 과정이 생략된 채 신속하게 형이 집행되었다. 그의 죄상에 대해서는 사후 한동안 진상조사가 계속되었으나 인조반정 이후 광해군 시절 역모죄인들이 복권될 때에도 그는 제외되었고 지금까지도 의견이 분분한 것으로 안다. 그가 죽고 난 후 그의 아버지 허엽의 묘가 두 동강 나고 역적집안으로 손가락질당하며 조선왕조가 끝날 때까지 복권되지 않았다. 내가 어릴 때만 해도 초당 외가 어른들이 왜 안초당 허엽의 집을 폐가 취급하며 얼씬도 하지 말라고 했는지 그 이유를 이제 와 짐작만 할 뿐이다.

국제적 외교감각이 뛰어나고 서얼뿐만 아니라 기생, 승려, 갖바치 등 천민들과도 소통할 줄 알았던 허균은 기존 지배질서를 거스르는 이단아이자 새로운 시대를 예고한 인물이기도 했다. 그는 아버지와 형들 못지않게 문장으로 인정받는 인물이었으니 사회질서에 적절히 순응했다면 오랫동안 기득권으로서 권세를 누릴 수 있었을 것이다. 그러나 그는 사회질서를 변혁하고자 했고 신분차별 없는 새로운 세상을 꿈꾼 이상주의자였다. 급진적인 그를 품기에 조선은 그릇이 너무 작고 폐쇄적인 사회였다. 임진왜란을 겪고도 자기혁신에 게으르고 다양성을 품지 못한 결과 조선은 인조반정과 병자호란을 거치며 정치, 사회, 문화 전반의 쇠퇴기로 접어들었다.

역사는 불온한 사람들을 품었던 그릇만큼 진보해왔다. 오늘은 민주주의 퇴행이라는 신군부의 폭압에 맞서 자유와 정의가 살아 숨 쉬는 사회라는 매우 불온한 꿈을 꾸었던 날이다. 오늘날 우리가 누리는 민주주의는 그들이 꿈꾼 불온함의 대가다. 당신은 불온한가. (2021. 5. 18)

노무현의 두 친구

오랜 친구이자 후견인 강금원

노무현 대통령님.

오늘 당신의 두 친구를 생각합니다. 당신이 계신 봉하는 너무 멀어 못 가겠기에 오늘 누구보다 당신이 그리웠을 강금원 회장의 묘소에 다녀왔어요. 강금원 회장은 외환위기 때 박세리 선수가 국민들에게 용기와 위로를 주는 것을 보고 골프에 대한 생각을 바꿔 이곳 골프장을 인수했다지요? 그가 사들인 충주 시그너스CC에 당신도 몇 번 다녀가셨다고 들었습니다. 퇴임 마지막 해에 기념 식수를 할 때만 해도 퇴임하면 필부가 되어 강금원 회장과 우정을 나누며 살게 될 거라고 기대하셨을 것입니다. 실제로 퇴임 이듬해 가족과 함께 여름휴가를 강원도로 오셨지요. 평창이었던가요, 잔디썰매를 타면서 악동처럼 즐거워하던 모습이 생각나는군요. 그때에도 가족들과 이곳 시그너스에 다녀가셨다니 마치 곁에서 뵙는 듯합니다.

충주라고 하지만 원주 부론과 접경지에 있어 제가 사는 곳에서 불과 30분도 채 되지 않는 가까운 곳입니다. 당신이 떠난 오늘 강금원 회장의 묘소에 치악산 막걸리를 가득 부어드렸습니다. 처음 한 잔은 당신을 대신해 드리는 술이고, 다음 한 잔은 저희가 드리는 술이었는데 아마 두 잔 모두 쭈욱 들이키셨을 게 틀림없습니다.

강금원 회장은 전북 부안 출신으로 부산에서 창신섬유를 키워냈다죠. 이명박 정부를 거치면서 그 규모가 많이 축소되어 마음이 아픕니다. 그는 당신의 오랜 친구이자 후견인이었다는 이유로, 당신을 도와 일했던 이들을 경제적으로 지원했다는 이유로 죽음에 몰린 사람이었습니다. 2007년 뇌종양 진단을 받아 치료 중이었음에도 2009년 4월 노무현 죽이기의 일환으로 구속 기소되었지요. 뇌종양이 악화되어 보석을 신청했으나 기각되었고요. 검찰이 어찌 그리 잔인할 수 있을까 살의를 느낄 정도로 분노했지만 당신의 간청도 시민들의 호소도 다 비웃음거리로 만들어버렸습니다.

강금원 회장은 자신이 감옥에 있어 당신이 떠나셨다고 너무나 아파했습니다. 당신이 떠난 후 병보석으로 수술을 받았지만 치료의 적기를 놓친 데다 당신마저 떠나고 없으니 건강은 급속하게 나빠졌겠지요. 결국 남은 소임을 다하고 당신이 떠난 3년 후 따라가 버렸네요. 그는 사람이 사람을 어떠한 대가 없이 저렇게도 좋아할 수 있구나, 어른도 이렇게 순수할 수 있구나 느끼게 해준 사람입니다.

시그너스 골프장 안으로 들어가니 당신이 식수한 소나무가 아름드리 자랐더군요. 강금원 회장은 왜 고향이나 당신이 계신 곳에 가까이 가지 않고 연고도 없는 이곳에 묻혔을까 의아했는데 가보니 곳곳에 당신과 함께했던 추억을 두고 갈 수가 없었겠구나 싶었습니다. MB정부와 검찰의 보복수사가 아니었다면 아마 오늘 같은 날 두 분이 허리띠를 풀고 마주앉아 "야, 문재인 일 잘한다! 야, 기분 좋다!" 하시며 막걸리 한잔하셨겠지요?

진정한 협상가 문재인

당신의 두 번째 친구 문재인. 당신이 '문재인의 친구'여서 자랑스럽다고 할 때는 그 뜻을 잘 몰랐습니다. 당신이 그렇게 자랑스러워했던 당신의 친구가 오늘 당신의 묘소에 술 한잔 올리는 대신 큰 선물보따리를 국민들에게 안겨주었답니다. 그는 대통령 임기를 마칠 때까지 당신이 계신 곳을 찾지 않겠다고 했지요. 대신 밤낮으로 격무에 시달리고 있습니다.

당신도 재임 시절 외신보도와 국내보도가 달라도 너무 달라서 많은 사람이 당신의 진면목을 알지 못했지요. 영국에서 민주주의에 기여한 공로를 인정받아 국빈으로 극진한 대접을 받아도 국내 언론은 보도하지 않았어요. 한국의 민주주의 수준을 격상시킨 장본인이라고 아무리 밖에서 환대받아도 인터넷 시민들이 당선시킨 대한민국 대통령이 세계에서 단 한 나라, 대한민국에서만 홀대받고 무시당하고 안주거리가 되었더랬죠.

당신의 친구 문재인 대통령이 바이든 미 대통령과 성공적인 한미정상회담을 했음에도 대한민국 포털에는 회담 성과가 올라오지 않습니다. 어쩌다 올라오는 기사도 회담 성과를 깎아내리느라 여념이 없습니다. 당신의 친구도 당신처럼 오로지 대한민국에서만 홀대받고 있네요. 하지만 걱정하지 마세요. 당신은 외로웠지만 지금은 당신이 초석을 놓은 덕에 사방에서 전문성을 갖춘 시민들이 언론이 보도하지 않는 한미회담의 구체적인 성과를 깨알같이 취재해서 알리고 여기저기 퍼나르고 있습니다. 넋 놓고 있다가 당신을 잃은 학습효과가 결코 작지 않습니다.

노무현 대통령님.

당신은 굳건한 한미동맹은 한국이 자주권을 회복하고 바로 서야 비로소 힘을 가질 수 있다고 했지요. 그래서 전시작전권 환수를 추진하며 자주국방을 천명했고요. 문 대통령은 미사일 지침 해제, 미사일 주권 확보라는 선물을 가져왔어요. 이제 자주국방의 초석을 놓아 동북아의 평화를 모색할 수 있고 전시작전권 환수에 한 걸음 다가간 것이니 엄청난 성과입니다. 항공우주분야와 과학기술 연구자들에게 이보다 큰 선물이 또 있을까요. 그동안 외교안보 라인이 얼마나 치밀하고 끈질기게 협상해왔을지, 한미정상회담을 얼마나 꼼꼼하게 준비해왔을지 짐작되어 뿌듯하고 감격스럽습니다.

어느 매체에서도 보도하지 않았지만 달 동맹도 맺었습니다. 2024년까지 달에 우주인을 보내는 것을 목표로 지난해 10월, 미국의 주도로 일본, 영국, 호주, 캐나다, 이탈리아, 룩셈부르크, 아랍에미리트 8개국이 공동탐사를 목적으로 아르테미스 협정을 맺었지요. 한국도 여러모로 자격이 충분함에도 일본의 반대로 참여하지 못했다고 들었어요. 그런데 이번에 문 대통령이 바이든 대통령과의 회담을 통해 한국도 아르테미스 협정에 참여해 달에 우주인을 보내고 2028년을 목표로 달 궤도에 우주정거장 게이트웨이를 건설하는 일을 함께하게 되었답니다. 항공우주산업은 한국의 과학과 기술이 비약적으로 발전하고 청년들에게는 더 많은 기회를 가져다줄 것입니다.

그뿐인가요. 반도체와 전기차 배터리 동맹을 맺고 기후변화에 공동으로 대응해나가기로 했다지요. 저는 미국이 한국을 대등한 파트너로 여기며, 한국에게 세계질서를 같이 만들어가자고 제안하는 메시지로 읽었습니다. 정말 뿌듯하지 않나요. 국력과 국격이 얼마나 강해지고 높아졌는지 말입니다. 이게 진정 굳건한 한미동맹이 아닐는지요. 미국은 이라크 파병과 관련해 당신과 여러 번 부딪치기도 했지만 훗날 노무현 정부의 한미동맹은 전두환 씨와 노태우 씨 때보다 더 굳건했다고 자평했던 기억이 납니다.

노무현의 친구 문재인 대통령은 진정한 협상가의 면모를 보여주었습니다. 조용하게 그러나 치밀하게 말이지요. 지난 취임 4주년 담화에서 그는 레임덕 따위는 없을 거라고 했지요. 진심으로 그렇게 되길 바랍니다. 미래지향적인 한반도를 위해, 청년세대의 웅비를 위해 남북관계 개선도 남은 1년 동안 가시적인 성과를 낼 수 있기를 기대합니다.

노무현 대통령님.

당신은 새 시대를 여는 맏형이 되고 싶었는데 구시대의 막내 노릇을 할 수밖에 없다, 새 시대의 첫차가 아니라 구시대의 막차가 되어 구태와 잘못된 관행을 깨끗이 청산해 후배들이 다시는 진흙탕을 걷지 않게 하겠노라 하셨지요. 나는 당신이 구시대의 막내이자 새 시대를 연 맏형이 맞다고 생각합니다. 시민이 정치적으로 각성하고 스스로 발화자가 되어야 한다는 가르침을 당신의 살신성인을 통해 얻었으니까요. 당신이 떠난 지 12년이 지났지만 여전히 청산해야 할 구태와 그릇된 관행이 많고 적폐들은 여전히 상부구조 곳곳에 송진처럼 진득하게 붙어 있습니다. 하지만 우리는 적폐청산의 과정 속에 있고 개혁은 완결형이 아니라 영원한 현재진행형임을 알고 있습니다.

저들은 12년 전 당신에게 그랬던 것처럼 당신의 친구 문재인, 그리고 민주개혁진영의 팔다리를 자르느라 국가의 안위나 미래지향적인 고민들은 던져버린 지 오래입니다. 가능성이 조금이라도 보이면 어떻게든 손과 발을 묶어두느라 여념이 없습니다. 당신의 비서였던 김경수 경남지사는 닭갈비 시비로 영어의 몸이 되었고 노회찬 전 의원과 박원순 전 서울시장도 정치적 생명을 다하지 못하고 떠났습니다. 조국 전 장관이 위협적인 존재가 되자 멸문지화를 모의했고 최강욱 대표도 다리를 부러뜨리며 협박하고 있습니다. 저들이 공격하는 인사들은 하나같이 당신의 유훈과 시민의 개혁의지를 받든 사람들입니다. 이는 역으로 우리가 그만큼 힘이 세졌다는 의미라고 생각합니다. 이 모든 것이 당신이 맏형으로서의 역할을 한 덕분이라고 생각해요.

노무현 대통령님.

오늘 같은 날 강금원 회장과 만나 막걸리 한잔 거하게 하셨겠지요. 이제 1년 후면 당신의 친구는 장삼이사로 돌아갑니다. 부디 남은 1년 동안 당신의 친구를, 그리고 한국사회를 굽어 살펴주소서. 남과 북이 도보다리에서 한걸음 내디딜 수 있도록, 백신 공급의 허브 역할을 통해 세계인의 건강과 평화에 기여할 수 있도록, 그리고 당신 친구 문재인 대통령을 이어 진흙탕을 단단한 신작로로 닦을 수 있는 지도자를 세울 수 있도록 살펴주소서.

당신의 영전에 봉하 막걸리를 대신하여 치악산 막걸리 한잔 올립니다. (2021. 5. 23)

천애고아처럼 홀로 서라

방랑의 길을 걸은 김삿갓

강원도 영월에 가면 조상이 지어준 '병연'이라는 이름을 버리고 삿갓을 의미하는 삿갓 립(笠) 자를 써서 자신을 김립이라 했던 방랑시인 김삿갓의 묘가 있다. 어려서부터 문장이 뛰어났던 그는 약관의 나이에 영월 읍내에서 열린 백일장에 참가했는데 시제가 "홍경래의 난 때 순절한 가산군수의 충절을 찬양하고 항복한 김익순을 규탄하라"였다.

홍경래의 난 때 반란군이 가산으로 밀고 들어오자 가산군수 정시는 문관의 신분으로 끝까지 싸워 비장한 죽음을 맞이한 반면 그보다 고위관직이었던 선천방어사 김익순은 항복하여 이후 반란이 평정된 후 사형된 인물이다. 정의감에 불타던 병연은 서릿발 같은 기개와 날카로운 필력으로 정시의 충절을 찬양하고 아래와 같이 만 번 죽어도 마땅하다고 김익순을 탄핵했다.

이름은 장안에서도 떨치는 순(淳) 자 항렬이구나.

너의 혼은 죽어서 저승에도 못 갈 것이니

지하에도 선왕들이 계시기 때문이라

임금의 은혜를 저버리고 육친을 버렸으니

한 번 죽음은 가볍고 만 번 죽어야 마땅하리.

　병연은 이 글로 장원에 뽑혔으나 김익순이 자신의 조부라는 출생의 비밀을 알게 되자 스스로 천륜을 어긴 죄를 물어 평생 방랑의 길을 걷는다. 더러 과거장을 기웃거리기도 했으나 부패한 과거의 현실을 목도한 후에는 제도권 진입에 대한 미련을 버리고 평생을 아웃사이더로 살다 57세에 전라도 땅에서 눈을 감았다. 그리고 어린 왕의 찬란한 슬픔이 골골마다 배인 영월 땅에 묻혔다. 만약 젊은 날 백일장의 시제가 다른 것이었다면, 혹은 출세와 가문의 회복을 위해 눈 딱 감고 자신의 불효를 덮었다면 그도 다른 양반들처럼 기득권을 누리는 삶을 살았을까?

　시절을 잘못 만난 그가 남긴 시들은 봉건체제의 구조적 모순을 비판하는 동시에 서민들의 애환을 한탄하고 무능하고 부패한 양반사회에 대한 풍자와 독설, 해학으로 가득 차 있다. 오늘 그의 시를 읽다 재미난 시가 있어 한 수 소개한다. 어느 날 어느 동네에 이르러 물 한 모금 얻어먹을까 하여 서당에 들어갔는데 자신의 행색을 살핀 훈장이 불러도 들은 체하지 않자 즉석에서 지은 시다.

서당에 당도했으나 일찍 알아차리지 못하고
배우는 아이들이 모두 열이 채 안 되는구나.
방 안에 있는 물건들은 모두 존귀하나니
훈장이 나와서 내다보지도 않는구나.

書堂乃早知(서당내조지)
學童諸未十(학동제미십)
房中皆尊物(방중개존물)
訓長來不謁(훈장래불알)

한자의 음(조지, 존물, 불알은 다 성기와 관련된 말이니 이런 불경할데가 있나)을 유념해서 읽어야 해학의 묘미를 맛볼 수 있다. 행색이 초라하다 하여 냉대하는 쓸쓸함을 모욕적인 말로 눙치고 냅다 줄행랑치는 김삿갓이 보이는 듯하다. 한 편 더 감상해보자.

이십 나무 아래 삼십(서른/서러운) 나그네
사십(마흔/망할)의 집에서 오십(쉰, 쉰내 나는)의 밥을 먹는구나.
인간 세상에 어찌 칠십(일흔, 이런) 일이 있던가.
차라리 집에 돌아가 삼십(설은, 설익은) 밥을 먹으리.

二十樹下三十客(이십수하삼십객)
四十家中五十食(사십가중오십식)
人間豈有七十事(인간기유칠십사)

不如歸家三十食(불여귀가삼십식)

함경도 어느 부잣집에서 걸식하다 냉대를 받고 그 설움을 숫자로 표현한 시로 한자의 음훈과 우리말을 넘나드는 언어유희가 돋보인다. 의역하면 방랑하며 살아가는 자신을 자조하는 심사가 드러난다.

조부가 국법에 따라 사형당했을 때 불과 여섯 살이었던 병연을 보살핀 것은 김익순의 하인이었던 김성수라는 이였다. 그는 황해도 곡산으로 병연 형제를 피신시켜 글공부를 시켜주는 등 후견인이 되어주었다고 한다. 훗날 김익순에게만 죄를 묻고 식솔들은 사면하였기에 폐족이나마 명맥을 유지할 수 있게 되었고 부친이 화병으로 죽자 그의 어머니는 영월에 와서 자리를 잡았던 것이다. 조부의 비겁이 손자의 인생을 바꿔놓고 하인의 도움으로 세상을 살수 있었으니 인연이란 어디서 어떻게 조우하게 될지 아무도 모른다는 말을 되새기게 된다.

정치는 말이 아니라 행동이다

영월 땅에 잠든 김병연은 경기 양주 회암리에서 태어난 이래 황해도 곡산, 경기 가평과 광주, 강원 평창을 거쳐 영월로 이주했다가 다시 전국을 떠돌다 전라도 화순 땅에서 죽었다. 그렇다면 그는 양주 사람인가 영월 사람인가 화순 사람인가. 그를 어느 곳 출신이라고 말하는 것이 무슨 의미가 있을까.

하물며 한반도, 그나마 반쪽짜리 땅에서 출신지를 따지고 핏줄을 따지다니 아연실색하지 않을 수 없다. 서로 자신이 노무현 전 대통령의 적통을 이어받은 적자라고 우기더니 누구는 서자는커녕 얼자도 되기 어려운 자라고 싸잡아 비난하며 자신이 원조라고 말한다. 자신은 알지도 못한 조부의 일로 평생을 방랑하며 살았던 김삿갓 시인이 듣는다면 박장대소할 일이다.

후보 시절부터 흔들기를 마다 않고 임기 내내 힘을 실어주기는커녕 술자리 안주 삼아 조롱하는 이들과 부화뇌동하는 국민들 눈치보느라 호통 한 번 못 치고 대통령을 지켜내지 못한 자들이 무슨 입이 있어 적자 운운하는 것인가. 노무현 전 대통령을 탄핵에 이르게 한 것은 다름아닌 당신들이고 탄핵된 그를 지켜낸 것은 촛불시민들이었음을 정녕 모른단 말인가.

당시 자신들이 얼마나 무능하고 사악했는지 조금이나마 반성한다면 '나는 반대표 던졌는데 너는 탄핵했네' 하며 싸울 수는 없는 것이다. 차라리 더불어민주당 잔류파에 당시 최고위원으로서 조율하고 타협하는 과정에서 불가피하게 탄핵에 손을 든 죄로 석고대죄하며 피눈물을 흘린 추미애 전 장관이 훨씬 노무현 정신에 부합하는 정치인이라고 생각한다. 적어도 그녀는 회피하고 부정하는 것이 아니라 지켜드리지 못한 죄를 더 나은 정치로 충분히 갚아오지 않았던가. 정치인은 말이 아닌 행동으로 보여주어야 한다.

적통 운운하면서 서자도 모자라 얼자까지 거들먹거리는 걸 보니 욕지기가 치민다. 우습게 들리겠지만 내가 학교에 다닐 때도 적

서차별이 존재했다. 학생운동에도 주류가 있어 주류 선배의 눈에 들어 그 직속후배가 되면 적자, 방계가 되면 서자라 불렸고 선배가 비주류면 그 밑 후배도 주류의 주변을 맴돌았다. 다행히 나는 '아들'이 아니었기에 적자도 서자도 아니었으니 역설적으로 고맙게도 '나는 나'일 뿐이었다. 하지만 세상을 변혁하겠다고 정의감에 불타 적통을 따지던 이율배반적인 시절도 30년 전의 일이다. 저들은 글로벌 선도국가로 나아가는 대한민국을 조선시대, 그것도 혈통 따지던 시대로 되돌리려는가. 노무현 전 대통령에게 "대통령님 몇 학번이시죠?" 하고 물었던 검사와 다를 바 없는 모독이다.

다들 '나 자신'이 되어라. 노무현 전 대통령도 문재인 대통령도 그 누구도 액세서리로 붙이지 말고 그냥 천애고아처럼 홀로 서라. 당신들이 노무현 전 대통령의 적통을 이어받았는지, 자신의 영달을 위해서라면 언제든 배신하고 휴지조각처럼 버릴 수 있는 사람인지는 말이 아닌 행동과 정책, 그리고 정치로 보여주면 된다.

어쩌면 다들 그렇게 부끄러운 줄 모르는 것일까. 17년 전 의장석을 사수했느니 몸싸움을 했느니 싸우지 말고 문재인 대통령보다 무엇을 어떻게 더 잘할 수 있는지 정책과 입법으로 국민을 설득해라. 문재인 대통령이 포문을 연 국운 상승기라는 엄중한 시기에 대통령이 되겠다면 최소한 과거가 아닌 10년, 100년 후를 내다보는 정치적 상상력과 혜안을 제시해야 자격이 있다 할 수 있을 것이다.

우리는 경기도 출신 김삿갓, 충청도와 전라도를 거쳐 간 김삿갓,

강원도에서 잠든 김삿갓이 아니라 그냥 자유로운 김삿갓, 대한민국의 위대한 시민이 되고 싶다.

　　망할 놈의 집에서 쉰내 나는 밥을 먹는구나.
　　인간 세상에 어찌 이런 일이 있는가
　　차라리 집에 돌아가 설익은 밥을 먹으리라.

　　민중의 애환을 함께했던 방랑 시인의 탄식은 과거형으로 만들어야 하지 않겠는가. (2021. 7. 25)

키다리 아저씨 김판수 선생

어떻게 지내나요

오래전부터 SNS에서 친구 신청하시는 분들이 메시지로 자신을 소개해오시면 길동무 청해주셔서 고맙다는 인사를 드려왔다. 새롭고 신기한 세계인 이곳에서 만나는 모든 분들은 각자의 자리에서 자기 세계를 가꾸며 사는 귀한 분들이니 내게는 이곳이 아니면 만나보지 못했을 익명의 길동무들이었다. 그렇지 않으면 어찌 전국 방방곡곡, 심지어 지구 반대편에 있는 분들과 생각이나 삶을 교유할 수 있겠는가. 친구 청하기를 잘 못하는 나로선 먼저 손 내밀어주시는 분들이 고마울 밖에. 많은 분들이 길동무로 생각해줘서 고맙다는 말씀을 하셨는데 오늘은 나도 그런 인사를 드려야겠다.

김판수 선생님과 어느 결엔가 친구가 되었고 그분과 댓글로 몇 번 대화를 나누면서도 그분이 어떤 분인지 잘 알지 못했다. 연세도 지긋하신데 소년 같은 해맑은 미소를 가진 이분은 도대체 어떤 분인지 그 정체가 궁금했다. 작가도 아닌 것 같고, 예술가나 시민운동가도 아닌 것 같은데 존경하는 분들이 함께하는 자리마다 감초처럼 계셔서 궁금증이 더했다. 그러다 예술가들의 사랑방인 익천문화재단 '길동무'를 창립하신다는 소식을 들었고 알 만한 사람들은 다 아는 키다리 아저씨라는 것을 비로소 알게 되었다.

선생의 삶에 대한 곡진한 이야기는 작고하신 김서령 작가와의 인터뷰로 회자되고 있기에 그 글을 찾아 읽다가 말로만 듣던 무시무시한 유럽유학생간첩단 사건의 주인공임을 알게 되었다. 얼마나 놀라웠던지 해맑은 얼굴과 간첩이라는 이질적인 조합에 한동안 멍했다. 김판수 선생은 언젠가 내게 김서령 작가의 문장을 최고로 친다는 말씀을 하셔서 그녀의 책 『외로운 사람끼리 배추적을 먹었다』와 『여자전』을 찾아 읽기도 했다.

김판수 선생은 김서령 작가와의 인터뷰에서 50년 전 덴마크 유학 시절에 만나 인간의 본질에 대한 깊은 대화를 나누었던 핀란드 소녀 에텔을 이야기했고 김서령 작가가 선생 몰래 수소문한 끝에 4년 전 페이스북을 통해 재회했다고 한다. 나는 김판수 선생이 6년 전 페이스북에 에텔에게 썼다는 편지를 읽으며 "어떻게 지내나요"라는 대목에서 가슴이 메었다.

에텔에게

나예요, 김판수.

당신은 결코 잊을 수 없는 친구로 내 마음속에 남아 있었습니다.

어떻게 지내나요.

내가 지금까지 어떻게 살아왔는지
이제는 이야기 나누고 싶어요.
나의 오랜 친구 에텔

타인의 고통에 관심을 기울일 것을 강조한 시몬 베유는 학교 교육을 하는 목적은 타인에게 관심을 기울이는 법을 배우는 것에 있다고 했다. 이웃을 사랑한다는 것은 당신의 고통은 무엇이냐고 묻는 일이라는 것이다. 그녀의 말에서 가져온 시그리드 누네즈의 장편소설 『어떻게 지내요?』는 프랑스어로 "당신의 고통은 무엇인가요?"(Quel est ton tourment?)라는 뜻이라고 한다. 한국 공안당국에 체포되어 일언반구도 없이 수십 년간 소식이 끊긴 동양 청년 김판수를 기다리고 기다리다 가슴에 묻었을 친구 에텔에게 선생이 제일 먼저 꺼낸 말, "어떻게 지내나요." 그 낮고 차분한 음성에 가득히 묻어나는 옛 친구를 향한 사랑과 그리움이 느껴져 뭉클했다.

유럽유학생간첩단 사건의 주인공

1960년대 말은 전쟁의 상흔을 딛고 가난하고 낙후한 조국을 다시 일으켜 세워야 한다는, 분단된 조국의 운명을 타파해야 한다는 지식인들의 고뇌와 실천이 빛나던 시기였다. 그러나 같은 민족으로서 북한에 관심을 가졌던 유학생이나 교민들을 이름도 무시무시한 간첩단으로 몰아 그들의 인생을 반토막 냈던 사건들이 눈뜨면 세상을 뒤덮던 엄혹한 시절이기도 했다.

부정선거를 덮기 위해 윤이상 작곡가와 이응노 화백을 간첩으로 지목하고 천상병 시인을 고문해 폐인으로 만든 1967년 동백림(동베를린) 사건, 1968년 신영복 선생을 20년 20일 동안 감옥에서 사색하게 한 통혁당(통일혁명당) 사건, 김판수 선생의 삶을 뒤흔든 1969년 유럽유학생간첩단 사건이 그러하고 서울대 최종길 교수를 죽음으로 몰고 간 1973년 유럽거점간첩단 사건이 그러하다. 그 외에도 최근 유우성 간첩조작 사건에 이르기까지 얼마나 많은 이들이 간첩으로 조작되어 산산이 부서져야 했던가.

김판수 선생은 내가 태어날 무렵 동향 선배인 영국 케임브리지 대학의 박노수 교수의 권유와 지원으로 영국에서 유학하던 중 덴마크에서 영화를 공부하던 재기 발랄한 청년이었다. 그는 동베를린에 두 번 방문했고 같은 민족에 대한 호기심으로 북한 인사를 만났다는 사실만으로 북의 지령을 받는 간첩으로 지목되었다. 1969년 5월 1일, 스물일곱의 꿈 많은 청년은 국가보안법 위반으로 연행되어 고문 끝에 징역 5년을 살았고, 전도유망한 박노수 교수와 당시 공화당의 김규남 의원은 사형되었다. 그 후 2009년 진실·화해를위한과거사정리위원회가 재심청구를 권유해 2015년 대법원에서 무죄 최종확정이 나기까지 무려 46년이 걸렸다.

김판수 선생의 호인 '익천'은 대전교도소 수감 시절에 선배가 지어준 것으로 '마르지 않는 샘'이라는 뜻이고 그가 경영하는 국내 최고의 도금기업으로 평가받는 호진플라텍의 '호진'은 '함께 전진한다'는 의미라고 한다. 그는 교도소에서 밴드 활동을 하며 독학으로 작곡을 배우고 노래를 지었다. 감시를 피하기 위해 필사한 악보에 끼워 몰래 숨겨나온 악보를 가수이자 작곡가인 이지상 씨의 도움을 받아 50년 만에 『길동무』*라는 창작곡집을 냈다. 빛바랜 오선지에 담긴 정갈한 음표들과 단정한 노랫말은 그의 꼿꼿한 성품을 짐작하게 한다. 악보에는 김민혁이라는 선생의 필명이 쓰여 있다.

너를 위해 가는 길 외로울지라도
나의 길은 너의 길 함께 가는 길
너를 위해 꾸는 꿈 슬프지 않으니
나의 꿈은 너의 꿈 함께 꾸는 꿈

일어나자 어둠 속에서
나아가자 빛을 찾아서

너를 위해 가는 길 괴로울지라도
나는 너의 길동무 언제까지나
―「Companion」, 김민혁 작사 · 작곡, 1973년 8월 17일

영화인을 꿈꾸던 청년은 동베를린에 방문해 북한 인사를 만났

* 비매품으로 한정 제작된 김판수 창작곡집 『길동무』는 CD와 USB 음원으로 제작되었고 음원은 '향뮤직'(http://omn.kr/lvpw)에 공개했다.

다는 이유만으로 청춘을 저당 잡혔음에도 국가를 원망하기보다 "자유와 평등, 사랑과 평화의 세상을 위한 사람의 도리를 깨우친" 고마운 시간이었다고 회고한다. 고난을 인간과 역사에 대한 믿음을 버리는 기회로 삼았으니 고문도 감옥도 그의 맑은 영혼을 가두지 못한 것이다. 신기한 것은 초로의 신사가 될 때까지 그때 그 청년의 마음 그대로 살고 계실 뿐만 아니라 여전히 말갛고 투명한 소년의 미소를 간직하고 있다는 것이다.

김판수 선생은 5년 동안 감옥에 있으면서 일본어를 익히고 도금기술을 배우고 작곡을 배워 대중음악을 하고 싶다는 대학 초년 시절의 꿈에 다가갔다. 대전교도소에서 혼자 교본을 보고 기타를 익혀 11곡을 작사·작곡했는데 딱 한 곡만은 그가 좋아했던 친구 김지하의 시집 『황토』에 실렸던 「서울길」이라는 시에 가락을 붙였다. 그는 한때 동지였으나 일신의 영달을 위해 돌아선 사람들을 만나지 않는다. 자기욕망을 감추지 않는 이들 사이에서 그가 인간에 대한 신뢰와 애정을 거두지 않고 살 수 있었던 힘은 확고한 믿음에서 오는 단호함 덕분이었던 것 같다.

지리산 자락에 들던 날 음반을 보내주시겠다는 김판수 선생님의 메시지를 받고 내가 이것을 받을 자격이 있나 한참 생각했다. 돌아와 음반을 들으며 그 어떤 미사여구도 없는 간명한 메시지와 아프고 지친 영혼을 위무하는 희망의 노랫말에 뭉클했다. 그러다 「서울길」 내레이션에 이르렀을 때 눈물이 폭 쏟아졌다. 선생님의 음성은 생각했던 대로였고 뒤이어 노래하는 목소리는 마치 먼 길

돌아온 팔순의 인생 선배가 과거의 스물일곱 청년에게 보내는 위로와 격려처럼 느껴졌다.

핍박받을수록 더 순결해지는 영혼을 가둘 수 있다고 만용을 부린 이들은 방식만 바뀌었을 뿐 순수한 인간을 유린하기를 멈추지 않는다. 탈북민 유우성 씨를 간첩으로 조작해 그의 삶을 파탄내고도 사과할 줄 모르는 사람들은 조국 전 장관 일가를 도륙하고 30년간 위안부 할머니들과 동고동락해온 윤미향 의원을 인격 살해함으로써 사회적 매장을 유도한다. 부의 동맹을 맺고 국토를 불로소득의 원천으로 삼고도 적반하장을 일삼는 괴물들이다.

지금은 당연하게 여겨지는 수많은 것들은 당연하지 않은 것으로 취급되던 시절을 몸으로 감내해온 이들이 있어 가능한 것이다. "세상의 그 누구도 그 무엇도 해칠 생각 없이 살던 꿈 많았던 스물일곱"의 청년을 감옥에 가두었으나 그의 맑은 영혼만은 어쩌하지 못했듯 결국 우리가 지켜야 할 것은 그가 삶으로 보여준 인간에 대한 믿음과 같은 곳을 바라보며 길을 가는 이들에 대한 인간적 예의와 연대일 것이다.

길동무들에게 바치는 노래

평생 기업인으로 분주하게 살아오느라 고향이었음에도 1980년 광주에서도, 민주화운동에도 한 일이 없다는 김판수 선생이 동시대를 살아가는 이웃들과 소통하고 공감하는 방식은 키다리 아저씨가 되는 일이었다. 그는 기업이 어느 정도 안정된 1980년대 후

반부터 사회단체와 개인들의 보이지 않는 후원자로 살았다. 리영희재단, 녹색평론, 몽양기념사업회, 한국작가회의 등 여러 곳에 자신이 번 돈을 적지 않은 규모로 후원해왔다. 이도 모자라 올해 3월에는 방배동에 사무실을 둔 비영리공익법인 익천문화재단 '길동무'를 출범시키고 문학평론가 염무웅 선생과 공동이사장을 맡았다. 기층문학 창작기금, 사회연대기금 등등 자신이 감옥에서 배운 기술로 기업을 일궈 번 돈을 기꺼이 내놓는 그는 세상에서 가장 행복한 사람이다.

국가에게 배반당한 청년이 50년 세월을 넘어 "더 아름답고 정의로운 세상을 함께 걸어가고자 하는 세상의 모든 길동무들에게 바친다"며 순수한 선율을 선사한다. 그의 노래를 듣다 보면 오늘날 우리는 어떻게 살 것인가, 사람은 무엇으로 사는가에 대한 질문을 하게 된다. 지금 그의 곁에 있는 최고의 길동무는 고초를 겪던 시절 "넌 참 괜찮은 인간"이라며 한결같이 지지해준 염무웅 선생인 듯하다. 동시에 시인이나 가난한 예술가들뿐만 아니라 같은 곳을 바라보는 모든 이들에게 길동무라며 품을 내어준다. "어설프고 단순한 선율의 습작곡"이라고 수줍어하는 그는 분단조국을 살며 사랑과 평화의 세상을 갈망하는 청년의 가장 순정한 마음이며 추운 겨울을 이겨내고 돌아온 순수한 인간이 내는 인향만리의 표상이다. (2021. 10. 20)

헤타이라와 팜므파탈의 경계

남성들과 지성을 교유한 헤타이라

고대 그리스의 직업적인 접대부 헤타이라는 아름다움과 지성을 겸비한 여성으로 국가의 보호를 받고 세금을 납부하는 아테네 시민사회의 일원이었다. 결혼한 아테네 여성들보다 훨씬 자유로워서 종종 귀족계층 남성들을 집에 초대해 향연*을 열기도 하고 철학과 수사학에 조예가 깊어 당대 상류층 엘리트들과 교제했다. 역사적으로 가장 많이 알려진 헤타이라는 아마 아스파시아가 아닐까 싶다.

3년 전 아테네 시내를 어슬렁거리다 신타그마 광장에서 멀지 않은 곳에 아테네 학술원이 있길래 둘러보다가 뜻밖에 인물을 만났다. 학술원 건물 양쪽 기둥 꼭대기에 각각 투구를 쓴 아테나 여신과 리라를 들고 있는 아폴론신이 광장을 내려다보고 있고 그 앞에 양쪽으로 플라톤과 소크라테스가 학술원 마당을 굽어보고 있

---

* 고대 그리스에서 집에 손님을 초대해 술과 대화를 즐기는 연회. 심포지엄이라고도 한다.

었다. 플라톤과 소크라테스야 그리스 철학의 선구자들이니 지혜의 여신 아테나가 내려다보는 곳에 세워진 것은 하등 이상할 게 없다.

그러나 잔디밭 한쪽 후미진 곳에 있어 눈에 잘 띄지는 않지만 조용히 그들을 바라보는 여성이 있었으니 바로 아스파시아였다. 남성 지식인의 전유물이었던 아카데미에 여성이라니, 그리스어로 쓰여 있어 더듬더듬 읽었지만 분명 페리클레스의 정부이자 소크라테스의 벗 아스파시아의 흉상이었다. 아카데미가 탄생한 학술원 마당에서 한때 수사학과 아테네 정치를 논하던 철학자들을 바라보는 아스파시아의 모습은 묘한 감흥에 젖게 했다.

아테네 여성들에게 기회는 매우 제한적이었다. 여성들에게도 강인한 체력을 요구했던 스파르타와 달리 아테네에서는 김나시온에서 체력 단련을 하는 남성들을 엿보는 것조차 금지할 정도로 사회활동에 제약이 많았다. 하지만 외국에서 온 여성들은 교양을 쌓고 헤타이라로 활약할 수 있었으니 아테네 여성들은 상상도 할 수 없는 사회적 지위와 부를 누렸다. 고급 매춘부인 헤타이라는 상류층 남성들을 상대하는 전문 엔터테이너로서 시와 담론을 즐기고 가무와 음악을 연주하며 성적 유희를 제공했다. 이들이 심포지엄을 즐기는 장면은 그 시기 아테네에서 만들어진 도자기에서 쉽게 찾아볼 수 있다.

아테네를 쥐락펴락하던 당대 내로라하는 남성들과 대등하게 철학을 논하고 정치사안에 대해 토론하던 아스파시아는 페리클레스의 연인이자 유명한 헤타이라였다. 그녀는 페리클레스의 아들을 낳고 두 번째 부인이 된 후에도 그 일을 놓지 않았으니 헤타이라의 사회적 지위와 영향력을 짐작할 수 있다. 철학이 아테네보다 먼저 발전했으나 페르시아에 눌려 살았던 이오니아 지방의 밀레투스 출신 아스파시아는 어릴 때부터 미모가 출중하고 좌중을 휘어잡는 입담으로 주목받았다. 페리클레스의 연설문을 작성할 만큼 수사학에 명성이 높았다는 평가가 가히 근거 없는 말은 아닌 것 같다.

플루타르코스는 아스파시아가 정치적·학문적으로 중요한 역할을 했으며 그리스 제일의 남자가 좋아할 만한, 그리고 철학자들이 화제로 삼고 칭찬할 만큼 출중한 여성이라고 평가했다. 페리클레스는 아스파시아와 심포지엄이나 신전 건축현장에 곧잘 동행했으며 그녀의 집에 드나드는 남자 손님들과도 활발하게 교류했다고 한다. 아스파시아는 아테네에서 제일가는 미인이었고 그녀의 집은 아테네 지식인들이 북적거리는 담론장 역할을 했으며 소크라테스, 플라톤, 아르키메데스 등 당대 지성들과 교류했다. 특히 소크라테스에게 수사학을 가르쳤는데 소크라테스는 그녀를 최고의 선생으로 극찬하며 따랐다고 한다.

아스파시아가 페리클레스와 동거할 때 매일같이 드나든 또 한 사람이 있었으니 아버지가 일찍 전사해 페리클레스가 대부였던 알키비아데스다. 그러나 정작 대부인 페리클레스는 알키비아데스에게 냉정했고 아스파시아가 주로 그의 양육을 맡았다고 한다. 그녀의 집에 드나들며 대화를 나누던 젊은 소크라테스는 장차 이 소년이 아테네를 이끌 것이라 간파했다. 훗날 알키비아데스가 시칠리아 원정에 실패하고 스파르타와 페르시아에 망명해 군사고문을 한 행각이 소크라테스의 재판에도 악영향을 끼치게 된다. 플라톤의 『향연』에는 비극작가 아가톤이 주최한 심포지엄에서 에로스를 주제로 이야기를 나누던 알키비아데스가 소크라테스 찬가를 늘어놓는 에피소드가 잘 묘사되어 있다.

조선의 팜므파탈 장녹수

그리스 정치인들과 정치와 전쟁 등 세상 돌아가는 이야기들을 나누고 소년들에게 철학과 수사학을 가르칠 만큼 남성을 능가하는 지성을 가진 헤타이라는 조선의 예기(藝妓)와 많이 닮았다. 여성의 사회적 지위가 매우 낮아 남성들만의 전유물이었던 정치나 경제활동에 함께할 수 있었던 이들은 서양이나 동양이나 접대부 여성뿐이었으니 소크라테스와 아스파시아는 화담 서경덕과 황진이같이 정신적 우정을 나눈 사이로 이해할 수 있을 것 같다.

조선은 남성 자신들의 유희와 여가를 위해 노래와 춤으로 흥을 돋우는 기생을 곁에 두었다. 세습되는 관기가 있었고 양반인 아버지와 천민인 어머니 사이에서 태어난 얼녀들이 기생이 되는 경우가 많았으며 더러 서녀들도 첩이 되지 않으면 기생이 될 수밖에 없었다. 노래와 춤, 몸을 파는 기생인 창기(娼妓), 천기(賤妓)가 있었고 시·서·화와 가무에 능한 기생인 예기(藝妓)가 있었다. 허균은 부안 기생인 매창과 오랜 세월 정신적 교유를 나누었고 최경창은 훗날 묘까지 같이 쓸 정도로 홍랑과 깊은 사랑과 우정을 나누었다.

아스파시아와 조선 예기들의 공통점은 직업여성이었다는 점이다. 아스파시아는 헤타이라였기에 아테네 시민사회의 일원이 되었고 황진이나 홍랑, 매창도 기생이었기에 규방의 제약에서 자유로웠다. 그녀들은 자신의 재능을 계발하며 고유성을 잃지 않고 살았다. 하지만 이들은 팜므파탈과는 거리가 멀다. 아름다운 미모와 지성, 예술적 소양으로 남성들과 대등하게 시대와 정치를 논하며 자신만의 고유한 정체성을 지니고 살았기 때문이다.

우리 역사에서 악녀 또는 팜므파탈이라 하면 연산군의 후궁으로서 온갖 악행을 저지른 여성으로 알려져 있는 장녹수를 빼놓을 수 없다. 그녀는 얼녀 출신 기생으로 연산군의 삼촌 제안대군의 집에서 가비(家婢)로 있다가 노래와 춤을 배워 창기가 되었다. 무오사화로 사림의 언로를 막고 강력한 왕권을 행사하던 연산군은 종종 제안대군의 집을 찾아 유흥을 즐겼다. 즉위한 지 8년째 되던 해 만난 창기 장녹수에게 첫눈에 반해 궁궐로 데려가 종사품 숙원에 봉했다. 그녀는 서른 살이 넘었지만 열여섯 살처럼 어려 보이고 목소리가 맑고 청아해 특히 노래를 잘했다고 한다.

비천한 창기에서 일약 후궁으로 신분상승한 장녹수는 성적 매력으로 연산군을 휘어잡았다. 어려서부터 모성결핍이 컸던 연산군을 아명으로 부르고 때로 하대하며 두려움에 떨면 치마폭 안에 들어오게 하는 등 어린애 다루듯 했다고 한다. 1년 만에 종삼품 숙용으로 품계가 올라간 후 조정의 인사와 상벌에 관여하고 부정한 뇌물과 청탁을 즐겼으며 잦은 호화연회로 국가 재정을 파탄내는가 하면 연산군의 여인들을 질투해 여러 여인을 참수에 이르게 했다고 알려져 있다.

그러나 권불십년 화무십일홍(權不十年 花無十日紅)이라고 중종반정으로 연산군은 강화도로 유배 가고 장녹수는 재산을 몰수당한 뒤 참수형에 처해졌다. 반정의 주모자들은 반정의 명분을 위해서라도 연산군의 폭정을 과장한 측면이 있으니 장녹수의 악행도 의도적으로 악마화한 혐의가 짙지만 대부분은 사실에 근거한 것으로 보인다.

과거 여성의 사회적 지위가 매우 낮고 시민권에서 배제당했던 시절 여성이 남성 주류사회에 진입하는 방법은 정신적이든 육체적이든 힘 있는 남성들과 교유하는 방법이 유일했다. 여성의 성은 때로 권력이나 부를 얻기 위한 도구가 되고 여성성은 매력을 어필하는 수단이 되었던 것이다. 하지만 이제는 여성의 성을 수단이나 목적으로 대상화해서는 안 된다는 것이 상식으로 자리했다. 자본주의 사회에서 자신의 몸을 자본으로 삼는 것을 넘어 자신의 치부와 불법, 편법을 은폐하고 부당한 권력을 탐하는 수단으로 삼는다면 응당 처벌의 대상이 된다. 이것은 상식이다.

아테네 민주정의 전성기를 이끌었던 페리클레스는 펠로폰네소스 전쟁 첫해 전사자 추도연설에서 "아테네는 가난을 부끄럽게 여기지 않는다. 가난에서 벗어나려고 노력하지 않는 것을 부끄럽게 여긴다. 정치에 무관심한 시민은 도시국가를 떠받치는 시민의 의무를 이행하지 않는 사람으로 간주한다"는 연설을 한다. 오늘날 우리는 아스파시아가 쓴 것일 수도 있다고 일컬어지는 이 연설문을 이렇게 바꾸어야 한다.

"우리는 특정 직업을 부끄럽게 여기지 않는다. 거짓 경력으로 권력을 탐하는 것을 부끄럽게 여긴다. 그럼에도 직업에는 귀천이 없다고 자신을 속이고 본질을 호도하는 자들은 민주주의 국가를 살아가는 시민으로서 자격이 없는 사람으로 간주한다."

(2021. 12. 19)

3

일상은 나의 힘

감사히 받고 더 많이 주는 사람으로 살라는,

주는 것도 받는 것도

소소한 즐거움으로 삼으라는

가르침이다.

아들, 군인 아저씨가 되다

머리카락, 복종 또는 저항

오늘 아들이 전방의 신병교육대에 입대했다. 내일 문재인 대통령은 북한으로 날아가 세 번째 정상회담을 할 것이고 아들은 병영에서의 첫날 아침을 맞을 것이다. 그래도 평화라는 거대한 물결 속에서 입대하게 되었으니 그것도 제 복이려니 싶다.

지난 토요일 저녁 아들은 머리를 짧게 밀고 왔다. 친구들과 미용실에 우르르 몰려가서 친구들이 머리를 쑹덩쑹덩 자르면 미용사가 예쁘게 밀어주는 과정을 인스타그램으로 생중계했다고 한다. 밤새 진탕 술을 퍼마시며 벌건 토끼 눈에 쓰린 속을 부여잡고 훈련소에 들어갔던 우리 세대보다 훨씬 유쾌하고 발랄하네 싶어 빙그레 웃음이 나왔다.

머리카락은 우리 몸에서 참 특별한 대접을 받는 것 같다. '신체발부 수지부모'라며 개화기 때는 머리를 자르란다고 자결한 이도 여럿 있고 민머리 유전자를 가져 평생 스트레스를 받는 사람들이 있는가 하면 1970년대 장발을 단속하던 군사정부에 맞서 머리를 기르며 저항한 것처럼 우리 몸에 꼭 필요한 부분을 넘어 일종의 자존을 확인하는 상징 같은 것임에 틀림이 없다.

우리는 흔히 매우 두렵고 무서운 상태를 묘사할 때 머리털이 쭈뼛 선다고 말한다. 모골이 송연하다는 말이 이와 같은데 머리카락은 죽은 듯 살아 있는 정신과 무의식을 대변한다. 그래서인지 영웅들과 관련된 일화 중에는 머리카락 이야기가 많다. 바빌로니아의 길가메시는 긴 머리가 빠지면서 괴력을 쓰지 못했고 이스라엘 영웅 삼손은 그의 치명적인 연인 데릴라의 유혹에 넘어가 머리카락을 잘리고 괴력을 상실했다.

제2차 세계대전 막바지에 나치에게 점령당한 파리를 수복하고 자존심을 되찾은 레지스탕스는 나치 점령 당시 그들에게 협력했거나 몸을 이용해 연명한 파리 여인들을 색출하여 머리를 박박 깎이고 아기를 안은 채 시가행진을 시켰다고 하니 삭발은 치욕의 상징이기도 했던 모양이다. 머리카락은 사람이 죽은 후에도 자라기 때문에 고대부터 내면의 강인함과 힘의 상징이었다고 하는데 자기도 모르게 자라는 머리카락은 저절로 생겨나는 생각과 같아 무의식을 상징하기도 한다.

타의로 머리카락을 자르는 행위는 복종과 희생을 의미하지만 자발적인 의지의 또 다른 이름이기도 하다. 나르키소스가 수선화가 되었을 때 물의 요정들은 자른 머리카락을 바쳤고 프리다 칼로는 영원한 연인이었던 남편 디에고 리베라가 자신의 동생과 불륜에 빠졌을 때 그 상처와 절망으로 머리를 짧게 자르고 양복을 입은 자신을 그렸다. 여성이기 때문에 받는 상처와 고통을 거부하겠다는 의지의 표명이었던 것이다. 강한 분노와 의지를 전달하려고 집회 현장에서 삭발하는 것도 같은 맥락이다. 이처럼 자의든 타의든 머리를 짧게 자른다는 것은 복종을 강요받거나 강력한 의지를 표명하는 일종의 의식이어서 자못 엄숙하고 심지어는 경건해지기까지 한다.

개성이 강한 20대 초반의 피가 끓는 시퍼런 청춘들을 상명하복이 생명이라는 규율이 엄격한 병영생활을 시키려면 먼저 자유의지를 꺾게 만드는 것이 필요했을 것이다. 삭발하게 하는 것은 길들이기 위한 첫 번째 관문이고 의도한 대로 머리를 자르며 한풀 꺾인 청춘들은 불안한 심리상태로 미증유의 세계로 걸어 들어갈 것이다. 분단된 조국의 현실을 뼈저리게 느끼면서 말이다.

처음 항암치료를 시작하면서 머리카락이 빠지는 걸 보고 싶지 않아 미용실에 가서 삭발해달라고 했다. 그런데 미용사가 나보다 더 경건했고 나보다 더 호들갑을 떨었다. 그 동네에도 군부대가 많으니 아마 숱한 청춘들이 머리를 밀러 왔으리라. 그때마다 그녀는 이름 모를 청춘들에게 이렇게 호들갑을 떨었겠지 싶어 고마운 마음까지 들었다. 나는 민머리가 된 나의 날것 같은 모습을 마주하며 이게 원래 내 모습이구나, 이런 모습으로 이 세상에 왔겠구나 싶었다. 그러면서도 낯선 모습으로 낯선 경험을 해야 한다는 두려움에 살짝 몸을 떨었다.

그때 나는 이 땅의 청춘들에게 참 많은 빚을 지고 살아왔구나 생각했다. 숱한 청춘들이 한적한 미용실을 찾아 두려운 마음을 감춘 채 머리를 밀고 아무렇지도 않은 척 거리에 내려섰을 때 느꼈을 생경함과 당혹감. 낯선 자신의 모습만큼이나 세상이 갑자기 생소하게 느껴졌을 테고 그 세상으로 걸어 들어가야 할 시간이 족쇄처럼 무거웠을 것이다. 나도 민머리가 되고 나자 그들이 경험했을 두려움을 공유하게 된 것 같아 참 다행이라고 생각했다.

그래서였을까. 함께 겪었다는 게 나 자신에게 꽤 위안이 되었다. 짧게 민머리를 하고 온 아들은 어릴 때 모습 그대로여서 마치 처음 내게로 온 모습이 20년 세월을 훌쩍 뛰어넘은 것처럼 느껴졌다. 쑥스러워하며 모자를 벗는 아들은 눈빛이 살짝 떨렸지만 난 애써 모른 척했다. 잘 다녀올 테니 건강하시라며 할머니께 큰절하는 아들의 뒷모습이 나도 낯선데 저는 오죽할까. 배냇머리를 밀어준 이후 처음 보는 아들의 민머리를 쓰다듬으며 나의 민머리 사진을 꺼내 역시 피는 못 속인다면서 깔깔거렸지만 나나 아들이나 웃음 뒤로 강물이 흘렀다.

낯섦과 두려움을 견디는 청춘들

아들은 휴학하고 군에 입대할 때까지 두어 달 집에 머물렀다. 아들은 초등학생 때도 총을 장난감으로 갖고 놀지 않았다. 그때 나는 아들에게 "네가 어른이 되면 모병제나 대체복무제가 도입되어 있을 거야"라고 말했다.

아들은 지금껏 병역의 의무를 지는 것에 대해 이러쿵저러쿵 한

168

마디도 한 적이 없다. 신체검사를 받고 왔을 때도, 입영통지서가 나왔을 때도 그저 덤덤하게 사실만 말했을 뿐, 억울하다거나 걱정된다거나 여타의 말이 없어 덤덤하게 받아들이나보다 생각했다. 그런데 며칠 전 격려한답시고 "이번에 병사 월급도 많이 올랐대"하고 말했더니 조용하게 "그거 안 받고 안 가고 싶어요"하고 딱 한 번 속내를 내비쳤다. 얘기해봐야 달라질 게 없으니 말을 안 했을 뿐 저 혼자 꽤나 속을 끓인 모양이구나 싶어 우리는 애매하고 모호한 웃음으로 어색한 상황을 모면했다. 무슨 말이 필요하겠는가.

어제저녁 차 한잔 놓고 담소를 나눴다. 아들은 군대 가는 큰 이벤트가 있으니 오랜만에 선후배들의 전화도 받고 친구들을 두루두루 만나기도 하고 친척들께 전화도 드리며 이것저것 정리할 수 있어서 꼭 나쁘지만은 않은 것 같다고 말한다. 어떻게 알았는지 위로와 격려를 해주는 선후배, 심지어 군복무 중인 선배가 전화했다면서 자신이야 일생일대의 이벤트지만 타인의 일상에 이토록 관심을 가지고 행동으로 옮겨본 적이 있었던가 반성하게 되더라고도 했다.

아들은 마치 오늘을 위해 말을 아끼기라도 한 듯 많은 상념을 풀어놓았다. 대한민국 남성이라면 청춘들이 이 과정을 다 거쳐왔겠구나 생각하니 울컥한다면서 많은 분이 잘 다녀오라고 밥도 사주시고 용돈도 주시는데 아무 말씀 안 해도 어떤 마음인지 다 느껴진다고 했다. 이 사람 저 사람 한 번씩 떠올리고 인사하다 보니 인생 1막을 정리하는 느낌이라며, 이왕 군대 가는 거 건강하게 키워줘서 현역으로 가게 되어 기쁘고 잘 다녀올 테니 걱정 말라면서 가만히 나를 안아주었다. 우리는 서로의 가슴에 흐르는 강물을 애써 감추고 참으로 긴 이야기를 나누었다.

새로 태어나는 기분이 저런 것일까. 아들은 접경지에 위치한 고등학교를 다니느라 주말마다 숱하게 오갔던 그 길로 군대라는 미지의 세상을 향해 조금씩 다가가고 있다. 가까워질수록 군용트럭이 심심찮게 보이고 트럭 뒤에 타고 가는 일군의 장병들도 보인다. 머지않아 아들 녀석도 저곳에 앉아 있겠지. 나도 아들도 한 번도 가보지 못한 미증유의 세상 앞에 서 있음은 매한가지일 터. 자신과의 싸움을 겪으며 성숙해져 돌아올 터이니 나 또한 부끄럽지 않게 열심히 살겠다고 다짐했다.

신병 훈련소에 도착해 신고한 후 병사들만 연병장으로 집합하라는 방송이 나오자 내 품으로 온 이후 처음으로 불안한 사슴 같은 아들의 눈빛을 보고야 말았다. 연병장에는 군악대가 연주하는 김광석의 노래가 울려 퍼졌다.

"바람이 불어오는 곳 그곳으로 가네. 설렘과 두려움으로 불안한 내일이지만 우리가 지키며 살아온…"

군악대의 연주는 청명하다 못해 시퍼런 가을 하늘 아래 청아하게 울려 퍼졌다. 분단 조국에서 태어난 원죄로 징집된 빛나는 청춘들이 난생처음 자유의지를 빼앗긴 채 종이가방을 하나씩 들고 이열종대로 사라져 갔다.

청춘들은 한 번도 느껴보지 못한 낯선 감정들을 대면하면서 자신의 민낯을 만나고 두려운 감정에도 솔직해질 것이다. 삼손은 데릴라에게 머리를 잘리고 두 눈은 후벼 파인 채 감옥생활을 하지만 옥중에서 머리가 다시 자라 괴력을 되찾고 더 큰 힘을 발휘한다. 태양의 빛나는 권능과 남성을 상징하는 삼손의 머리처럼 우리의 아들들도 머리가 다시 자라고 더욱 강해져서 세상을 향해 날개를 펴는 날이 올 것이다.

이 땅의 모든 아들에게, 또 이미 시퍼런 청춘의 한 자락을 뚝 떼어 조국의 제단에 바친 모든 남성에게 감사와 응원과 연대의 정을 보내며 결심한 대로 눈물 한 방울 흘리지 않고 후미가 보이지 않을 때까지 지키고 서 있었다. 21년 전 민머리로 내게 왔던 것처럼 이제 내 품을 떠나 또다시 민머리로 새로운 출발선을 향해 가는 아들, 아니 이 땅의 모든 아들에게 "우리 승리하리라 우리 승리하리라 우리 승리하리 그날에"를 조용히 부르며 돌아섰다. 아들은 이제 나라를 지키는 군인 아저씨가 되었다. (2018. 9. 17)

냄새의 추억

냄새는 문명의 상징?

시골에서 초등학교 1학년을 마치고 강릉 시내로 이사와 전학수속을 밟은 학교는 당시 중심가에 위치한 학교였다. 물어보지는 못했지만 근처에 대단위 초등학교가 있었음에도 아마도 '좀 사는' 집 아이들과 어울려 살라고 부모님이 일부러 그 학교를 선택한 게 아닐까 의심스럽긴 하다. 내 눈에 거만하거나 아랫사람에게 함부로 하시지는 않았지만 난 자네들과는 다른 사람이네 하는 듯한 엄마의 말투와 태도로 미루어 짐작해보건대 다분히 그런 숨은 의도가 있지 않았을까 싶다. 부모님을 일찍 여읜 결핍을 느끼는 것은 임산부나 엄마와 같이 '여자'로 살아야 할 순간들이 아니라 나의 어릴 적 서사를 더 이상 채울 방법이 없을 때다.

예나 지금이나 강릉은 지방 소도시지만 소금강 계곡물이 흐르는 연곡의 작은 마을에 살았던 내게는 도회지나 다름없었다. 나의 도회지 첫 학교는 부모님의 바람과는 달리 아쉬울 게 없던 시골 여자아이에게 깊은 트라우마를 남겼다. 당신도 딸이 없어 하나밖에 없는 손녀에게 더 많은 애정을 주셨던 할머니는 빛깔 고운 공단 한복과 털을 덧댄 색동배자를 입히고 조바위를 씌워 이곳저곳을 자랑삼아 데리고 다니셨다. 시골에서는 '좀 사는' 집 외동딸로 빨강머리 앤이 그토록 입고 싶어하던 프릴 달린 원피스며 구두를 신고 신작로를 걸어 학교에 가고, 날이 궂으면 집에서 일하는 머슴할아범 등에 업혀 집으로 돌아오던 순한 꼬마였다. 미국으로 이민간 오촌 당숙이 올 때마다 안겨준 미국 인형으로 동네 친구들의 부러움을 한 몸에 사고 동네 오빠들에게 과자를 가져다주며 사랑을 독차지했던 구멍가게집 여자아이에게 그때까지의 세상은 의심할 것 없는 호의적인 것이었다. 그러나 아빠 손에 이끌려 도회지 학교에 등교한 첫날 생전 처음 사다리 없는 계급적 추락을 경험했고 꽤 오랫동안 주눅들어 지냈다.

교단에서 본 아이들은 하나같이 뽀얗고 예뻤다. 시골에서 보던 아이들과는 차원이 달랐다. 시골에서는 내가 뭐든 최고였는데 여기서는 초라하고 촌스러웠다. 나는 두꺼운 돕바를 입고 있었는데 아이들은 더플코트를 입고 있었고 색깔도 무채색이 아닌 빨강이나 분홍색이었다. 선생님이 한 여자아이 옆에 가서 앉으라고 했다. 교단에서 그 자리로 가는 길이 무척 멀게 느껴졌다. 짝꿍 여자아이는 피부가 얼마나 이쁜지 지금 표현대로라면 동화책을 찢고 나온 게 아닐까 싶게 화사했고 향긋한 착각마저 들었다.

"안녕"이라 인사했지만 짝꿍이 대답했는지는 기억에 없다. 그러나 쉬는 시간이 되었을 때 나에게 던진 한 마디, "야, 저리 가. 냄새난단 말이야." 그리고 시골뜨기, 이런 말도 들었다. 그 충격이란. 그렇게 예쁜 아이 입에서 그런 말이 나온다는 게 충격이고 날더러, 이래 봬도 시골에서는 꽤 사는 집 외동딸로 온갖 좋다는 건 다 누리고 자란 나에게 냄새난다고 말한 게 충격이었고 내게서 멀어지려고 의자를 옴짝옴짝 움직이는 것은 더 충격이었다.

그 후 첫 시험을 볼 때까지 어떻게 학교생활을 했는지 전혀 기억에 없는 걸 보면 꽤 주눅들어 지냈던 것 같다. 어려서 늘 주인공이고 누군가의 헌신적인 돌봄을 받았기에 친구들의 마음을 사는 방법 같은 건 요령부득이었으니 동네에 초등학교가 개교하여 전학할 때까지 3년간 다닌 그 학교에 대해 좋은 기억 따위는 없다. 나중에 그 학교는 사립 같은 공립이고 부유한 집 아이들이 많이 다녔다는 이야기를 들었을 때 고개를 주억거렸고 씁쓸했다. 이것이 내가 태어나서 처음 겪은 계급차별이고 냄새에 대한 첫 기억이다.

그때부터 냄새가 내 인생으로 들어왔다. 겨우내 메주를 띄우느라 옷에 메주냄새가 배는 것도 싫었고 원체 엄마가 깔끔했음에도 겨울에도 옷을 한두 번만 입으면 빨아달라고 떼를 쓰곤 했다. 그 후 두 번째로 냄새를 인식하게 된 건 중학생이 된 후 외국인을 대하는 매너 따위의 글을 읽을 때였다. 일종의 문명인의 자세 같은 계몽적 성격의 글이었는데 단골로 나오던 것이 된장과 김치였다.

한국인이 김치를 가지고 비행기를 탔는데 국물이 쏟아져서 난리도 아니었다는 둥 외국인들이 싫어하므로 된장찌개나 마늘 같은 것은 줄여야 한다는 등 우리의 음식문화를 스스로 혐오하게 만드는 내용들이었다. 심지어는 된장을 보고 똥 같다고 말하는 외국인과 부끄러워하는 할머니 삽화도 기억이 난다. 한국인들은 똥 같은 된장을 먹고 곰팡이가 핀 것을 음식으로 만들어먹는 비위생적인 문화를 가졌다 등등 이런 이야기는 누가 왜 만들었는지는 모르지만 꽤 강렬하게 반감 반, 부끄러움 반으로 성장기를 채웠다. 나중에 알고보니 그것은 근대 '가정학'이 만들어낸 왜곡과 자기비하의 산물이었다.

인간이 풍기는 냄새는 삶의 부산물이다. 음식과 주거환경이 냄새를 결정한다. 근대과학과 위생학의 발달로 냄새는 향기가 되었고 문명의 상징이 되었다. 향수를 사용한 것은 역한 냄새를 감추기 위함에서 시작되었다는 것과 그들은 창밖으로 배설물을 던진 미개인들이었다는 것을 알게 되었을 땐 냄새에 대한 자격지심을 되돌리기엔 너무 늦은 때였다. 우리는 된장과 김치, 마늘 외에는 특별한 냄새가 없음에도 소위 선진문물을 배워왔다는 지식인들은 위생학이라는 근대의 향기에 취해 자기혐오를 주입하는 교육을 했고 주류계층은 자신들의 썩은 내를 향기라는 화학물질로 덮기에 급급했다.

그렇게 냄새에 대한 일종의 자기혐오는 뿌리가 깊었다. 지금이야 유해성이 알려져 금기시되었지만 최근만 해도 화장실이나 승용차에서 주기적으로 칙칙 뿜어져 나오던 탈취제는 문명인이라는 이데올로기 속에서 반짝였던 시절도 있었으니 누굴 탓하랴.

현실판 설국열차

봉준호 감독의 영화 「기생충」에서처럼 냄새는 곧 계급과 경계해야 할 것들을 상징한다. 딸과 함께 중국 선양에서 하얼빈으로 가는 기차를 탔을 때 그의 영화 속 설국열차가 바로 이것이로구나 할 만큼 강렬한 인상을 받았다. 중국의 기차표는 가격에 따라 개폐가 가능한 4인 1실의 침대칸, 6인 1실의 오픈형 침대칸이 있고 푹신한 좌석(루완줘), 딱딱한 좌석(잉줘)이 있다. 동행해준 딸아이는 자기는 여행할 때 잉줘만 탔지만 날 배려한다며 6인 1실 오픈형 침대칸으로 티켓을 사고는 어떻게 다른지 구경해보고 싶다는 날 여기저기 데리고 가주었다. 앞쪽은 4인 1실의 안락한 침대칸인데 가격은 고속열차와 맞먹었다. 뒤로 가니 푹신한 좌석칸이 두 량, 그 뒤는 딱딱한 좌석칸인 잉줘였다. 잉줘는 한 열에 5명씩인 데다 마주보는 시스템이라 복잡하지만 함께 음식을 나눠먹기도 하고 이야기하며 갈 수 있다는 장점이 있다.

잉줘칸에 들어섰을 때 첫 느낌을 잊을 수 없다. 시끄럽고 복잡하고 온갖 음식냄새와 땀냄새로 범벅이 되어 솔직히 구역질이 났다. 마주보는 구조라 서로 무릎이 맞닿을 정도로 가까운데 모르는 사람들끼리 마치 가족인 것처럼 뒤엉켜 있는 것도 생경했다. 어떻게 이런 곳에서 열 몇 시간씩 기차를 탈까 싶었지만 나도 주머니 사정 어려우면 예외가 아니었을 터이니 꾹 참고 더 들어가보자 했다. 하지만 도저히 뚫고 갈 자신이 없어 얼마 못 가 되돌아왔다. 그런데 갈 때는 제지하는 사람이 없었는데 되돌아갈 때는 어디서 나타

났는지 승무원이 가로막았다. 티켓을 보여주지 않으면 못 간다는 것이다. 종이티켓은 침대에 있다고 사정해도 안 된다는 거다. 그 표정이 너무 단호하고 마치 야단치는 것처럼 느껴졌다. 다행히 핸드폰에 예매 이력이 있어 그걸 보여주고 되돌아올 수 있었다.

그때 설국열차가 떠올랐다. 뒤로는 갈 수 있어도 앞으로는 자격이 없으면 갈 수 없는 구조. 계급구조나 열차나 마찬가지가 아닌가. 실제 하층으로 내려가는 것은 사다리가 필요없다. 하지만 올라가는 것은 이미 사다리를 걷어차 버렸으니 내가 사다리 만들 나무부터 구해야 할 판이다. 고백하자면 잉쯰에서 내 침대로 돌아오기까지의 과정에서 제지당해 불쾌하긴 했지만 솔직히 안도감 같은 게 느껴졌다. 내려가는 것은 프리패스지만 올라가는 것은 일종의 멤버십이 필요하다는 것. 내가 이 열차를 타고 가는 동안만큼은 깨끗하고 안락한 환경을 침해받지 않으리라는 안도감. 그런 느낌을 사회주의 국가인 중국에 와서 적나라하게 경험한다는 게 아이러니했다. 그리고 그런 생각을 하는 나 자신에게 적이 놀랐다.

냄새는 사회적으로 학습된 기억

좋은 냄새를 지닌 지상에 사는 사람들에게 지하공간이 주는 냄새와 그로 인한 사람들의 기피는 상상 속에만 존재한다. 어쩌면 그래서 관념적으로는 괜찮다고 할 수 있을지도 모른다. 그러나 지상이든 지하든 계급적 관점이나 선입견으로 경험하지 않은 사람들은 다르지 않을까. 냄새 때문에 기피대상이 되어 도회지 학교생활을 시작했던 나는 큼큼하고 꾸리꾸리한 냄새는 그저 얼른 피하고 싶을 뿐 한 번도 좋다 싫다 생각해본 적이 없다. 그러나 아파트에 살 때 딸아이는 지하주차장에 가면 "아 지하냄새 참 좋아요" 했더 랬다. 참 별나다, 어떻게 지하냄새가 좋을 수 있지 했는데 딸아이 는 큼큼한 냄새가 왠지 좋다는 거다. 지난주 태백산 눈 산행을 할 때 아기 때부터 쓰던 조지루시 보온병을 가져갔다. 스테인리스라 해도 없어지지 않는 특유의 냄새가 있는데 그 냄새를 맡으며 "아 추억의 냄새" 하는 것이 아닌가.

어쩌면 이 '냄새'라는 것은 단순히 좋고 싫음이 아니라 사회적 으로 학습된 기억 때문일지도 모른다는 생각이 들었다. 어릴 적 시 골에 살 때 머슴할아범 방에서 나던 큼큼한 냄새를 싫어하지 않았 듯이, 외갓집에 가면 소 여물죽 끓이는 냄새가 구수하고 메주 띄울 때 꼬리꼬리한 냄새가 그냥 그런가보다 했듯이 말이다. 그런 냄새 들을 기피하게 된 것은 취향의 문제가 아니라 배제당하는 사회적 경험 때문일 혐의가 짙다.

쾌적한 지하주차장이 있는 아파트에 사는 세대에게 지하냄새 는 부끄럽고 지저분한 기억이 아니라 어쩌면 그 모든 선입견을 배 제하고 그 공간에서 있었던 식구들과 함께 주차된 곳으로 가던 기 억만이 지배하고 있을지도 모른다. 도시생활이 전부임에도 딸아 이는 중국열차에서 잉쮀는 참 사랑스러운 공간이라고 했다. 시골 스러운 중국인들과 수다를 떨 수 있고 마치 할머니를 만나는 것처 럼 정겹고 친절한 사람들이라고 말이다. 그들을 통해 중국인에 대한 자신의 선입견은 미디어가 만든 편견이었음을 깨닫게 되었다고 했다. 그들을 대상화한 내게 그 냄새는 역한 것이었지만 딸아이는 진짜 중국인을 만날 수 있는 냄새로 여긴다니 솔직히 그날 딸아이에게 몹시 부끄러웠다. 아니, 냄새로부터 자유로운 모습이 부러웠다.

딸아이와는 달리 아들은 지금은 좀 덜해졌지만 무엇이든 킁킁거리며 냄새를 맡는 습관이 있었다. 늘 고치라고 얘기했지만 어쩌면 나도 인식하지 못한 냄새에 민감한 엄마 때문이었을지도 모른다는 생각이 든다. 오늘 문득 냄새에 대한 생각이 꼬리를 문 것은 전적으로 봉준호와「기생충」때문이다. 역시 영화는 힘이 세다.

(2020. 2. 13)

아들의 살림수업

누구에게나 홀로서기 수업이 필요하다

올해 스물셋인 아들은 5월 초에 전역하면 보름쯤 쉬었다가 그동안 모은 장병적금으로 중국 윈난성으로 한 달 동안 배낭여행을 다녀와 복학준비를 하겠다고 했다. 요즘 군대는 아들이 좋아하는 과일이나 야채가 잘 나와 먹거리에 부족함이 없긴 하지만 정신이 허기져 있을 터이니 국가의 부름에 의무를 다한 것을 격려하는 의미로 한동안 맛있는 음식을 먹이고 살도 포동포동 찌워줄 생각이었다. 중국 내륙을 돌며 홀쭉해서 돌아올 때쯤이면 학교도 개강할 테니 거처를 구해 서울로 올려 보내고 나는 일상으로 돌아가리라 셈을 했더랬다.

그런데 코로나19가 장기화되면서 모든 걸 뒤집어놓았다. 아들은 예정보다 3주나 일찍 전역해 돌아왔고 배낭여행은커녕 온라인 수업으로 재학생도 본가로 내려가는 마당에 전역한 예비 복학생은 꼼짝없이 집에 갇힌 신세가 된 것이다. 그동안 MT 오듯 집에 왔다가 순식간에 사라졌는데 매일 얼굴을 맞대고 산 지 한 달이 넘었다. 어릴 때부터 늦잠을 모르는 아이여서 아침 일찍 커피맷돌 가는 소리에 "제가 할게요" 하고 달려오고 내가 산책하러 나갈 때 같이 가거나 자전거를 타고 휘 돌아오기도 한다. 낮엔 각자 책도 보고 더러 긴 대화를 나누기도 하지만 하루가 얼마나 빨리 가는지 아침 겸 점심을 함께 먹고 나서 점심과 저녁에 뭐 해먹을까 의논 하다 보면 TV 프로그램 「삼시세끼」를 촬영하는 느낌이 이렇지 않 을까 싶다. 처음엔 이렇게 오랜 시간을 함께하는 게 어색했다.

자식을 키운다고 하지만 생각해보면 아이와 이렇게 많은 시간 을 붙어 지낸 게 갓난아이였을 때를 제외하면 처음인 것 같다. 첫 째인 딸아이가 백일을 막 지났을 때 떼놓고 일한 것을 꽤 오래 자 책했던지라 둘째인 아들은 첫돌까지는 무슨 일이 있어도 직접 키 우리라 다짐했다. 그래서 둘째가 두 돌이 되고 나서 다시 일을 시 작했다. 아들은 기숙사가 있는 다른 지역으로 고등학교를 다녀서 함께 지낸 건 중학교 졸업 때까지였다. 고등학생이 된 후부터 지 금까지 한 달에 한 번씩 집에 와서 2박 3일 머물다 갔고, 방학 때는 일주일을 넘지 않았다. 그러니 아들과 이렇게 많은 시간을 보내는 건 처음인 셈이다.

세상의 모든 첫째가 그렇듯 동생을 보살피면서 철이 든 딸아이 도 아들이 집을 떠나 있는 덕분에 동생 없는 집에서 고등학교를 다니며 부모자식 간의 정을 흠뻑 나누고 지냈다. 늘 바쁜 엄마라 미안했지만 딸이 고3 여름방학에 독서실에서 공부할 때 매일 테 마가 있는 도시락을 최선을 다해 싸주고 툭하면 밤이 이슥하도록 이런저런 대화를 나누며 더는 엄마 노릇에 미련이 남지 않았다. 그런데 이번엔 아들이 태어나서 처음으로 누나 없이 온전히 우리와 함께 지내며 원 없이 대화하고 스킨십을 할 수 있게 되었으니 코로나19가 준 뜻밖의 선물이다. 주말부부 10년 만에 원주로 돌아온 아빠가 출퇴근할 때 배웅하거나 마중 나가는 일도 6학년 이후 처음일 테고 저녁마다 텃밭에 물을 주거나 모종 포트를 관리하는 것도 난생처음 해보는 일이다.

하늘이 주신 절호의 기회이니 아직 집을 짓지 않은 빈 땅을 개간해서 고구마밭으로 일구고 모종도 사러 나가고 집안일을 가르치기도 한다. 여자는 일할 줄 알면 어딜 가나 일복 터진다고 집안일이라고는 아무것도 배우지 못해 일이라면 늘 어리벙벙했던 나의 젊은 날을 돌아보며 말이다. 지금은 쓰지 않지만 '신부수업'이라는 말이 있었다. 결혼 적령기의 여성을 상대로 요리나 청소 같은 살림하는 요령이나 아내로서의 역할을 배우는 수업이다. 여성으로서의 성역할을 주입시킨 신부수업은 없어지는 게 마땅하지만 남녀를 불문하고 독립해서 자기 살림은 할 수 있는 예비어른 수업은 필요하지 않을까 싶다. 아들은 어릴 때부터 무척 자상하고 배려가 몸에 배어 있었지만 집안일은 어떻게 해야 할지 몰라서 멀뚱멀뚱할 때가 많았다. 그래서 코로나19로 밖에 나가지도 못하고 약속도 쉬 잡지 못하는 이 틈을 타서 아들의 홀로서기 수업을 개설한 것이다. 이른바 살림수업이다.

사람이 성인이 되어 독립한다는 것은 자신의 육신을, 즉 의식주를 스스로의 힘으로 책임지는 것을 뜻한다. 그중에서도 가장 기본이 되는 먹는 행위는 생존의 기본 조건이다. 남편에게 부엌일을 아무리 가르쳐도 학습효과가 나지 않는 이유는 말 그대로 인이 박이지 않아서 그렇다. 익힌다는 뜻의 습(習)은 백 번의 날갯짓을 뜻하는 것이니 가뭄에 콩 나듯 부엌일을 하는 정도로 잘하기를 바라는 건 어불성설이다.

아들에게 훗날 결혼을 하든 동거를 하든 사랑하는 반려자의 가사노동에 기대 사는 건 못 본다고 선언했다. 스스로 할 수 없다면 누군가와 함께하겠다는 욕심은 꿈도 꾸지 말라고 쐐기를 박았다. 네 누나를 엄마 세대처럼 살게 하고 싶지 않듯 너의 반려자도 마찬가지라고 말이다.

딸은 한 번도 가르친 적 없어도 자신을 위해 정성껏 음식을 준비해서 먹을 줄 아는데 아들은 그저 "대충 먹었어요" 하는 식이다. 최소한 요리하는 것을 두려워하지 않고 집안의 일거리가 눈에 들어오게 하며 그 일을 어떻게 해야 하는지 그 과정을 숙지하게 하는 것이 내가 정한 교육목표였다. 그렇게 한 달쯤 지나니 조금 변화의 조짐이 보이기 시작한다. "뭘 도와드릴까요" 하던 습관적인 말이 이젠 "이걸 제가 할 테니 엄만 저걸 하실래요?" 정도로 발전했다. 솥뚜껑 같은 손을 가진 남자도 살림할 수 있다는 것을 확인하고 있다.

생각해보면 남편이든 아이들이든 부엌일을 가르치지 못하고 살아온 내 책임도 만만치 않다. 남편은 사회생활에 지치고 아이들은 집에서 빈둥거리는 시간이 적은 탓도 있겠지만 시간을 쪼개서 일과 살림을 해야 했던 나에게는 일을 시키는 것 자체가 또 다른 일이어서 손사래를 칠 때가 많았다. 일머리가 없는 동료가 좋은 뜻으로 도와주겠다고 해도 맡길 일은 프린트나 간단한 심부름밖에 없듯 내 일이라는 마인드 없이 그저 도와주겠다는 사람에게 일을 맡기는 건 애당초 불가능하다고 생각했던 것이다.

남편과 내가 서로 일하는 시간대가 달라서 주말을 제외하면 함께하기 어려웠던 것도 한몫했다. 설명할 것이 많으니 입이 아프고 시간은 배로 들고 결국 두 번 손이 가야 하는 경우가 많아 '내가 하고 말지, 내가 하는 게 편하다'고 생각한 적이 많다. 그런 점에서 남편이나 아들이 요리를 배울 기회가 없었다고 항변할 수 있을 것도 같다. 나도 누가 가르쳐준 적 없긴 매한가지라 억울하긴 하지만 말이다.

원점으로 돌아가는 시시포스처럼

아침에 원두를 갈아 핸드드립 커피를 내려 마시기를 시작으로 야채를 손질해 베이글과 같이 아침상 차리기부터 했다. 양상추와 파프리카, 브로콜리를 손질해서 데치는 것도 쉽지 않았다. 한 가지 확실히 깨달은 것은 남자들은 여자들이 익숙하게 하는 멀티태스킹을 잘 못한다는 것이었다. 프라이팬이 예열되는 동안 다른 일한 가지는 후딱 할 수 있는데도 스텝 바이 스텝이다. 달걀을 물에 씻어서 쓰라고 했더니 힘 조절이 안 돼 씻다가 깨져버리고 다시 꺼내서 씻고 프라이팬에 불을 켜 달궈질 때까지 기다려 달걀을 깨 넣고 익을 때까지 지키고 섰다가 불을 끄고서야 접시를 꺼내는 식이다. 당연히 시간은 훨씬 많이 소요될 수밖에 없어서 오전 시간을 요리하는 데 소비했다. 지켜보는 것도 인내심이 필요한데 이것도 한 달쯤 지나니 최소한 절반의 시간으로 줄어들었다. 코로나19로 반복학습의 기회가 많아서 가능한 일이었을 것이다.

　파 어슷썰기도 벌벌 떨며 칼과 씨름하니 양파를 까서 썰거나 다지는 건 중급 난이도다. 딸기잼을 만들어볼까 싶어 딸기를 사왔더니 가르쳐달라고 해서 농도를 가늠하는 방법을 알려주었다. 한 달 동안 계란찜, 된장찌개 등을 가르쳤더니 어느 정도 자세가 나오는 것 같다. 이젠 제법 제 손으로 아침상을 차릴 줄 알고 국수를 삶아 전분기를 빼 쫄깃한 식감을 만들 줄도 안다. 드디어 며칠 전에는 돼지 주물럭을 양념하고 직접 볶아내게 했다. 이제 슬슬 평생토록 먹고살아야 하는 깍두기와 김치 담그는 방법을 가르쳐볼까 한다.

　식사를 마치고 나면 최소한의 세제와 물로 세척하는 요령, 식사를 마친 후 설거지까지 이어지는 순서와 체크할 사항을 나는 계속해서 알려주고 아들은 "와, 이걸 어떻게 그렇게 빨리 동시에 하시는 거예요?"라고 감탄사를 연발한다. 그 외에도 유리창과 창틀 닦기, 재활용품 분리수거하기, 음식물 쓰레기 처리 방법, 욕실청소에서 체크해야 할 것들, 식재료마다 조금씩 다른 손질 요령을 가르치고 나니 입은 아프지만 옛 어른들이 이젠 시집가도 되겠다고 할 때의 그 심정을 알 것 같다.

며칠 전 이제 꽤 주부 티가 나는 아들은 싱크대 앞에 서 있는 시간이 익숙하고 기분도 괜찮다고 했다. 그러고는 요다음엔 무얼 해야겠다 하는 생각이 든다, 나만의 레시피북을 만들어야겠다, 부엌일이 이렇게 챙길 게 많은지 몰랐다, 엄마가 그동안 일도 하고 우리도 키우고 집안일도 이렇게 하셨구나, 인스턴트 식품을 거의 안 먹고 컸는데 당연하게 먹어온 딸기잼과 사과잼을 이렇게 힘든 과정을 거쳐서 만드는 건지 몰랐다 등등의 말을 쏟아냈다. 역시 스스로 느끼게 하는 것이 진짜 교육이다.

나는 아들에게 가사노동은 산정으로 바위를 올리는 노동을 끝마치는 즉시 아래로 굴러 떨어지는 바위를 쳐다보면서 다시 뚜벅뚜벅 걸어 내려오는 시시포스의 행위와 같은 거라고 했다. 시시포스가 묵묵히 아래로 걸어 내려가듯 가사노동은 다시 원점으로 돌아가기 위한 것이며 더러워지고 흐트러뜨리기 위한 행위라고 말이다. 늘 청소하고 빨래하고 요리하지만 생산성에 있어 앞으로 나아가지 않는 유일한 노동이 가사노동이라고. 무한반복인 가사노동의 대가를 확인할 수 있는 유일한 지표는 가족구성원들이 성장하는 것이라고. 그러나 전업주부의 경우 자신만 성장하지 못하는 것 같아 남편이 사회적으로 인정받고 자식들이 대학으로 날아가는 오십 줄에 빈 둥지 증후군과 우울증에 시달리는 거라고. 그러니 일상의 평온함을 가능하게 하는 것은 누군가의 수고로움이 있었기에 가능한 것임을 잊지 말라고. 어떤 것이든 절로 이루어지는 것, 당연한 것은 하나도 없다고 말이다.

두어 달을 함께 지내며 느낀 바가 많았는지 아들은 "그동안 정말 힘드셨겠어요" 하며 어버이날에 수족냉증이 있는 나를 위해 발 히터기를 선물해주었다. 살림 수업료인가, 꿩 먹고 알 먹기가 따로 없다.

살림은 누군가를 보살피고 돌보는 일

밥은 하늘이라고 했다. 이는 땅을 일구며 사는 농부들의 노동이 삶의 근원이란 의미도 될 테고 밥 짓는 것의 중요성을 담은 말이기도 하다. 그런데 우리는 자신을 위해서나 타인을 위해 밥 짓는 것을 가르치지 않는다. 달걀이나 고기를 공장에서 생산해내는 공산품처럼 취급하는 시대에 살면서 달고 짜기만 한 맛으로 점철된, 어디에서 왔는지 알 수 없는 식재료가 자극적인 양념에 뒤덮인 음식을 그저 한 끼 때우기 위한 것으로 치부할 때가 많다. 음식을 귀하게 여기지 않으니 농업이나 농민에 대한 마음도 귀히 가지기 어려운 것은 당연한 일이다.

아들에게 궁극적으로 가르치고 싶은 것은 음식에 대한 상상력도 있지만 '집'에 대한 총체적인 자기이해다. 집은 단순히 재산증식 수단이거나 부의 과시 수단이 아니라 사랑하는 이들과 삶을 가꾸고 세상과 조우할 힘을 얻는 곳이라는 점을 가르치고 싶었다. 그 속에 자신과 사랑하는 이를 위해 신체적·정서적 허기를 달래줄 한 끼의 따뜻한 밥상 정도는 차려내고 영혼이 쉴 수 있도록 위생적이고 안락한 상태를 유지하는 것이야말로 살림의 기본이 아닐까.

살림을 젠더의 관점에서 보는 것은 너무 편협하다. '살림'은 자기 자신에서부터 출발해 누군가를 보살피고 돌보는 숭고한 행위다. 살림의 중요성을 안다면 사람에 대한 예의는 기본적으로 갖추게 된다. 「삼시세끼」에서 특별한 재료 없이도 음식을 척척 만들어내는 차승원을 따를 수는 없겠지만 마음만 먹으면 유튜브든 '만 개의 레시피'든 인터넷의 도움을 받아 부담 없이 요리를 시도하고 집안 살림을 내 일로 당연시하는 마음가짐과 행동으로 옮길 수 있는 능력을 갖게 하는 것이 나의 바람이다.

때로는 지친 자신을 위해, 또 때로는 사랑하는 연인이나 친구를 위해 밥을 짓고 한 가지쯤 요리를 해서 수저받침에 수저를 가지런히 놓으며 밥상을 차려내는 수고로움을 기꺼이 할 줄 아는 사람이었으면 좋겠다. 내가 살아가는 세상이 누군가의 노동에 기대 있다면 나도 누군가의 생에 필요한 노동을 할 줄 아는 사람이 되었으면 좋겠다. 밥 짓는 손, 요리하는 마음이야말로 사람에 대한 애정을 키워가는 것임을 함께 지내면서 깨달았으면 좋겠다.

많은 아들이 밥 짓고 요리하는 것을 배움으로써 집안에서의 노동이 가족을 살리는 데 얼마나 절실한 노동인지 어머니와 아내, 누이들의 어깨에 얼마나 많은 짐을 얹고 살아왔는지 깨닫게 된다면 성착취니 성희롱이니 하는 말들이 얼마나 미개하고 야만적인지도 알게 되지 않을까.

지금의 20대는 586세대의 자녀세대다. 코로나19 방역지침을 무시한 이태원 난리 블루스를 보며 "20대들아 제발!" 하고 읍소하지만 우리가 아이들을 자기중심적으로 생각하고 행동하도록 키운 것이다. 기본을 무시한 채 인간에 대한 이해가 아니라 성적만이 최고의 선인 것처럼 가르쳐온 결과 n번방 사건의 문형욱이나 조주빈을 통해 부메랑으로 돌아온 것이다. 나부터 아들을 잘 키워 사회에 내놓아야 한다는 책임감이 무겁게 느껴진다.

어제는 저녁 메뉴를 함박스테이크로 정하고 고기를 치대고 빚으면서 둘이 놀다시피 했다. 이젠 제법 요리의 즐거움도 느끼는 것 같고 시키지 않아도 다음 과정을 알아서 하는 등 처음의 어리바리함을 벗고 많이 능숙해졌다. 아직 몇 달은 더 집에 머물러야 할 테니 집을 떠날 때쯤이면 "이제 장가가도 되겠네" 할 수 있게 될 것 같다. 혹시 아는가, 살림이라곤 하나도 몰랐던 내가 이젠 제법 숙련된 주부가 되었듯 디지털 시대이니만큼 청출어람이 될지. "차세대 살림은 이렇게 하는 겁니다 어머니" 하고 날 가르치는 때가 올지도 모른다. (2020. 5. 14)

잡초를 뽑으며

기생하거나 기꺼이 생을 떨구거나

며칠 동안 오다 긋다를 반복하며 장맛비가 내렸다. 우중에 누군가는 돌아올 수 없는 먼 길을 떠나고 애도하는 것조차 금기시하는 말도 안 되는 상황에 반항이라도 하듯 강판에 감자를 썩썩 갈아 감자전도 부쳐 먹고 영계를 약재에 푹 달여 남김없이 다 먹었다. 몇 가지 실수로 평생의 헌신을 능욕당하며 떠나는 그를 밥상 한쪽 자리에 초대한 나만의 애도이기도 했다.

그토록 조용하게 끊어질 듯 말 듯하며 비가 내리더니 마치 무슨 일 있었냐고 능청떠는 것마냥 오늘 아침은 뽀얗게 날이 개었다. 아직 파란 얼굴을 내어주지는 않지만 우리는 짙게 내려앉은 구름 너머로 눈부시게 환한 햇빛과 푸른 하늘이 기다리고 있음을 안다.

비구름이 걷히기 전에, 땅이 굳기 전에 할 일은 많다. 지금 하지 않으면 도구를 써도 나의 노동으로는 가당치 않을 일이 될 터, 속 시끄러울 때 단순노동만큼 좋은 것도 없으니 아침부터 마당에 나가 감나무와 앵두나무 주변에 지천으로 올라온 잡초들을 매주었다. 사시장철 지치지도 않고 올라오는 민들레와 쑥, 토끼풀과 쇠비름을 뽑아내고 바랭이풀과 씨름하다 뒤로 엉덩방아도 찧었다. 바랭이풀은 어릴 땐 호미로도 뽑아내기 쉽지만 잠깐 한눈파는 사이에도 뿌리가 점령하는 힘이 대단해서 비 온 뒤가 아니면 끊기기 일쑤다.

잡초를 뽑다가도 이슬 머금은 쇠비름을 한참 들여다보며 기특해하지만 이내 "미안하다 얘야" 하며 내가 생각해도 어디서 이런 모지락스러움이 숨어 있었던가 싶게 가차없이 호미를 들이민다. 그리스의 구석기 동굴에서도 쇠비름씨가 발견되었다지. 네 질긴 생명력에 경의를 표한다만 지금은 농부들이 널 일러 천적이라 하는구나. 어린 순이면 나물로 먹어도 좋지만 이미 햇볕과 바람으로 벼리고 벼린 네 몸은 그 존재만으로도 우뚝하구나.

방송에서 쇠비름이 살균과 항암에 도움된다고 해서 한동안 시골길에 쇠비름이 씨가 마른 적이 있었다는데 메뚜기 떼 지나간 듯 도시인들이 휩쓸고 간 자리가 절로 그려지면서 웃음이 나온다. 인간이란 무엇인가.

오전 나절 내내 텃밭과 나무 주위, 집 둘레의 잡초를 뽑고 나니 뽑혀진 잡초가 동산을 이룬다. 다들 살아보겠다고 애써 뿌리내리고 빗물 받으며 몸을 키웠을 터인데 차별받고 심지어 저주받기까지 하니 너희들도 참 애닯다. 그러나 어쩌겠니. 인간도 쓰임새가 없다면 너희들과 똑같은 신세란다. 잔디랑 비슷하게 생겨 나 같은 초보 도시뜨기 아짐에게서 한동안은 살아남았던 바랭이풀처럼 누군가는 위장하고 기생하며 끈질기게 살아남고 누군가는 동백꽃처럼, 능소화처럼 미련없이 고개를 떨구는 것이 너희들이나 인간사나 다를 게 없단다. 그냥 스스로 다 그러한 자연 아니겠느냐.

잡초를 얼추 뽑고 나서 텃밭에서 토마토와 고추, 가지 등속을 따니 금세 바구니가 꽉 찬다. 더도 말고 덜도 말고 오늘 저녁 찬거리만큼만 따면 그만인 이 생활이 참 좋다. 허리 아프고 오금이 저려도 아무 생각 없이 호미 들고 여기저기 김이라도 맬 수 있는 이 생활이 참 좋다. 시골 들어와 살며 뼈저리게 느끼는 것은 인간에 대한 예의 없음은 흙으로부터 멀어진 거리만큼 비례한다는 거다. 방에 들어와 내다보는 말끔해진 마당 풍경은 머리에 가득한 어지러운 상념마저 씻어간 느낌이라 청량하기 그지없다. 이제 어김없이 하늘은 갤 것이고 다음 비가 내리기 전까지 우리 집 잡초들은, 그리고 너희들로부터 나는 자유로울 것이다. (2020. 7. 14)

자연도 농촌도 피곤하다

폭우에 시달린 마당 풍경

비가 수굿한 틈을 타 고추를 땄다. 비가 그치는 다음 주까지 기다려야 하나 했는데 계속되는 비에 속절없이 물러 뚝뚝 떨어지거나 끝이 터져 갈라지는 붉은 고추들을 더는 두고 볼 수 없었다. 작년에 비해 크기는 절반도 안 되고 소출도 턱없이 적다. 며칠 전까지만 해도 시퍼렇던 참외는 우중에도 제 몸을 제법 노랗게 익혔다. 내리 비만 맞은 것치곤 꽤 달콤해서 놀랐다. 고맙다.

햇볕도 없이 한 달 넘게 비를 맞고도 고추와 참외가 붉게 노랗게 익는 게 참 신기하다. 지금까지 햇볕이 그 일을 도맡아 하는 줄 알았는데 날 때부터 그리 되는 성질을 타고나나 보다. 아니면 우중에도 태양은 구름 너머에서 조용히 제 할 일을 하고 있었거나. 어쩌면 타고난 본성을 거스르는 것은 인간이 유일하지 않을까 싶다.

여름 내내 화려하게 피고 지는 감나무 밑 송엽국은 기나긴 장마로 대부분 녹아내리고 지난번 허리가 뻐근하도록 풀맨 것이 민망하게 민들레와 바랭이풀만 신이 나서 영역을 넓히며 장대처럼 자랐다. 그래도 싱싱하게 자란 고것들을 보니 청춘인 듯 기특한 것이 오히려 기운이 나서 여기저기 눈길 닿는 대로 손마중을 해준다.

올해 긴급재난지원금으로 마당에 들여온 목백일홍은 그동안 새 잎이 돋고 새로운 가지를 뻗고 하며 뿌리내리기에 성공했다. 아침 저녁으로 쓰다듬어주며 자리 잡느라 애쓴 배롱나무도, 이웃으로 받아준 잔디밭에도 감사하는 마음이었다. 자라느라 수피가 터지 더니 장고 끝에 드디어 꽃을 피워 올리는구나 반색하며 이몽룡이 사랑가를 부르는 심정으로 이리 보고 저리 보며 설렜다.

그러나 얼마 못 가 사나워진 폭우에 주야장천 시달리더니 절반 이 녹아내리고 미처 피지도 못한 꽃망울이 우수수 떨어져 하늘이 아니라 마당을 붉게 물들였다. 염천에 백일 동안 피고진다 하여 올 여름 무더위를 벗 삼아 견디어볼 만하겠구나 기대가 컸는데 태양 아래 자신을 마음껏 뽐내지도 못한 채 만신창이가 되어 안쓰럽고 또 안쓰럽다.

올가을엔 하동 섬진강에 가기로 했는데 침수된 마을을 보니 지금 내려가서 일손이라도 거들어야 하나 싶은 것이 계속 눈에 어른 거리고 도무지 웃음이 나지 않는다. 강가에 나가보니 이곳도 예외 가 아니어서 온갖 쓰레기와 무와 호박, 옥수수가 생채기 가득한 몸 으로 널브러져 있다. 나야 자급자족도 안 되는 소꿉놀이 같은 텃밭 이니 투정부리는 수준이지만 뉘 집 밭에서 쓸려내려왔을지 왈칵 눈물이 난다.

우리가 사는 세상

북반구의 잘 사는 나라 사람들이 깨끗하고 편안하게 사는 대가를 개발도상국 시민들이 치르고 도시가 배출하는 온실가스로 인한 고통을 농촌의 농부들이 고스란히 받는다. 빗물이 스며들 곳 없는 도시와 달리 농촌은 '논'이라는 천혜의 댐이 지천이어서 빗물을 다 받아낼 수 있음에도 늘 수해는 농촌의 몫이다. 농부들은 고추밭과 논을 둘러보느라 땡볕에 우중에 이리 뛰고 저리 뛰는데 도시에서는 어제보다 1억이 올랐다느니 몇백만 원 세금 내는 게 아깝다느니 하며 법석을 떨더니 이젠 아예 집주인들이 죽어나가게 생겼다며 악다구니들을 한다. 같은 하늘을 이고 사는데도 욕망하는 화폐의 단위가 다르고 일평생 사는 데 필요한 것이 서로 너무 달라서 한 지붕이 맞나 비현실적으로 느껴진다.

귀농은 아니지만 시골에 들어와 살면서 느끼는 것은 농촌은 좋든 싫든 완벽하게 도시와 도시인의 소비생활을 위해 존재한다는 점이다. 일 년 내내 수십 수백 번 허리 굽혀 배추농사를 짓고 쌀을 지어 도시인들을 먹여 살리는 게 농촌의 숙명인가 싶다. 농업정책도 식량정책도 잘 모르지만 논밭이 침수된 지역이 많으니 올해 농산물은 귀한 대접을 받으려나, 기후위기로 식량위기는 눈앞의 현실이 되었는데 앞으론 컨베이어벨트에서 쌀도 호박도 배추도 생산해야 하려나 싶다.

고추를 그냥 두면 다 썩어 문드러질 것이 뻔하니 전기를 써야 하는 건 마음에 걸리지만 식품건조기에 넣고 몇 시간째 말리는 중이다. 수건은 빨아야겠는데 요즘 집집마다 필수템이라는 건조기가 없으니 종일 선풍기를 쐬어주고 있다. 너도나도 편하게 살겠다며 내 돈 내가 쓰는데 무슨 상관이냐며 마구잡이로 내뿜은 온실가스로 비 폭탄을 맞았는데 나는 하늘이 뚫렸나 하루에도 수십 번씩 쳐다보면서도 돌아서서 온실가스를 내뱉고 있다.

그런데 이렇게 안 하면 어떻게 해야 하는지 알지 못한다. 이게 딜레마고 함정이다. 자연은 인간이 귀히 여기면 자신이 가진 것을 내어주고 무한한 친절을 베풀지만 거칠고 이기적이며 탐욕을 내려놓지 않는다 싶으면 가차없이 응징한다. 그래도 깨닫지 못하는 어리석은 인간은 한정된 자원을 서로 독점하겠다 다투며 하늘을 탓하고 신을 원망한다. 우리가 가는 이 길 끝에는 어떤 얼굴의 신이 기다리고 있을까. (2020. 8. 11)

일상은 여여하고

혼자 걸어야만 보이는 것들

강변에 살아서 좋은 점은 물길 따라 산책할 수 있다는 것이다. 물이 좋아 찾아온 이곳, 강가에서 멀지 않은 곳에 집을 앉혔으니 언제나 광활한 자연은 덤으로 온다. 주말이면 캠핑을 즐기는 사람으로 불야성을 이루지만 나는 주로 평일 아침이나 늦은 오후에 산책길에 나서니 세상 고요하고 그 넓은 물이 온통 내 차지가 된다. 시간은 멈춘 듯 여여하고 가끔 새끼들을 이끌고 물살을 가르는 오리 떼가 부드럽고 우아한 잔물결을 일렁일 뿐이다.

가는 곳마다 돌 틈 사이로 멸종위기종인 단양쑥부쟁이가 만개하고 철없는 철쭉 한 송이가 호젓한 길을 걷는 이의 눈을 사로잡는다. 사람이 많지 않으니 내 발소리에 놀란 고라니가 후다닥 뛰어 달아나고 후투티 한 쌍이 앞서거니 뒤서거니 정답게 노니는 것을 방해하기 싫어 잠시 발걸음을 멈추고 숨죽이며 지켜보기도 한다. 길이 심심해 내려간 강가에는 도꼬마리가 한껏 제 몸의 가시를 세우고 있지만 아직 덜 여물어 번식할 때가 아니니 아무리 다리를 갖다 비벼도 따라붙지 않는다. 익모초 꽃은 시나브로 생기를 잃어 가고 쇠서나물이라 하는 들꽃은 흰빛에 가까운 옅은 노란 꽃잎이 수수하다. 개여뀌는 빨갛게 물들고 논두렁에는 이런 빛깔도 있었나 싶게 하얀 여뀌가 낯설다. 추수가 끝나면서 들녘엔 하나둘 빈 들이 늘어가고 늦벼인지 드문드문 아직 황금빛을 한 논들이 가는 가을을 아쉬워하는 이들을 위로한다.

아이들이 어릴 때 수확하고 난 볏단을 하얀 비닐로 똘똘 말아놓은 것을 마시멜로라고 불러서 딱 어울리는 이름이라고 생각했다. 정확한 이름을 모르니 지금도 마시멜로라고 부르는데 올해는 어찌된 일인지 마시멜로가 없는 논이 많다. 지난번 콤바인으로 수확할 때 난알을 훑어낸 볏단을 잘게 썰어서 배출하기에 농부님께 여쭤보니 거름하느라 그냥 논에 둔다 하신다.

사실 볏단은 훌륭한 거름이 되는데 매년 마시멜로에 다 빼앗기고 지푸라기 하나 없는 빈 논으로 남는 것이 못내 아쉬웠는데 참 다행이다. 마시멜로를 만들면 농가소득에야 도움이 되겠지만 논에서 흙으로 다시 돌아가게 만드는 것이 가장 좋은 게 아닌가 싶은 것이다. 또 그래야 나도 볏단 좀 얻어 와서 겨울 강바람에 제 몸 지킬 수 있도록 나무에 옷을 입혀줄 수 있고 말이다. 볏단도 농부 님들께는 자식 같을 것 같아 매년 감나무 옷을 위해 감사한 마음으로 한 움큼 들고 오는데 올해는 배롱나무 식구가 늘었으니 두세 움큼은 돼야 하려나 걱정된다. 농장에서는 철물점에 가면 보온재가 있다고 했지만 뭐니 뭐니 해도 지푸라기로 온몸을 감싸줘야 더

운치 있고 더 따뜻하게 느껴지니 값을 치르고라도 얻어올 수 있으면 좋겠다.

강변과 자전거 도로, 논두렁으로 이어지는 똑같은 산책길이지만 매일 보는 것과 보이는 것은 다르다. 혼자 걸어야만 보이는 것들이 있다. 작은 곤충들, 작은 똥, 작은 들풀은 동행이 있을 땐 내게 보여주지 않는다. 어쩌면 비대면 사회는 홀로 작은 것들을 조용히 들여다보라는 신의 전언일지도 모르겠다. 기꺼이 홀로 있는 것을 즐기기, 홀로가 때로는 가장 충만한 것임을 깨달으라고 말이다. 무엇이 되었든 배움에는 그만한 기회비용이 따른다.

갑작스런 이별

엊저녁 뒷집 사모님께 음식 한 가지를 해서 드리고 나니 한결 마음이 편하다. 수술하러 가시는 병원길에 잘 다녀오시라 인사한 지 2주일도 안 돼 고인이 된 어르신에 대한 나만의 애도방식이었다. 몇 년 동안 이웃하고 살았으니 문상을 가야 마땅하지만 코로나19가 모든 것을 바꿔놓는 바람에 문상도 어렵고 그렇다고 큰일 치르고 돌아오신 분께 조의금을 드리는 건 더 마땅치 않다. 떠나신지 일주일이 되는데 왜 이리 마음이 헛헛할까 생각해보니 지금까지와는 달리 내 생활공간과 가까운 이웃이었기 때문인 것 같았다. 애도의 시간을 거쳐야 다음으로 나아갈 수 있는데 그러지 못해서가 아닐까 싶어지는 것이다.

호주와 뉴질랜드에 사는 따님과 아드님은 아직 자가격리 기간이 끝나지도 않았다. 어르신 수술 소식에 아드님 먼저 귀국했는데 오자마자 빈집에서 자가격리에 들어갔다. 시골이라 음식배달도 안 되니 이것저것 위문품을 넣어주며 필요한 거 있으면 언제든 말씀하시라 했는데 자가격리가 끝나기도 전에 장례를 치르게 되었으니 그 불효한 마음이 이만저만이 아닐 것이다. 어르신이 수술하고 돌아오시면 속히 회복하시라고 해드리려 했던 전복죽은 주인을 잃었으니 남은 가족들을 위해 정성껏 단호박 오리찜을 하며 마음속으로 어르신을 보내드렸다.

사실 그 어르신은 그리 친절하고 살가운 분은 아니셨다. 서울에서 은행 지점장으로 은퇴하셨다는데 집을 지을 때부터 뭔 불만이 그리 많으신지 우리 집이 2층이라서 당신 집 앞을 가린다, 우리 집 다용도실에서 나가는 데크 모서리가 당신 가슴을 찌르는 것 같다, 에어컨 실외기가 보여서 미관상 안 좋으니 위치를 옮겨달라, 밖에 내놓은 종량제 봉투가 거슬린다 등등 말씀이 많으셨다. 당신과 우리 집 사이에 생울타리를 심고 싶었지만 프라이버시가 중요하다 하여 당신들 뜻대로 높이 담장을 둘렀다. 그래서 최대한 안 부딪치려고 양보하고 타협하고 때론 못 본 척 못 들은 척 양팔 간격으로 지냈던 것이다.

원체 성격이 예민하시긴 해도 선하신 분이라 몇 년 이웃하여 살다보니 미운 정 고운 정 들었는데 인사도 못 나눈 갑작스런 이별이 내 마음을 어지럽힌다. 이젠 마당에 꽃과 나무를 돌보시며 멋진 음성으로 찬송가를 부르시는 것도 못 들을 테고 오가시며 마당에 배롱꽃이 아주 이뻐요, 황금측백이 참 보기 좋아요 하시던 모습도 못 뵐 것이다. 보통 문상을 다녀오면 고인이 지인이든 아니든 돌아오면서 잊기 십상인데 담을 맞대고 생활공간에서 마주하던 분인데다 문상조차 못했으니 더욱 헛헛해지는 것 같다. 마치 가족의 일부를 잃은 듯한 느낌마저 드는 이런 내 감정이 나도 참 낯설다.

그래서 형식보다 내용이라지만 때론 형식만으로도 그 의미가 가볍지 않겠구나 싶다. 문상이라는 형식은 고인의 죽음을 애도하고 명복을 비는 매우 중요한 의례였던 것이다. 그게 여의치 않다면 각자의 방식으로 애도의 시간과 형식이 필요하다. 그러고 보면 힘든 일을 겪은 이에게 "밥 먹자" 하는 것도 다 같은 맥락인가 싶다. 이웃도 이러한데 하물며 생때 같은 자식 잃고도 돈에 눈먼 에미 취급을 받은 세월호 부모는 어떠할까 싶어 가슴이 썰린다.

비대면 사회는 우리의 삶을 근본적으로 흔든다. 아직은 피부에 와닿지 않는 것도 많지만 조용히 그러나 혁명적으로 변화하는 것들이 많다. 아직 1년이 안 되었음에도 얼굴 없이 만나는 것에 익숙해지고 아바타로 만나는 것도 낯설지 않다. 투병하는 이에게 위로와 응원의 방문을 하고 싶어도 자제하게 되고 면회조차 어려우니 어쩌면 이웃 어르신처럼 얼굴 한번 못 보고 떠나보내는 일이 생길지도 모르겠다.

누군가 그러했다는데 이젠 건강할 때 생전 장례식을 치러야 할지도 모르겠다. 문상으로 조의를 표하는 문화도 많이 바뀌지 않을까. 관혼상제라는 삶의 통과의례가 어떻게 달라질지는 잘 모르겠지만 논두렁에 미처 잘리지 못한 벼 한 포기와 익어가는 여뀌를 보며 자연은 유구한데 인간의 생은 실로 스쳐가는 찰나일 뿐이라는 생각을 하게 된다. (2020. 10. 8)

여성의 날에 여성의 몸을 생각하다

암 환자가 된다는 것

몸의 변화에 민감한 나는 6년 전 2월 뭔가 내 몸에서 이상한 일이 벌어지고 있다는 걸 알아챘다. 그리고 병기가 깊지는 않지만 양쪽 가슴에 서로 다른 종류의 암세포가 자라고 있다는 진단을 받았다. 호기롭게 수술까지 마쳤지만 항암치료에 들어가기 전까지 수술회복과 표준치료를 준비하는 3주간의 휴식기에 이르자 현실적인 문제들에 부딪혔다. 병원도 주치의도 주변에 암치료 경험이 있는 사람 그 누구도 그 시기에 무엇을 해야 하는지 알려주는 사람이 없었다.

항암치료 날짜를 받고 퇴원해서야 이제 무엇을 어떻게 해야 하는지 하는 질문에 답을 내려야 하는 난관에 봉착했다. 급하다고 병원에서 하도 서두르는 바람에 진단받고 수술하기까지 보름이 채 안 걸렸는데 그 과정에서 스스로 질문하지 않은 대가를 톡톡히 치렀다. 그제야 치료가 현실이 되면서 과연 이걸 혼자 힘으로 할 수 있나 하는 걱정이 앞섰다.

큰아이는 3월에 대학진학으로 집을 떠났고 고등학교 2학년인 작은아이는 학교 기숙사에 머물고 있었다. 남편은 충주에 이어 강릉으로 인사발령을 받아 6년째 주말부부로 살고 있던 터였다. 방광암으로 돌아가신 시부께서 밥 짓는 냄새, 음식 냄새 따위의 온갖 냄새에 몹시 괴로워하시는 걸 곁에서 지켜봤기에 항암과 항암 사이의 휴지기를 혼자 힘으로 해낼 수 있을지 걱정되었다. 아버님을 간병하시면서 무척 힘들어하셨던 어머니는 겁도 많고 걱정도 사서 하는 분이어서 아픈 걸 비밀로 한 채 길게 여행 간다고 말씀드리고 수술을 했기에 도움을 청할 수 없었다.

항암 치료는 오심과 구토를 동반하는지라 섭생이 중요한데 밥은 어떻게 해먹고 열이 오르거나 이상반응이 있으면 바로 응급실로 가야 한다는데 곁에 아무도 없으니 어떻게 하나 걱정되었다. 곁에는 자매처럼 챙겨주는 몇몇 지인들이 있었지만 그들도 자기 일상이 있는데 무시로 불러 도움을 청하는 건 내 성격상 할 수 없는 일이었다.

그래서 남편이 있는 강릉에 내려가 바닷가에 월세방을 얻어 강릉 아산병원에서 표준치료를 하면 좋겠다 싶어 남편에게 발품을 팔게 했다. 번잡하지 않은 작은 바닷마을이 좋겠고 가까운 곳에 솔밭길이 있어야 하며 걸어서 간단한 장도 볼 수 있는 곳을 주문했다. 그곳에서 투병일지도 쓰고 바다와 솔밭길 이곳저곳을 다니며 바닷마을 다이어리를 쓰는 것도 좋겠다 싶어 치료를 하러 가는 건지 휴가를 가는 건지 헷갈릴 만큼 기대에 부풀었다.

'그래, 그동안 혼자 애들 건사하랴 어머니 찾아뵈랴 일하랴 정신없이 살았는데 신혼 기분 내며 사는 것도 나쁘지 않지.'

수월성 교육에 절대 동의할 수 없다고 그렇게 만류했는데도 아들은 고집을 부려 외지로 가더니 그것도 오늘을 위한 거였나 싶어 외려 고마웠다. 일이야 어차피 머리도 다 빠질 터라 1년쯤 쉬면 되지 싶었다.

그런데 남편이 골라놓은 후보지를 돌아보니 둘이 지낼 만한 방들은 옵션이 전무해 냉장고, 침대, 세탁기 등등 완전 새살림을 차려야 할 지경이었다. 기본 생활이 가능한 펜션들은 소문난 휴가지인 만큼 비용을 감당할 자신이 없었다. 그땐 없던 문화이기도 하지만 한 달 살기도 아니고 최소 반년 살기인데 그걸 감당하기엔 너무 벅찼다. 물론 돈으로 다 해결할 수 있는 일이지만 표준치료를 준비하는 게 아니라 살림 차릴 준비를 해야 할 지경이니 어느 순간 이건 선택지가 잘못되었다는 생각이 들었다.

그래서 여기저기 알아본 끝에 찾아낸 것이 암 요양병원이었다. 암 환자들이 급증하는 데다 점점 연령이 낮아지니 수요가 많아져 표준치료를 하거나 병원에 들어가기 애매한 분들이 선택하는 모양이었다. 무엇보다도 내 조건에서는 암 환자의 특성을 고려한 식단을 제공하고 항암과 방사선치료를 할 수 있도록 병원으로 셔틀을 운영한다는 것이 매력적이었다. 이 정도면 가족도 일상을 살고 나도 혼자서 거뜬히 해나갈 수 있겠다 싶었다. 젊은 나이였기에 요양병원이라는 어감이 주는 거부감이 커서 남편은 마뜩잖아 했지만 그렇다고 달리 대안이 있는 것도 아니었다.

　그곳은 내 예상과는 달리 40대와 50대가 제일 많았고 60, 70대만큼 20, 30대가 있었다. 20대에게 얼마나 암이 가까워졌는지, 얼마나 빠른 속도로 악성세포에 점령당하는지 가까이에서 지켜보며 무척 놀랐다. 성별, 나이, 경제력에 따라 병을 대하는 태도와 방식이 다르다는 것도 그곳에서 알았고 특히 여성들이 간병받는 환경이 얼마나 열악한지도 보았다. 보통 남성이 큰 병에 걸리면 아내가 일을 하든 안 하든 간병에 매달리거나 일과 간병을 병행하는 것이 일반적이다. 하지만 여성이 병에 걸리면 일상생활에 간병이 하나 더 얹어지는 꼴이라서 집안일도, 남편이나 가족의 식사도, 치료도, 다 여성 자신의 몫이 되는 경우가 많았다.

　아직 한창 돌봄이 필요한 유아기와 학령기 아이를 둔 젊은 엄마들은 항암의 후유증이 좀 가라앉으면 주말에 집에 가서 온갖 밀린 집안일을 하느라 일요일 저녁에는 녹초가 되어 돌아오곤 했다. 아내 없이 일하랴 아이들 돌보랴 남편도 힘든 건 마찬가지니 누구를 탓할 것도 없이 그냥 힘들고 슬픈 일이었다. 집에 가서 일 좀 작작 하고 오라고 야단치면 여자들은 한결같이 말한다. 눈에 안 보여야 안 하지 보이는데 어떻게 모르는 체하냐고. 그래도 주말이 지나고 나면 온전히 자신의 몸에 집중할 수 있으니 불행 중 다행이었다.

　나는 둘째가 한 달에 한 번 귀가하는 날 집에 갔는데 필요한 것만 챙겨주면 그뿐이니 신경써야 할 남편이나 아이들이 없어 운이 좋은 편이었다. 항암주사로 몸이 만신창이가 될 때마다 요양병원에서 제공하는 명상, 기공체조, 징 테라피 같은 프로그램에 참여해 심리적 안정을 찾았다. 특히 하루도 빼놓지 않았던 잣나무 숲 산책과 심호흡이 회복에 큰 도움이 되었다. 덕분에 항암치료를 마치고 방사선 치료에 들어가기 전 한 달의 휴지기에는 지리산 천왕봉에도 가볍게 오를 수 있을 정도로 건강을 회복했다. 지인들은 내가 전보다 훨씬 맑아지고 눈빛이 형형해졌다고 할 만큼 암은 내 인생의 큰 변곡점이었다.

암 환자들에게 보내는 위로

지난번 의협·의대생 반란 때 쓴 글 「내가 만난 최악의 의사와 두 명의 의사 선생님」이 오마이뉴스에 실린 후 여성 암 환자들이 종종 연락해온다. 암 종류도 상태도 다르고 전문적인 도움을 얻을 수 있다고 생각해서가 아니라 그냥 힘들고 답답한 마음을 나에게 토로하고 싶은 것이다. 내가 해드릴 수 있는 것도 동병상련이라고 그냥 들어드리는 것뿐이다. 같은 말도 같은 고통을 먼저 겪었던 이가 말하면 서운하지 않다. 물론 말을 건네는 사람은 진심이겠지만 위로랍시고 주변에서 하는 말에 더 상처받기 쉬운 게 암 환자들이다. 말기 암이라서 수술도 항암치료도 못하는 사람에게 암은 정복할 수 있다거나 완쾌될 거다, 본인의 의지에 달려 있으니 힘내라, 기도의 힘으로 이겨낼 수 있다는 식으로 말하는 것은 격려가 아니라 흉기가 된다는 걸 모르는 사람이 많다.

최근에도 두 분이 연락해오셨다. 정성껏 마음을 다해 이야기 들어드리고 원하시면 조언을 해드리기도 하지만 치료방법에 대한 선택이나 병을 대하는 태도 등은 결국 자신의 몫이다. 누구도 대신할 수 없으니 인생은 철저하게 혼자라는 것을 아플 때 절절하게 깨닫게 된다. 모든 분에게 내가 드리는 조언은 딱 세 가지다.

첫째, 수술을 앞두고 또는 수술하고 표준치료에 들어가기 전까지 3주의 휴식기에 허투루 시간을 보내지 말고 가벼운 운동과 균형 잡힌 식사, 휴식을 통해 최대한 면역력을 끌어올려야 한다. 이때를 놓치면 항암치료 내내 면역력과의 싸움에서 악전고투할 수밖에 없다. 일상은 단순하게 정리하고 스트레스받을 일들은 주변 사람들에게 적극적으로 도움을 청해 자신의 부담을 덜고 그들에게도 도와줄 기회를 줘라. 당신을 아끼는 사람들은 어떻게든 도움을 주고 싶어 하지만 어떻게 해야 할지 모르는 경우가 많다. 먹고 싶은 음식, 병원 진료나 산책 동행, 일상사의 처리 등 구체적인 도움을 요청하면 기꺼이 당신의 고통에 동참할 것이고 당신은 지지와 응원의 힘을 느낄 수 있을 것이다.

둘째, 항암이 시작되면 누워 있지 말고 가능한 한 숲으로 가라. 걸을 힘조차 없다면 숲에서 누워만 있어도 좋다. 신선한 산소가 온몸에 퍼지도록 정성을 다해 홉-호(호흡이 아니라 홉호다) 하고 내 몸 안에서 산소의 순환을 이미지로 연상하고 건강한 세포들을 북돋아주어라. 이미지 컨트롤은 의외로 힘이 세다. 파동을 느낄 수 있는 징이나 싱잉볼 같은 것도 집중하기에 좋다. 침대가 아니라 오직 맑고 신선한 산소만이 나를 살릴 수 있다.

셋째, 암은 랜덤일 뿐 뭘 잘못해서 걸리는 게 아니다. 암세포 따위가 인생의 판관이 아니라는 것이다. 암은 질병을 진단받는 것이지 살아온 삶에 대해 판정이나 선고를 받는 게 아니다. 오히려 암은 앎의 기회를 주었으니 당신은 남들이 보지 못하는 것을 볼 수 있는 선택받은 사람이고 재수가 없어 돌부리에 걸려 넘어진 것이다. 재발·전이되지 않았다 하여 뭘 잘해서가 아니듯 재발·전이된다 해도 뭘 잘못해서가 아니라 그냥 운이 없는 것이다. 그저 예약하지 않고 내게 찾아온 손님을 맞는 것일 뿐이다.

암이라는 병으로 고통받는 누군가가 전화를 걸어오면 짧게는 30분, 길게는 한 시간씩 이야기 들어드리고 간간이 당신 이야기에 귀 기울이고 있다고 사인을 보낸다. 문자로 물어오면 또 그것대로 정성껏 응대한다. 내가 뭐라고 어쩌다 이분들과 내가 연결될 수 있었을까 신기하고 감사해하면서 말이다. 그분들께 제일 필요한 것은 혼자가 아니라는 느낌, 뭘 잘못해서가 아니라는 위로라고 생각하기에 내가 할 수 있는 최선을 다한다.

연락을 주고받던 암 환자 한 분이 오늘 항암치료를 마치고 수술에 들어간다. 지난주 지친 목소리로 전화를 걸어와 통화를 마칠 때쯤엔 힘 있는 목소리를 들려주었던 그녀가 항암의 남은 후유증을 견뎌내고 수술도 의연하게 잘 버텨주기를 매일 기도했다. 그리고 또 한 분은 수술 후 항암치료를 무사히 마치고 일상으로 돌아갈 준비를 하고 있다. 다들 자기 생에 최선을 다하는 거룩한 분들이다.

그리고 또 한 사람. 내가 수술하고 항암치료를 할 때 응원하고 격려해주었던, 그러나 나보다 1년 늦게 대장암 4기 진단을 받고 표준치료 대신 대체요법으로 열심히 살아온 마치 친동기간 같았던 언니가 생의 마지막을 향해 가고 있다. 온몸으로 재발·전이되어 차마 가늠할 수 없는 그녀의 통증을 지켜보며 항암치료를 하던 때 심연으로 꺼져 들어가는 듯했던 그때의 몸 기운이 되곤 한다. 자매가 없는 내게 자매애를 느끼게 해준 사람, 자신의 재능을 미처 다 꺼내 쓰지 못해 제 안에서 에너지가 승했던 사람, 언제나 그곳에 가면 볼 수 있었던 사람이 오늘 여성의 날에 마지막 인사를 고하고 있다.

　"너에게 귀인은 바로 너 자신이야. 너를 믿어"라는 말을 끝으로 우리는 눈으로 이야기했다. 내가 유일하게 언니라 부를 수 있었던 그대, 더 고통받지 말고 이제 그만 편히 내려놓고 잘 자라고 노래를 들려주었다. 곁을 잘 내주지 못하는 내게 친언니처럼 다정했던 언니는 이틀을 더 버티다 조용히 떠났다. 잘 가요, 현애 언니. 함께했던 모든 시간이 즐거웠고 늘 고마웠어요. (2021. 3. 8)

어느 멋진 봄날에

또아리굴을 걸어보았나요?

조만간 폐선이 될 중앙선의 치악산을 넘어 제천으로 가는 오르막에 위치한 또아리굴을 걸었다. 친구와 봄볕이나 실컷 쬐자 싶기도 했고 매년 어김없이 돌아오는 봄날의 들판이 아낌없이 주는 나물도 뜯을 겸해서였다. 지난달부터 또아리굴에 가고 싶어 노래를 불렀는데 드디어 적당한 날을 찾았다. 내가 들풀박사라 부르는 동갑내기 친구는 원주에 막 정착했을 때 시민단체에서 만난 강원도 진부 토박이로 자신이 일하는 것보다 더 많은 돈을 병원에 갖다주어야 하니 이제는 돈 버는 일은 안 하겠다고 선언한 터였다. 외곽에 사는 그녀는 수입이 줄면 지출을 줄이는 게 당연지사라며 자기가 끌던 경차를 팔고 뚜벅이로 산다.

우리는 곧장 금대리로 가서 길아천 철교로 올라섰다. 폐선 철거작업을 하시는 분들이 "아주머니들 걸으러 왔어요? 들어가도 돼요" 하신다. 육체노동을 하시는 분들 특유의 에너지와 활기가 느껴져 시작이 좋다. 게다가 또아리굴에서 막 나온 청춘들이 "야광

팔찌 드릴까요?" 하길래 넙죽 네 개씩이나 받았다. 일면식도 없는 분들과 한두 마디씩 주고받는 격려와 짧은 이야기가 조붓하니 참 정답다.

지난 1월 KTX-이음(청량리-안동)을 개통해 폐선된 구중앙선에 있는 또아리굴은 치악산의 가파른 경사를 오르기 위해 산속에서 큰 원을 그리며 한 바퀴 돌아 산 위쪽 철로로 다시 나오는 회전식 굴로 '루프터널'이라고도 한다. 총 길이는 2킬로미터가 조금 안 되는 1,975미터로 기차로는 4분, 걸어서는 30분쯤 소요된다. 산 맞은편 언덕에 앉으면 기차가 터널을 빠져나와 또다시 터널을 들어가고 몇 분 후 위쪽에 있는 철길로 다시 나오는 신기한 장면을 볼 수 있었는데 아쉽게도 이젠 그 광경을 볼 수 없다.

원주역을 지나온 기차는 간이역인 반곡역에서 치악역에 이르기까지 7개의 터널을 지나는데 그중 여섯 번째가 또아리굴이다. 금대 3터널을 나오면 국내에서 가장 높은 철도교인 33미터 높이의 길아천 철교를 지난다. 바로 옆에는 1996년까지 사용한 백척철교가 교각만 남아 과거를 증언하고 있다. 일제강점기에 광산에서 석탄을 수송하기 위해 중앙선을 놓으면서 인근 지역의 주민을 강제노역에 동원했는데 이곳 터널 공사도 예외가 아니어서 원주 주민의 희생이 컸다고 한다. 이곳은 석회암 지질이어서 붕괴위험이 커 5년간의 난공사 끝에 1942년 4월 1일 중앙선 개통 때 완공되었다. 애초 중국 대륙 침략의 발판으로 삼기 위해 석탄 수송로를 만든 것이니 주민들의 이중 삼중의 공포가 짐작된다. 높이가 백 척만

큼 높다 하여 백척철교라 불렀던 교각은 한국전쟁 때 파손되어 미
공병대가 복구했으나 안전문제로 철거하고 1996년 개통된 현재
의 길아천 철교와 나란히 기둥만 서 있다. 옛날에 기관사들이 백척
철교를 지나가는 걸 그렇게나 두려워했다는데 생각만 해도 아찔
하다.

　원주에 처음 왔을 때 이곳에 콰이강의 다리가 있다고 소개받았
는데 과연 그렇게 불릴 만했다. 철교를 건너다보니 어릴 때 외가가
있던 강릉 초당에서 경포대역으로 이어지던 철길에서 놀던 생각
이 났다. 지금은 흔적이 없지만 아래로 물이 흘렀으니 아마 경포호
수가 바다로 흘러드는 강문 어디쯤이었을 것이다. 옆으로는 바다
가 보이고 아래로는 뻥 뚫려 물이 보이는 철교 위를 누가 누가 빨
리 달리나 시합하며 놀았으니 역시 두려움이란 분별심에서 비롯
되는 것 같다.

들풀박사와 어둠 속 명상
　또아리굴은 동그랗게 산허리를 한 바퀴 돌아나오는 구조이기
때문에 어디에도 빛이 들어올 틈이 없다. 터널이 아무리 길어도 완
곡하면 빛이 새어들기 마련인데 길이 앞뒤로 굽은 지점에 이르면
말 그대로 칠흑 같은 어둠이다. 직선으로 걷고 있는 것 같지만 사
실은 굽은 길을 걷는 것이며 민감한 이는 약간 멀미를 느끼기도
한다. 일제강점기에 1,975미터나 되는 이렇게 튼튼한 터널을 만들
다니 입이 벌어질 정도다. 그때는 이 터널을 천년만년 쓸 생각이었

겠지 생각하면 잔인한 세월을 감내해온 선조들의 아득함에 가슴이 저리다.

어둠 속 명상을 빠뜨릴 수 없어 랜턴을 끄고 야광팔찌도 소매 안으로 감추고 철로에 앉으니 눈을 뜨고 있는지 감고 있는지 분간이 안 된다. 어릴 적 민방위훈련 등화관제는 참으로 신나는 놀이였다. "새는 빛을 잡아라!" 하는 구호에 창문 이곳저곳을 틀어막고도 빛이라곤 한 줄기도 없는 어둠을 경험해본 적은 없는 것 같다. 도심의 인공 불빛을 피해 시골에 들어왔지만 요즘은 시골도 그리 다르지 않다. 가끔 보름 즈음 어쩌다 이웃이 벽부등을 꺼주는 날이면 교교한 달빛이 황홀해 잠을 물리고 마당에 나가 앉는데 그런 날은 일 년에 몇 번 되지 않는다.

빛도 없고 둘 다 입을 다무니 마치 무중력 상태가 이런 것일까 싶은 것이 시공이 비현실적으로 느껴졌다. 팔을 휘저어도, 여기저기 두리번거려도 내 망막에 와서 맺히는 건 하나도 없다. 눈을 뜨고 있어도 아무것도 보이지 않으니 감으나 뜨나 달라질 것이 없고 당연히 좋고 나쁨도 없다. 평소에도 이렇게 살아야 하는데 그저 눈이 보배라고 보이는 것에 집착하고 번민하니 인간이 참 얄팍하다는 생각이 든다. 말도 필요 없으니 어둠에 묻힌 고요가 참으로 충만하다.

그때 친구가 움직이는 소리가 들렸다. 아뿔싸. 장난기 많은 친구가 부스럭거리며 오줌을 누는 게 아닌가. 세상에, 이렇게 고요하고 멈춰진 시간처럼 신비롭게 느껴지는 곳에서 오줌 눌 생각을 하다니, 역시 그녀답다. 웃음이 삐져나오는 걸 어둠이 달아날 것 같아 간신히 참았다. 고요를 깨며 졸졸졸 흐르는 소리가 이른 봄날 얼음 장 아래로 흐르는 물소리이거나 피카소의 「오줌 누는 여자」를 연상하게 했다. 몸에서 흘러나오는 소리가 외설스럽거나 경박하지 않고 '살아 있음'으로 느껴졌다.

전기도 들어오지 않던 시절 정선과 진부 산골짜기에서 자란 친구는 내가 만난 가장 원시에 가까운 날것의 인간이다. "나이를 먹고도 범생이는 어쩔 수 없네" 하는 그녀 앞에만 서면 나는 잔뜩 긴장한 철갑옷을 무장 해제하고 머리만 큰 어린아이가 된다. 그녀와 함께 있으면 평생 한 번도 해보지 않았고 앞으로도 해보지 않을 일들을 할 때가 많다. 신념이 아니면 금 밟는 것도 망설이는 나에게 금기를 깨는 상상력을 불어넣어주는, 한국사회에서는 만나기 어려운 '특이한 여자 인간'이다. 관념이 앞서는 나와 달리 그녀는 몸으로 생각하고 말하는 것에 익숙해서 늘 행동이 재바르다. 그래서인지 자연에 들 때 그녀만 한 길잡이를 아직은 만나지 못했다.

명상이고 뭐고 수줍은 오줌발 소리에 산통이 다 깨져서 깔깔거리다 다시 걷는데 어느새 또아리굴이 끝나가는지 저 멀리 한 줄기 빛이 유혹한다. 주변이 점점 환해지더니 터널을 빠져나오자 세상의 빛이란 빛은 다 달려드는 듯 눈이 부시다. 이렇게 한순간에 빛 세례를 받을 때마다 살인을 한 이유가 한낮의 쨍한 햇살을 견디기 어려워서라고 말한 뫼르소가 생각난다. 빛과 어둠의 경계에서 만나는 실존의 무게라니.

들풀박사인 친구는 이것은 무슨 풀이고 이것은 먹을 수 있고 없고 하며 경험을 풀어놓는다. 나는 그녀가 가리키는 대로 연신 탄성을 내지르지만 돌아서는 족족 다 잊어버린다. 지천에 고들빼기가 널려 있다는데 아무리 봐도 잡초와 분간이 안 된다. 그녀가 짚어주는 대로 나물을 캐다가 나 스스로 알아볼 수 있을 정도로 눈에 익을 때쯤 어디선가 홀연히 할머니 한 분이 다가오셨다.

"뭐하시우? 어디서 오셨수? 집은 어디우? 신랑은 뭐하시우?"

몇 마디만으로도 말씀하시기 좋아하는 분인 줄 알아챘다. 이무롭지 않게 말씀에 응하니 옆에 앉아 오다가 주웠다는 쇠꼬챙이로 고들빼기와 달래를 캐시면서 이런저런 이야기를 쏟아놓으신다.

"옛날엔 고들빼기랑 달롱을 많이 캤지. 그게 일본 말이잖우? 우리말? 씀바구랑 달래지. 옛날에 우리 어머니가 일본 넘들헌티 배급을 받는디 '센세 곤니치와'라고 해야 쌀 한 됫박을 줬디야. 우리 어머니는 그 말이 그렇게 안 나와서 못 받았대. 근데 아버지는 아프지 워쩌. 헐수읎이 '센세 곤니치와' 했디야. 그러니 '곰방와' 하미 쌀 한 되를 주더라는 거야. 아이구 이 길도 원주 사람덜이 마이 죽었대. 나쁜 넘들이지."

씀바귀와 고들빼기는 종류가 다른 우리 나물이고 달롱은 달래의 지역어다. 어르신은 고들빼기는 씀바귀의 일본말이고 달롱은 달래의 일본말이라고 평생 믿고 살아오신 것 같다.

제비꽃이 핀 것을 보시곤 "반지꽃이네" 하시더니 꽃줄기를 끊어 반지를 만들어 보이기도 하고 할미꽃으로 족두리 만드는 방법도 가르쳐주셨다. 지금은 팔순의 노인이지만 당신에게도 열대여섯 살 적 동무들과 들판에서 꽃반지 끼고 족두리 씌워 시집가는 놀이를 했던 기억이 마치 어제처럼 생생한 것이리라.

치악역 옆에 있는 작은 암자 대성암에서 10년째 공양주 보살로 계신다는 어르신은 아직도 하고픈 말씀이 가슴에 가득한 모양이다.

"자식이 단명해서 내가 부처님한테 따지려고 들어왔어. 날 때 순서가 있으니 데려갈 때도 순서가 있어야 하지 않겠어? 내가 자식과 손자를 먼저 보냈어. 근데 부처님도 어쩌지 못하나 봐. 아무리 따져도 대답을 안 해. 못하면 못한다고 해야지."

처음 보는 아낙들에게 당신의 한을 풀어놓아서 가벼워질 수 있다면 기꺼이 들어드리리. 치악역 앞에 이르러 대성암을 등 뒤로 침목에 앉아 군고구마를 나누어 먹으면서 할머니가 부러운 듯 한마디하셨다.

"맛있네 참 맛있어, 둘이 친구로 잘 사네."

우리는 부처님한테 더 따져 물으시고 대답들을 때까지 오래오래 건강하시라 합장드리고 돌아섰다. 부처님께 묻는 그 시간이 남아 있는 당신 자손을 위한 기원의 시간임을 그분이라고 모르겠는가. 80년 넘게 식탄이고 사람이고 쉴 새 없이 실어 날랐던 철길도 고단한 여정을 끝내고 조용히 스며드는 것을. 그러고 보니 중앙선과 그분의 나이가 엇비슷하다.

춘정 가득한 봄밤

우리는 왔던 길을 되짚어 이번엔 냉이를 캐기 위해 얼마 전 돌아오지 못할 길을 떠난 언니네 집이 있는 황골 치악산 기슭으로 올라갔다. 한참 동안 냉이랑 달래를 캐는데도 2층 난간에서 "얘들아! 이제 그만 캐고 들어와. 커피 마시자" 하고 부르는 소리가 들리지 않는다. 언니를 추억하며 나물을 한가득 캐고는 빈집을 향해 여느 때처럼 "언니, 우리 갈게" 소리치곤 내려왔다. 이렇게 우리는 이별한 슬픔의 자리에 꾸덕하게 굳은살이 박이고 점점 아무렇지도 않게 될 것이다.

친구가 이끄는 마지막 봄 답사 코스는 오가며 봐두었다는 미나리꽝. 딱 한 접시만큼만 뜯으려고 했지만 워낙 어려서 한참 걸렸다. 뜯어도 뜯어도 다시 나는 민초 같은 미나리가 영화의 주인공으로 간택되어 국제 인사가 되실 줄이야.

친구를 데려다주러 친구 집에 갔다. 파가 금값이니 텃밭에 심어두고 먹으라고 뒤꼍에서 파를 뽑아준다. 나도 있다고 손사래를 치는데도 사과를 샀는데 맛있다면서 주섬주섬 담아준다. 키가 작고 손도 작은데 어디서 그런 넉넉함이 나오는지 모르겠다. 그녀는 키도 크고 손도 크지만 엄마도 없고 언니도 없는 내가 늘 아린 모양이다.

"달래랑 미나리는 깨끗이 씻어서 오늘 저녁에 남편이랑 막걸리 한잔해."

전에는 해마다 봄이 되면 달래, 냉이, 씀바귀를 깨끗하게 손질해서 어찌어찌 해먹으라며 챙겨주거나 구운 김과 달래장을 건네주 곤 했는데 오늘은 어찌 다듬을지 염려되나 보다. 친정언니가 있었으면 이랬을까. 알겠노라 넙죽넙죽 받아서 집에 오자마자 부랴부랴 봄나물부터 다듬었다. 퇴근한 남편에게 "막걸리 한 통자 받아 오셔" 했더니 세상 행복한 얼굴로 다시 나간다. 미나리 달래전, 미나리 달래 샐러드, 달래 초무침으로 막걸리 잔을 기울이는 춘정 가득한 봄밤이 그렇게 깊어갔다. (2021. 3. 19)

나도 명품이 좋다

명품? 짝퉁? 그게 뭐예요?

어려서부터 물건에 대한 욕심이 없었다. 국산 브랜드 시대를 연 프로스펙스 운동화를 신고 학교에 갈 때만 해도 그 따위가 구경거리가 될 수 있다는 생각은 하지 못했다. 천성이 튀는 걸 안 좋아하는 나는 쉬는 시간마다 복도 신발장에 있는 내 운동화가 구경거리가 되는 게 싫어서 한동안 신발주머니에 넣어 교실에 가지고 들어갔다. 아이들은 누가 훔쳐갈까봐 그러느냐고 했지만 난 주목받는게 너무 창피했다.

유명하다고 해서 다 좋은 건 아니다. 그러나 때로는 가격이 품질을 결정해주기도 하는지라 한 번 사면 여러 해 입어야 하는 코트나 정장, 기능성 등산복 외에는 유명 메이커에 대한 관심 없이 살았다. 구매 능력이 없어서이기도 하지만 물건에 욕심이 없고 실용적인 것을 최고로 치는 나에게는 유명 메이커가 오히려 불편하기만 했다. 비싼 옷일수록 세탁법이 까다롭고 유지비가 많이 들어 자주 입지 않게 되니 어쩌다 좋은 옷을 선물받아도 옷장신세를 지기 일쑤다.

명품이라는 말은 결혼한 후에 처음 들은 것 같다. 서류나 책을 무한대로 넣을 수 있는 큰 가방을 선호했던 나는 시장에서 3만 원을 주고 산 큼직한 숄더백을 애용했다. 그런데 어느 날 "짝퉁이지만 쓸 만하죠?"라는 어떤 이의 말을 들었는데 그게 무슨 뜻인지 몰라 대답을 얼버무렸다. 주위에 물어보고 나서야 가방에 그려진 무늬가 루이비통이라는 명품 로고란 걸 알고는 얼마나 얼굴이 화끈거렸는지. 하지만 그때만 해도 명품이 뭔지 잘 몰랐기에 '그러면 뭐 어때 유용하기만 한데' 하고 들고 다녔는데 짝퉁이라는 걸 몰랐으면 모를까 사람들이 나를 비웃는 것처럼 느껴져 도저히 더는 들고 다닐 수가 없었다.

결국 1년도 못 쓴 가방을 눈물을 머금고 버리고 꽤 오랫동안 남성들이 사용하는 검은색 서류가방을 들고 다녔다. 혹여나 짝퉁을 사는 불상사를 막기 위해 명품 로고를 공부하는 아줌마라니. 유유상종이라고 주변에 명품을 자랑하는 지인이 없어서이기도 하겠지만 동네 가까이에 프리미엄 아울렛이 있어도, 면세가로 살 수 있다는 공항 면세점도, 로마 스페인 계단으로 이어지는 명품거리인 콘도티 거리를 걸어도 내게는 그냥 '가게'일 뿐 어떠한 감흥도 없다.

지난해 언론을 달군 에르메스인지 헤르메스인지 하는 가방은 중고가 더 비싸게 팔린다는 얘길 듣고 내 머리로는 자본주의 사회를 정말 따라가기 어렵다 싶어 두 손 두 발 다 들었다. 그렇다고 명품백을 하나 갖고 싶어 하는 여성(남성)들을 폄하할 생각은 없다.

자신의 소비성향과 구매 능력에 맞게 구입하는 것이니 베블런*의 말이 아니더라도 각자의 방식이 다를 뿐 그들은 그들 세계에서 최선을 다하며 사는 거라고 생각할 뿐이다.

내 마음에 들어온 시할머니의 이층장

명품을 일반명사로 이해한다면 나에게도 자랑할 만한 명품이 있다. 5년 넘게 나에게 남매를 맡긴 어머니가 직접 만들어주신 퀼트 가방, 각각 3년씩 형제를 맡긴 어머니가 만들어주신 지갑과 파우치, 일하면서 만난 친구가 바쁜 와중에 퀼트를 배워 첫 번째로 만들어준 삐뚤빼뚤하게 바느질한 손가방. 도저히 값으로 매길 수 없는 세상에 단 하나뿐인, 이야기가 담겨 있는 것들이다. 그중에서도 내가 가장 아끼는 명품은 시할머니가 물려주신 이층장이다. 시할머니 댁에 갈 때마다 눈에 딱 들어오던 장인데 당신이 시집오실 때 친정아버지가 동네에서 잘나가던 이에게 주문해 만드신 거라고 하셨다. 그 이층장의 수명은 족히 90년 하고도 몇 년 더 된 셈이다.

혹독한 시집살이를 하신 시어머니는 당신 시모가 쓰던 것이라면 금송아지를 줘도 싫다며 이층장에 눈독 들이는 당신 아랫동서(나에겐 시숙모님)에게 "나중에 어머님 돌아가시면 자네가 다 가지

* 미국의 사회학자이자 사회평론가. 그의 저서 『유한계급론』에서 상품의 가격이 오르는데도 상류층 소비자들이 사회적 지위를 과시하기 위해 자각 없이 소비한다는 데서 베블런 효과가 유래되었다.

게"하셨고, 작은어머니는 "정말요? 정말 저 가져도 돼요 형님?"
하며 반색하셨다. 근데 그게 시할머니 댁에 다녀올 때마다 자꾸 생
각났다. 내가 갖고 싶었다. 여태껏 물건에 욕심내본 적 없었지만
이층장만 보면 이상하게 욕심이 생겼다. '어머니는 그냥 받으셔서
나한테 주시지…' 싶었으나 그때만 해도 새댁이라 그런 얘기는 언
감생심이었다. 몇 년이 지나 식구로 스며든 어느 적당한 날, 어머
니께 슬그머니 여쭈었다.

"어머니, 할머님 이층장 있잖아요. 그거 할머니가 어머니한테
물려주신대요?"

"그거야 내가 맏며느리니 나한테 가져가라고 했지. 아이고, 근
데 난 싫다. 그래서 늬 작은어머니한테 다 가지라고 했어. 아이구
야, 나는 금을 준대도 싫고 돈을 준대도 싫다."

어머니는 확고하셨다.

"근데 왜? 넌 그게 좋아 뵈니?"

"네, 저는 좋아 보여서요. 어머니가 싫으시면 받아서 저 주시면
안 될까요? 제가 받고 싶어요."

어머니는 구닥다리 같은 게 뭐가 좋다고 그러냐며 퉁박을 주셨
는데 할머니가 돌아가신 후에나 받을 수 있는 거라서 더 얘기하
기도 민망했다. 그땐 할머니가 꽤 정정하셨지만 어른들은 언제 어
떻게 될지 모른다는 생각에 한번은 할머니께 들렀을 때 슬쩍 운을
뗐다.

"할머니… 저 이층장은 시집오실 때 해오셨는데도 아직 그대로

예요. 할머님 친정아버지께서 귀한 딸 보내며 주문하신 게 느껴져요. 좋은 재료를 쓰셨나 봐요."

"네 눈에 좋아 보이냐? 요즘 이쁘고 좋은 게 얼매나 많은데, 저건 옛날 거지 뭐. 좋긴 뭐가 좋아."

할머니는 내가 관심을 보이자 당시에 동네에서 혼수 장 짜기로는 유명한 이에게 웃돈을 줘가며 만든 거라며 평소답지 않게 말씀이 많아지셨다. 나는 이때다 싶어 바짝 다가앉았다.

"할머니, 저거 나중에 누구한테 물려주실 거예요?"

"그야 늬 시에미지. 근데 가가 싫다고 하던데 그래서 늬 작은 시에미 줄라고 헌다."

"할머님, 저 주시면 안돼요? 그래도 맏며느리한테 물려주셔야죠. 저 할머니한테 이층장 물려받고 싶어요. 제가 애들한테 대대로 물려줄게요."

"그래? 진짜로? 그렇다면야 당연히 네가 먼저지. 늬 작은 시에미야 당연히 늬 다음이여."

"정말이죠? 그럼 저 주시기로 약속하신 거예요?"

할머니는 하나밖에 없는 당신 손자며느리에게 물려주게 되어서 더 기쁘다고 하셨다. 여러모로 비슷한 데가 많아 시조모님의 사랑을 받았지만 내가 손부가 아니라 자부였다면 좋은 관계가 못 되었을 것이다. 내가 잘해서가 아니라 어머님의 희생이 있어 한 다리 건너인 내가 사랑을 받은 것인데 할머니는 당신 며느리가 싫다는 걸 내가 달라고 하니 "늬가 늬 시에미보다 낫다"며 반색하셨다. 이럴 때 웃어야 할지 울어야 할지 참 난처하다.

그렇게 할머니가 혼수로 해오신 이층장은 당신이 돌아가신 후 우리 집으로 왔다. 작은어머니는 "자네 집에는 어울리지도 않을 텐데" 하며 못내 아쉬워하셨지만 애써 못 들은 척했다. 물건에 욕심이 없는 내가 유일하게 욕심내고 못하는 여우짓까지 해가며 얻은 게 바로 이 이층장이다.

고졸한 멋이 일품인 최고의 혼수품

고가구를 보는 눈이 없어서 잘 모르지만 최고급은 아닐지라도 2단으로 되어 있어 이동하기 용이하고 외견상으로도 단정하니 크기도 부담스럽지 않은 데다 겨울옷이 무한대로 들어가서 웬만한 옷장 품새를 넘는다. 옛날에는 딸이 태어나면 시집보낼 때 장을 짜기 위해 오동나무를 심었다고 하니 오동나무로 만든 것인가 싶지만 마치 먹물을 뿌려놓은 듯한 색깔을 보면 먹감나무인가 싶기도 하고 굽이치듯 선명한 나뭇결로 보면 괴목 같기도 한데 보는 눈이 없으니 짐작만 할 뿐이다. 백동장석은 요란하지 않고 단아한데 상부 서랍 손잡이 부분의 박쥐장석이 특히 멋스럽고 광택이 없어 담백하고 소박한 이층장 고유의 고졸한 멋이 그만이다.

1918년생이신 할머니가 스물이 채 안 되어 시집을 오셨으니 이제 한 세기가 다 되어가는데도 좀이나 곰팡이 한 번 슨 적이 없고 안에 나무 특유의 향만 있을 뿐 거의 무취에 가깝다. 그래서 여기에 옷을 보관할 때는 섬유유연제를 쓰지 않고 세탁해 잘 건조시켜

바닥에 한지를 깔고 넣는 게 전부다. 하단의 받침대와 이동을 도와주는 양편의 손잡이까지 전쟁을 거치고도 크게 손상된 것 없이 원래 모습 그대로인 게 신통하다. 어머니는 콩기름으로 닦아주라고 하셨는데 할머니는 살면서 딱히 무엇도 하지 않으셨다고 했기에 나도 마른 수건으로 닦아주기만 할 뿐 특별히 관리하지 않는다.

그런데도 십수 년 전 내게로 올 때나 지금이나 한결같은 걸 보면 옛사람들의 손길이 훨씬 묵직하구나 하고 감동받는다. 딸을 시집보내면서 잘 살기를 기원하는 부모의 마음이 오롯이 담겨 있는 것 같아 마치 결혼 전에 세상을 떠난 내 엄마의 마음도 이러했겠지 싶기도 하다. 지금은 결혼할 때 장롱은 선택이라지만 나 때만 해도 열 자니 열두 자니 하며 장롱은 혼수 장만 1호 품목이었다. 내가 결혼할 때 꽤 값을 치르고 장만한 장롱은 붙박이장이 워낙 잘 나와 15년쯤 쓰고 처분했는데 하나도 아깝지 않았다. 친정엄마 없이 결혼한다고 오라버니 내외가 특별히 마음을 써준 것이라 미안한 마음은 있었지만 누가 만들었는지도 모르는 가구를 매장에서 골라온 것이니 어떤 미련도 없었다.

하지만 이 이층장만큼은 오래 간직하고 싶다. 장석이나 디자인이 과하지 않고 어느 한구석 만듦새가 허술한 데가 없고 단아하고 기품이 느껴지는 멋이 그만이다. 오가며 쳐다보고 가끔 마음이 복잡할 때 가만히 바라보거나 마른 수건으로 닦다 보면 마음이 편안해지는 게 여간 좋을 수가 없다. 아침이나 해거름 무렵 살짝 비껴드는 햇살에 선명하게 드러나는 먹물 같은 나뭇결을 따라 눈길을 주다 보면 힐머니 생긱이 난다. 딩신 몸에 이상이 있다는 걸 아시고는 스스로 곡기를 끊어 죽음 속으로 당당하게 걸어 들어가신 할머니의 성정이 그대로 느껴져 왠지 마음 한구석에 이정표가 하나 서 있는 듯한 느낌이다.

나중에 누구에게 물려줄지, 받고 싶어 하는 이가 있을지 모르지만 세월의 더께가 앉을수록 은은한 체취가 남는 가구처럼 나도 그렇게 살고 싶다는 생각을 한다. 이번 주에 아들을 장가보내는 오라버니 댁은 요즘은 혼수 예단으로 명품백은 기본이라고 해서 해줘야 하나 많이 망설였는데 안 하기로 했다며 혀를 끌끌 찼는데 그저 씁쓸할 뿐이다.

김건희 씨는 어머니의 에르메스(HERMÈS) 백을 물려받고 싶은지 궁금하다. 아니 윤석열 전 검찰총장의 장모님은 자신의 물건을 누군가에게 물려주고 싶다는 생각은 할까? 아니면 에르메스 백을 여러 개 소유해 나중에 먼 길 떠날 때 가방 개수만큼 헤르메스를 앞세우면 신께도 특급으로 갈 수 있으리라 기대하는 것일까. 나에게 헤르메스는 신화 속에 있는 신의 전령 그 이상도 이하도 아닌데 말이다. (2021. 4. 20)

당신은 어떤 세상을 살고 있습니까

아버지의 국기 게양식

공무원이셨던 아버지는 손재주가 많은 이들이 그렇듯 한시도 가만히 있지 않는 무척 부지런한 분이셨다. 대대로 딸이 귀한 집안의 외동딸로 성장하면서 딸이라는 이유로 배제당하거나 차별받은 기억이 없으니 한국사회에서 이것만으로도 운을 타고났다고 생각한다.

나는 아주 어릴 때부터 하루도 거르지 않고 아침 6시에 일어나는 소위 아침형 인간이었는데 일어나보면 아버지는 창고를 짓거나 구들을 새로 놓거나 무언가를 만들고 계셨다. 심지어는 혼자 힘으로 별채에 곁방을 붙여 보일러를 깔고 수도와 전기를 끌어 사글셋방을 만들 정도로 만능맨이었다. 새벽에 두세 시간 그렇게 일하고 출근하시기를 수십 년 동안 했으니 시간을 허투루 쓰면 안 된다는 내 오랜 신조는 아버지를 통해 무의식적으로 체화되었는지도 모른다.

초등학교 6학년 때쯤이다. 2층 양옥집으로 이사간 후 아버지는 대문 옆에 쇠파이프를 직접 용접해 높은 국기 게양대를 세우셨다. 소금강 아래 연곡 송림에서 이사와 수년 만에 번듯한 2층집을 샀다는 뿌듯함이었는지 국가에 대한 애국심이었는지 알 수는 없지만 아침에 일어나면 이미 하늘 높이 태극기가 펄럭이고 있었다. 다행히 당시 집에서 하숙을 치던 강릉고 오빠들과 나를 불러 세워놓는 일 따위는 하지 않으셨는데 이는 전적으로 우리를 존중해서라기보다 국기 게양부터 하지 않으면 다음 일이 진척이 안 되기 때문이었을 거라고 짐작한다.

학교도 관공서도 아닌 가정집에 국기 게양대라니! 우리 집에 놀러오는 친구들마다 경이로운 눈빛으로 "와, 너네 집 되게 멋있다" 할 때는 괜히 으쓱해지기도 했다.

나는 왜 아침 6시에 일어나는 착한 어린이로 살았는지 모르겠지만 우리 삼남매를 포함해 청소년만 8명 안팎이었던 우리 집에서 그 시간에 일어나는 사람은 나 하나뿐이었다. 어렴풋이 기억나는 어느 날, 일어나자마자 마당에 나가니 아버지가 국기를 게양하고 있기에 옆에서 종알거리며 국기함 갖다놓는 일을 도와드렸다. 무슨 생각에서였는지 아버지께 이제부터 이 일은 내가 하겠다고 하는 바람에 그 후로 국기함을 꺼내와 게양대 줄에 묶고 다른 줄을 잡아당겨 하늘 높이 올려 보내는 의식은 내 몫이 되었다.

아버지와 나란히 서서 국기 게양을 할 때면 왠지 어른으로 대접받는 느낌이 들어 더 의젓해지는 것 같고 텔레비전에서 보던 대로 순국열사들을 생각하기도 하며 나도 국가에 기여하는 사람이 되어야겠다고 다짐하곤 했다. 하지만 어머니 표현대로 하루에도 열두 번씩 귀신 도깨비짓 하는 나이라 아버지와의 오전 6시 국기 게양식은 얼마 못 가 슬그머니 사라졌고 혼자서도 꿋꿋하게 잘해오시던 아버지도 시들해졌는지 내가 초등학교 졸업 무렵엔 국경일을 제외하면 국기 게양대만 홀로 쓸쓸했다. 그런 기억 때문인지 나는 지금도 국경일에 태극기 게양을 꼭 해야 하는지, 이것은 국가주의와 다른 것인지 다르면 어떻게 다른지 혼자 묻곤 한다.

패스포트를 보여주시오

한번은 이런 일도 있었다. 중학교에 들어가 영어시간에 처음으로 알파벳을 배우고 "I am a girl, I am a student"를 따라 하면서 나라마다 언어가 다르다는 것에 신기해하던 무렵이었다. 참외와 수박을 먹은 기억이 있으니 아마도 기말고사를 끝낸 7월 즈음이었던 것 같다.

날씨가 화창한 어느 토요일 오후에 하숙생 오빠가 캐서린이라는 덩치 큰 20대 중반의 외국인 여성을 집에 데려왔다. 사연인즉슨 한국이라는 나라가 궁금해서 여행 온 캐나다인이었는데 강릉 경포대로 놀러왔다가 터미널로 가는 방법을 물었고 친구들과 바다로 놀러간 하숙생 오빠 일행이 호기심에 알은체를 한 모양이었다. 어찌어찌하다 오빠가 "그럼 우리 집에 가지 않을래? 재워줄 수도 있어" 했고 그녀는 선뜻 따라온 것이었다. 사연을 들은 어머니는 혼잣말로 다 큰 처자가 누구인 줄 알고 냉큼 남자를 따라오나

고 마뜩찮아 했고 아버지는 어서 오라며 반갑게 인사했다. 내 차례
가 되자 그래도 나름 영어를 배운 중학생 티를 내며 "하와유 나이
스 투 미츄" 하고 인사를 건넸지만 "아임 파인 땡큐 앤듀?" 할 기
회는 오지 않았다. 그게 내가 배운 몇 안 되는 회화였는데 말이다.

신기해하며 저녁식사를 하고 과일을 먹을 때까지는 구경꾼으로
좋았는데 캐서린을 집에 데려온 오빠는 친구랑 숙제해야 한다며
(도망)가버리고 집에 있던 다른 하숙생 오빠들도 친구집에서 자고
온다고 하나둘 꽁무니를 빼고 달아났다. 그날 집에는 영어라고는
한마디도 할 줄 모르는 부모님과 더 모르는 두 살 밑 남동생과 이
제 영어를 서너 달 배운 나, 그리고 덩치 큰 서양인 캐서린, 이렇게
다섯 명이 전부였다. 난 졸지에 소녀 가장이 된 기분이었다. 그래
도 그 자리에서 말 비슷하게라도 할 수 있는 사람은 나뿐이었다.

까짓 거 하며 영어사전을 펴놓고 그때까지 배운 낱말이란 낱말
은 총동원해 그녀와 대화를 시도했고 그럭저럭 몸짓이 어우러지
며 우리는 간간이 웃음을 터뜨리고 제법 재미있게 이야기를 나누
는 정도가 되었다. 나는 내 입에서 나오는 말들이 그녀에게 전달되
어 되돌아오는 게 너무나 신기해서 정말 신이 났다. 문제는 아버지
가 나에게 통역하라고 하신 말이었다.

"우리는 분단국가이고 강릉은 무장간첩이 가끔 출몰하는 지역
이라 외국인인 당신을 무조건 신뢰하기는 어렵다. 더구나 나는 공
무원이고 문제가 되면 피해를 입을 수도 있다. 실례인 줄은 알지만
당신의 패스포트를 보여주었으면 한다. 그래야 안심하고 당신을

우리 집에서 재워줄 수 있다."

세상에 이걸 영어 왕초짜에게 통역하라니. 아버지가 유일하게 쓴 영어인 패스포트, 선물로 들어온 패스포트를 손가락 짚으며 읽은 적이 있던 나는 웬 술을 보여달라고 하느냐고 따져 물었으니 나는 당시 그것이 여권을 의미하는 것인지 그런 물건이 있는지도 몰랐던 거다. 아버지에게 창피하게 그런 걸 물어보라고 하냐, 나는 아직 그런 말을 할 실력도 안 된다, 그리고 집에 온 손님인데 너무하는 거 아니냐 어쩌고저쩌고 항의했다. 나는 내 나라가 분단국가이고 간첩을 걱정하는 후진 나라라는 게 너무나 부끄러웠고 신분증을 보여달라고 요구하는 아버지도 창피했다.

화기애애하다 갑자기 분위기가 싸해지자 캐서린이 나에게 이유를 물었다. 나는 어쩔 수 없이 분단, 간첩, 북한, 안심 등등의 어려운 낱말들을 사전을 뒤져 이러구러 전달했다. 복잡하게 얘기했지만 결론은 단 하나, 여권을 보여주어 당신이 위험한 사람이 아니라는 것을 증명해달라는 것!

내 말이 끝나기도 전에 캐서린은 "노 프라블럼"을 외치며 여권을 꺼내 보여주었다. 그녀에게 들은 이야기는 대강 이러했다.

"당신들 입장을 충분히 이해한다. 이번 방학에 친구들은 대부분 유럽으로 여행을 갔는데 나는 한국으로 왔다. 그 이유는 한국이 분단국가라는 점 때문이다. 한국인들이 어떤 생각을 하며 어떻게 살고 있는지 궁금했고 강릉은 예정에 없었는데 서울에서 만난 다른 외국인에게 소개받고 1박으로 왔다. 그래서 아까 그 남학생이 가

자고 했을 때 기쁜 마음으로 따라왔다. 캐나다인이라는 내 신분은 확실하며 걱정하지 않아도 된다. 당신의 우려는 충분히 이해하니 미안해할 것 없다. 솔직하게 말해줘서 기쁘다."

대강 뭐 이런 거였는데 그걸 어떻게 다 알아들었는지 지금 생각해도 내 머리를 쓰다듬어주고 싶을 정도다. 그리고 전혀 기분 나빠하지 않고 오히려 아버지에게 감사하다고 몇 번이나 말해줘서 창피했던 내 마음을 어루만져준 그녀가 너무 고마웠다. 내가 캐나다인에게 절대적인 호감을 갖게 된 건 온전히 캐서린 덕분이다. 그녀는 자기 집은 농장이라며 가족들과 함께 찍은 사진들을 보여주며 자신의 집과 부모님, 동생들에 대해 하나하나 소개해주었다. 가족들 뒤로 크고 높은 박공지붕이 정말 인상적이었다.

한참 후에야 그해가 1981년이었으니 아마도 캐서린은 1980년 광주에 대한 소식을 듣고 왔을지도 모른다는 생각을 했다. 분단국가에서 계엄군에 저항하는 무장한 시민군과 시민들, 충분히 이목을 끌 만했을 것 같다. 아무튼 우리는 어리바리한 통역을 사이에 두고 다시 화기애애한 분위기가 되어 어머니도 "굿나잇 캐서린"이라고 말할 정도가 됐고 초등학생인 남동생은 그녀의 굿나잇 키스를 받았다.

그렇게 불심검문이 끝나고 캐서린과 나는 내 방에서 밤이 이슥해질 때까지 수다를 떨었다. 불을 끄고 누웠으니 사전도 못 보는데 어찌 그 많은 이야기를 나눴는지 모르겠지만 영어를 잘 못해도 충분히 대화가 가능하다는 걸 그때 깨달았다. 다음 날 오전 비겁했던 하숙생 오빠들이 마치 영화 속 한 장면처럼 돌아와 "야 미숙이 대단한데? 오빠들보다 낫구나" 하며 내 얘길 듣곤 다들 후회하는 눈치였다. 그래도 오빠들이 그녀를 터미널로 데려다주는 것으로 유종의 미를 거두었고 나의 서양인과의 첫 만남은 이렇게 끝났다.

국가주의라는 낡은 틀

이 두 가지 에피소드는 다 아버지를 생각나게 하는 사건이다. 아버지는 내게 좀 그만 따져라, 적당히 해라 하는 말씀은 하셨지만 무언가를 못하게 하거나 당신의 생각을 강요하지는 않으셨다. 나는 두 가지 사건을 통해 아버지, 아니 분단세대의 깊은 트라우마를 이해한다. 그 세대의 국가관, 국민의식을 엿볼 수 있는 것이다. 하지만 그건 그 시대라서 통용되고 이해받을 수 있는 것이었다. 변화를 따르지 않으면 누구나 수구가 된다. 반독재 투쟁을 한 사람이라고 해서 예외는 아니다.

최근 가족모임을 할 때마다 국민의례를 하고 애국가를 4절까지 부른다는 한 가족의 기사를 보았다. 자의식이 없는 세 살짜리 손자에게 국가의 존재를 먼저 가르치고 가족애와 애국심을 나란히 놓는 것을 보며 난 왜 내 아버지가 생각났을까. 자신이 마련한 2층 양옥집에 국기 게양대를 세워 아침저녁으로 태극기를 올리고 내린 내 아버지, 당신과 가족의 안위를 위해 민망하지만 외국인에게 신분을 증명해달라고 요구한 내 아버지는 적어도 국수주의자나 국가주의자는 아니었다.

사실 아버지는 딸이 20대를 어떻게 살았는지 잘 모른다. 말하는 것도 행동하는 것도 자유로운 지금 아버지가 살아계셨다면 국가에 맹목으로 집착하는 태극기부대가 되었을지 민주주의 사회를 살아가는 주체로서 시민권을 각성하고 살았을지 나는 짐작할 수 없다. 다만 기사를 읽으며 개인의 고유성과 자율성보다 국가가 우선되는 국가주의와 폐쇄적 민족주의가 여전히 우리 사회를 지배하고 있는 것은 아닐까 상념에 빠지는 것이다. (2021. 8. 5)

예를 구하는 마을, 구례(求禮)에 예를 다하라

사람이 아름다운 구례

오랜만에 구례(求禮)에 왔다. 대학 졸업여행으로, 신혼여행으로 저마다 노고단을 올랐던 과거를 이야기하며 화엄사에 갔다. 들판엔 축복이겠으나 우리에겐 아직 여름이 가지 않았구나 싶게 가을볕이 뜨거운지라 겨우 몇 걸음 오르고도 덥다고 지줄대던 우리는 보제루에 올라 지리산의 넉넉한 바람으로 땀을 식혔다. 앞으로는 화려한 각황전과 대웅전을 바라보고 뒤편 창으로는 지리산 숲의 청량한 바람을 맞으며 두 다리 쭉 뻗고 앉으니 이곳이야말로 부처님의 세계가 아니겠는가 절로 합장하게 된다. 1,500년 전 인도에서 오신 연기존자가 비구니 스님인 어머니를 모시고 와서 세웠다는 화엄사. 『화엄경』은 부처님의 깨달음의 세계를 기록한 경전이니 아둔한 중생들은 그저 화엄사에 들어 자비를 구할 뿐이다.

봄철 한때 전국의 풍류객들을 손짓하며 불렀을 홍매도, 꽃을 다 떨군 새초롬한 배롱나무도 수수한 모습으로 여여하다. 부처님께 안부를 여쭙고 나서 108계단을 올라 최근에 복원을 마치고 개방한 네 마리의 사자가 탑신을 받치고 서 있는 사사자 삼층석탑을 알현했다. 어머니를 향해 무릎을 꿇은 연기존자의 모습이 인상적이다. 사사자 삼층석탑에서 내려와 사람들이 많이 찾지 않는 구층암에 올라 한참을 머물다 내려왔다. 구층암은 양쪽으로 쪽마루를 둔 열린 구조의 독특한 암자다. 구층암 현판이 있는 쪽은 3층석탑을, 반대쪽은 석등을 앞에 두고 있다. 뜰 앞에 모과 고목도 고졸한 멋이 아름답지만 천연덕스럽게 오래 묵은 모과나무로 암자의 기둥을 쓴 발상도 멋스럽다. 자연스럽고 투박하게 쌓아올린 3층탑을 암자에 바짝, 그러나 15도쯤 비껴 세운 것도 특이하고 서까래 아래 사자인지 해태인지 익살스러운 동물을 새겨넣은 것을 바라보는 깨알 같은 재미도 있다.

다시 각황전을 지나 내려오는 길에 해우소에 들르느라 찻길로 내려오니 용을 새겨넣은 육중한 청동문이 이 사찰이 얼마나 크고 힘이 강한지 새삼 보여주는 듯하다. 교회로 치면 대형교회일 텐데 신라 때 창건해 고려와 조선을 거치며 이 정도 규모를 유지하려면 얼마나 많은 예산이 소요되었을까, 과연 사하촌의 백성들은 평안하게 부처님의 은덕을 입었을까, 이처럼 화려하고 육중한 대문을 만들려면 얼마나 부자여야 할까 등의 시덥잖은 얘기를 주고받으며 숙소가 있는 구례 읍내 봉북길로 갔다.

골목으로 이어진 곳에 지붕 낮은 집들이 어깨와 머리를 맞대고 있는 오래된 마을에 자리한 게스트하우스는 낡은 집을 손봐 우리같이 마을 속에 머물고 싶은 나그네들에게 다리쉼을 하게 해준다.

집이 다닥다닥 붙어 있어 이웃의 말소리, 다투는 소리가 다 들리고 키 낮은 담장을 사이에 두고 있으니 옆집, 앞집, 뒷집이 내남할 것 없이 살았을 정겨운 동네. 도심의 아파트 생활은 구조적으로 이웃과 단절을 강요당하지만 한때 이곳은 이웃집 숟가락이 몇 개인지도 알 수 있을 만큼 경계 없이 살았음직한 동네다.

오래된 마을 속에 쏙 들어오니 진짜 구례에 온 느낌이다. 간단히 짐을 부리고 동네 구경할 겸 이곳저곳을 거닐었다. 섬진강 지류인 서시천에 내려가 여울목에 서 있는 왜가리들과 동무하고 멀리 노고단과 차일봉이 이어지는 지리산 능선을 올려다보는 즐거움에 눈 돌리는 곳마다 주렁주렁 붉은 대봉 감나무는 덤이다.

서시천 둑방 길을 걷다 춘향이 눈썹 같은 초승달이 돋아나고 개밥바라기별이 보일 때쯤 우리도 개밥 주러 돌아가야지 하며 숙소로 돌아왔다. 숙소 근처에서 대봉 홍시가 네 개 담긴 그릇을 들고 가는 할머니를 만났다.

"할매요, 그 대봉 홍시 먹을라면 어치케 하면 된다요?"

"이거? 먹고 자퍼? 하나 주까?"

"그래도 돼요? 근데 몇 개 안 되잖아요."

"나도 얻은 거야. 그라믄 한 개 주께. 근디 셋인데 한 개로 되것는가. 두 개 주께 사이좋게 나눠묵어."

"에이 두 개씩이나 주시면 할매는 뭐 자시게요."

"괜찮아. 나도 얻은 것잉게 난 두 개면 돼."

"그럼 맛있게 잘 먹을게요."

우리는 마치 잘 아는 동네 할머니인 양 사양도 한 번 않고 넙죽 받았다. 그러고는 손바닥으로 쓱쓱 닦아 한 입 베어 무니 달큰하고 몰캉하니 맞춤하게 익어 그 맛이 일품이다. 어쩜 요로코롬 알맞게 익은 대봉 홍시다냐 하며 한 번 감탄하고, 한 치의 망설임도 없이 낯선 아낙들에게 선뜻 절반을 뚝 떼어준 할매에게 두 번 감탄하고, 혼자 사실 게 분명한 할매에게 네 개를 나눠준 이웃 어느 할매에게 세 번 감탄했다. 할머니를 졸라 홍시를 따먹던 시절이 생각나 고향의 맛이 이런 것일까 싶게 꿀맛이다. 요샛말로 인생 대봉 홍시다.

숙소에 들어오니 '구례가 아름다운 것은 구례 사람이 아름다워서다'라고 쓴 캘리그래피가 눈에 들어온다. 求禮, 역시 예를 구하는, 예를 추구하는 구례다. 참으로 구례는 올 때마다 한 가지씩 감동을 준다. 감동은 사람에게서 받을 때 향기가 가장 진하다.

구례시장에서 만난 할매들

구례에서 맞는 첫날 아침, 구례 들판을 한눈에 만날 요량으로 자욱한 아침안개를 뚫고 사성암에 올랐다. 가는 내내 박무로 가득한 길을 헤치고 구불구불 오르니 쨍하니 햇빛이 찬란했다. 강을 끼고 있는 동네는 안개가 잦은 대신 일교차가 심한 환절기에는 자연이 빚는 절경을 만날 수 있으니 운해 보기에 더없이 좋은 날이었다.

사성암은 원효대사가 손톱으로 새겼다는 마애여래불이 모셔진 유리광전이 있는 곳인데 작년에 섬진강이 범람하면서 10여 마리의 소 떼가 물을 피해 올라갔던 곳이기도 하다. 깎아지르는 듯한 절벽의 기암괴석에 세워진 유리광전에 오르니 준봉들이 줄지어 선 지리산 능선 아래 바다처럼 넓게 깔린 운해가 걸작이다. 서서히 기온이 오르며 안개가 걷히자 마술처럼 섬진강 물줄기와 황금 들녘이 파노라마로 펼쳐졌다. 지리산 능선과 섬진강, 너른 구례 들녘을 한눈에 볼 수 있으니 명승지를 찾는 데에는 다 그만한 이유가 있는 모양이다. 처음 찾은 사성암에서 이토록 아름다운 운해를 만나다니 필시 전생에 나라를 구한 게 틀림없다.

　오늘은 운해를 본 것만으로 더 바랄 게 없다며 감흥에 젖은 채 구례시장으로 갔다. 구례 5일장이 서는 날은 3, 8일이다. 지난 수해 때 구례 읍내가 큰 피해를 입은지라 점심은 구례시장에서 먹자 싶었지만 다음엔 장날을 확인하고 와야겠다고 다짐할 정도로 구례시장은 텅 비었다. 밥집을 찾아 고등어구이를 시켜놓고 식당 내부를 둘러보니 수해 때 자원봉사자들이 일하는 사진이 모자이크처럼 벽에 걸려 있다. 그 식당도 물이 차올라 바닥이고 벽지고 다 새로 한 터였다. 맛난 밥도 먹었겠다 텅빈 시장을 어슬렁거리다 마침 단감을 부려놓고 계신 할머니한테 갔다.

"단감 맞지요? 얼마예요?"

"한 무데기에 5,000원인데 이거 다 15,000원에 가져가."

그러자 곁에 앉은 또 다른 할머니가 사가라고 말참견을 하신다.

"이 할매가 택시 타고 감 팔러 나왔어. 택시비 주고 나면 뭐 남는 게 있겠어. 장날도 아니니 사람도 읎고 얼른 팔고 가야 버스를 타지.”

“감 팔러 택시 타고 나오셨어요?”

정작 감 파는 할매는 배시시 웃기만 하시고 옆에 앉은 할매가 다 얘기하신다. 건나물 파는 가게 앞에 감을 부렸는데 곁에 앉은 할매가 그 가게 주인이시란다. 그분은 우리에게 당신 물건 사라는 말씀은 일절 안 하시고 아침나절부터 택시 타고 나와서 이러고 있다며 자기 일인 것처럼 안타까워하신다.

제일 좋아하는 과일이 감인지라 “그럼 이거 다 주세요” 했다. 평소엔 현금을 안 가지고 다니지만 장에 갈 때는 반드시 챙겨간다. 근데 지갑을 차에 두고 와 어쩌나 하는데 마침 친구에게 현금이 있다기에 다 달라고 했더니 감 주인 할매의 주름진 얼굴이 단박에 펴진다. 그때까지 별 말씀 없으시더니 기운이 났는지 신이 나서 감 자랑을 하신다.

“이거 고목 감이야. 내가 어제 땄어.”

“고목 감이 뭐예요? 오래된 감나무?”

“맞아. 요거 봐. 꼭지가 시퍼런 게 성성허지. 보기에는 이래도 우리 집 고목 감이 아주 맛나.”

“네, 아주 성성하니 맛있겠어요. 아직 푸르스름한데 이래도 단맛이 나요?”

“그럼. 우리 고목나무 감이 맛있어.”

그러자 건나물 가게 할매가 옆에서 거든다.

“아이고, 이거 맛있는 감이야. 잘 사는 거라우.”

감 주인 할매는 5,000원을 거슬러주시며 (거스름돈은 안 받을까 하다 예의가 아닌 듯해서 받았다) 싱글벙글이시고 건나물 가게 할매는 다 팔고 이제 버스 타고 가면 되니 참말로 잘 됐다. 나는 여기가 내 가게니 지금 안 팔아도 되지만 이 할매는 만 원 주고 택시까지 타고 나왔는데 한 걱정이었다. 다 사줘서 고맙다며 사설을 늘어놓으시는데 할매들끼리의 연대가 뜨겁고 눈물겹다.

가끔 느끼는 건데 시골 할매들끼리는 시샘도 많고 잘 토라지기도 하지만 그래도 의리는 끝내준다. 아마도 홀아비 사정 과부가 안다고 다 비슷한 사정, 고만고만한 살림인지라 근심도 통하기 때문이 아닐까 싶다. 할머니들끼리의 진한 우정과 연대에 더러 콧날이 시큰해지고 눈시울이 붉어질 때가 많다.

택시까지 타고 나왔는데 미처 다 못 팔면 어쩌나 두 분이 얼마나 마음을 옹종거렸을지 짐작이 되어 꼭 안아드리고 싶었다. 구례에 와서 세 할머니와 감으로 인연을 맺었고 세 분 모두 감동을 주셨다. 평범한 살림에 평생 성실하게 사셨을 선한 분들. 필요한 만큼 있으면 그만이라고 처음 보는 아낙들에게 선뜻 마음을 내어주고 그 연세에도 청초하고 수줍은 미소를 잃지 않고 사시는 분들이 진짜 아름다운 얼굴이 아니겠나.

사람을 귀히 여기는 마음

이렇게 선한 분들이 작년 수해에서 아직 자유롭지 못하다. 구례는 지난해 수해로 어른 키가 넘을 정도로 온통 물바다였다. 소들은 사성암으로 쫓겨 올라가고 일부는 지붕으로 일부는 남해안까지 떠내려가면서 죽었고, 용케 살았어도 이내 죽은 소들이 많았다고 한다. 섬진강을 끼고 있는 구례군 전 지역이 피해를 입었지만 그중에서도 구례읍의 수해가 제일 컸다. 신속한 복구와 피해보상을 약속했지만 1년이 지난 지금도 컨테이너에서 생활하는 주민들이 있다. 섬진강 범람과 관련해 댐 운영에 대한 문제제기로 국민감사청구를 신청했으나 수해원인 조사에 환경부와 한국수자원공사 그 어느 곳도 책임지겠다고 나서지 않는다. 댐 운영이 미흡했다는 건 정부가 책임에서 자유롭지 않다는 뜻인 만큼 응당 책임을 다하는 것이 마땅하지 않겠나.

사성암에서 내려다본 운해가 걷힌 들녘은 언제 그랬냐는 듯 황금 물결로 일렁이고 구례 읍내 또한 수해의 흔적을 찾아보기 힘들 만큼 회복된 듯하다. 적어도 보이는 것만큼은 말이다. 최근 수해를 입은 주민 1,800여 명이 1,200억 정도의 피해배상을 신청했다고 하니 더는 분쟁조정에 시달리게 하지 말고 하루빨리 배상·보상을 진행했으면 좋겠다. 저 선량한 할매들을 어찌 모른 척할 수 있겠는가. 선진국가답지 못한 일일뿐더러 재정자립도가 낮은 구례의 형편을 생각하면 중앙정부의 역할은 의무에 가깝다. 관광객을 불러모으는 것도 중요하지만 구례의 산과 강에 기대어 살고 있는 사람들을 귀히 여기는 것이 더 중요한 일임을 잊어선 안 된다.

(2021. 10. 9)

경계인으로 산다는 것

경계인의 건강한 거리

얼마 전 부론에서 지역 국회의원의 의정보고회가 열렸다. 부론의 현재와 미래에 내 생의 한 자락을 걸치고 있으므로 주민 자격으로 그 자리에 참석했다. 보고회가 끝나고 만난 원주의 한 신임 기관장에게 언제 일로 한번 찾아뵙겠노라 인사했더니 나에게 부론에 사느냐고 물었다. 부론은 아니지만 부론에서 하는 일에 관심이 많다고 하자 어디에 사느냐고 재차 물어서 정확한 거주지가 궁금하신 것 같아 대답했다.

"물길로는 부론 옆 동네지만 행정구역은 여주입니다."

"아, 이 동네 분이 아니시네요. 근데 뭘…"

그러고는 계속 주변을 두리번거리며 외면하시기에 안녕히 가시라 인사하고 나왔다.

이날 만남이 아니었다면 부론에서 하고자 하는 일과 관련해 벌써 찾아뵈었을 것이나 아직 마음이 동하지 않는 걸 보면 아무래도 내 마음이 많이 상한 모양이다. 아니 마음이 상했다기보다 혹시 찾아가서 일 이야기를 꺼내면 "원주 사람도 아닌데 뭘…"이라고 하실 것 같아 주저하게 된다는 게 더 정확한 마음인 것 같다.

그렇다. 나는 누군가 "어디 사느냐" 물으면 일단 원주에 산다고 대답한다. 더 구체적으로 "사는 데가 어디냐"고 물으면 그때는 여주라고 답한다. 언젠가 고백하기도 했지만 SNS에 거주지를 한 군데 이상 기재할 수 없어 정체성 측면에서 '강원도 원주 거주'라고 썼지만 엄밀하게 말하면 사실이 아닌 셈이다. 이젠 좀 덜해졌지만 처음엔 나조차 거짓말하는 것 같고 뭔가 분열적으로 느껴져 불편했던 게 사실이다.

결혼하면서 정착한 원주에서 23년을 살다가 지금 있는 여주 남한강변에 집을 짓고 들어와 산 지는 5년이 되었다. 가까이에 물이 있을 것, 일하는 농부들 눈치 안 보고 매일 산책할 수 있는 곳이 있을 것 이 두 가지가 살고 싶은 곳의 조건이었는데 어찌하다 보니 원주에서 여주로 경계를 살짝 넘게 되었다. 모두 대한민국 영토인데 원주인들 어떠하리 여주인들 어떠하리 하는 심정으로 터를 잡았는데 서울과 경기 지역에서 경계를 넘나드는 것이야 다반사겠으나 지방으로 오면 대부분 거주지와 근무지가 일치하는 경우가 많으니 생각하지 않았던 일들을 겪게 된다.

여주라고는 하나 어떠한 연고도 없고 지리적으로 여주의 남쪽 끝자락이라 문막에 더 가깝다. 들어와 보니 부론 바로 옆 동네여서 더 좋았다. 알고 보니 원래 이곳은 원주 문막 관할이었는데 행정구역을 조정하면서 여주로 편입되었다고 한다. 단지를 이루는 마을에 사는 분들은 경기, 강원, 서울, 충청 각지에서 오신 분들이라 여주시민으로서의 정체성은 다들 약해 보인다. 나도 지인들은 원주에 있고 가끔 하는 일도 원주 관련 일이라 일주일에 반은 원주, 반은 여주에서 지낸다. 매일같이 심리적·물리적으로 도계(道界)를 넘나드는 경계인으로 사는 셈이다. 그러나 원주에 살 때라고 해서 경계인이 아닌 적은 없었으니 나로선 달라진 게 없다. 오히려 지리적 경계에 살다 보니 양쪽이 더 또렷하게 잘 보이고 전에 보지 못했던 것들을 보게 된다.

온라인 세계에서는 경계가 다 무너진 반면 현실 세계의 경계는 더욱 단단해져 개인은 점점 더 단절되고 고립되는 경향이 있다. 내가 사는 곳이 행정구역상 여주 끝이든 원주 끝이든 그게 뭐 그리 중요할까. 지방세는 여주에 납부하니 원주에는 발언권이 없는 것인가. 하지만 원주에서 의뢰받아 일하고 부가세도 원주에 납부하는 나와 주민세는 여주에 납부하지만 원주에서 일하고 근로소득세도 원주에 납부하는 남편은 그럼 원주 사람인가 여주 사람인가.

지금은 온 나라가 나서서 우리 사회의 기득권을 성토하고 악의 근원인 것처럼 말한다. 기득권이란 말 그대로 '먼저 권리를 가진 사람'이라는 뜻일 텐데 한국사회 전체로 보자면 대형 보수언론과 경제권력, 종교권력 그리고 검찰과 사법권력을 의미할 것이나. 하지만 기득권을 일면적으로 이해하면 동맥경화에 걸려 있는 우리 사회의 모순을 적확하게 보기 어렵다. 기득권은 저 위의 막강한 힘을 가진 사람들만이 아니라 우리가 속해 있는 지역사회, 직장, 시민사회 내에서도 존재한다. 구체적으로 들어가면 상대적인 개념일 뿐 기득권은 모든 집단에서 작동하며 이와 완전하게 무관한 사람은 가진 게 아무것도 없는 극소수의 사람들뿐이다.

기득권은 지역사회에서 대체로 학연을 중심으로 이루어진다. 지방으로 내려갈수록 그 지역의 ○○고, ○○여고를 나오지 않으면 발언권이 주어지지 않고 결혼으로 이주해온 여성들은 하다못해 그 지역의 ○○고를 나온 남편이라도 있어야 지역사회의 일원으로 인정받을 수 있다. 물론 교수나 의사 같은 전문직 그룹은 어딜 가나 예외다. 문제는 지역사회의 기득권으로 편입되면 소위 끌어주고 밀어주는 한국인 특유의 정서가 작동해 건강한 비판 문화를 기대하기 어려워진다는 것이다. 내부 비판은 때로 커밍아웃으로 받아들여지는 경향이 있다 보니 발언하기 어렵고 이는 암묵적인 동의로 이어지기 쉽다. 우리 안의 적폐는 이렇게 만들어지는 것이다. 나라고 해서 예외는 아니다.

나는 모든 인간관계는 심지어 가족관계조차도 양팔 간격이 가장 아름다운 관계라고 믿는다. 각자가 온전한 개인으로 서야 비로소 직위나 나이에서 자유로운 수평적인 관계가 만들어지고 건강한 상호 비판적 관계가 가능하다. 사적인 관계에서의 어른 공경이나 온정주의는 아름다운 미풍양속이지만 공사의 명확한 구분이 어려워지는 지점에 놓이면 원칙이 작동하지 않는 그들끼리의 리그로 전락하는 것은 시간문제다. 개별성을 토대로 한 온전한 개인과 개인의 관계라야 진정한 의미의 연대가 가능해지고 비판이 따돌임으로 이어지지 않게 된다.

그런 점에서 경계인으로 산다는 것은 건강한 거리를 유지할 수 있는 장치인 동시에 방관자가 될 수도 있으니 동전의 양면이다. 물리적 공간이든 심리적 공간이든 경계인과 당사자라는 아슬아슬한 줄타기에서 팽팽한 긴장을 잃지 않을 때 이해관계가 아니라 원칙과 당위에 충실해질 수 있을 터이니 기득권이라는 적폐로부터 자신을 지킬 수 있는 것이 아닐까.

나는 여주에 관련된 일을 하면서 때로는 원주와도 관련 있는 일을 하며 살고 싶다. 어디 사람이라는 육화된 정체성이 아니라 물처럼 흐르며 자유롭게 넘나드는 사람으로 살고 싶다. 아주 오랫동안 원주 사람으로 살아왔음에도 경계인으로 남았지만 지금은 부론 사람, 여주 사람, 원주 사람이라는 등거리 정체성으로 나 자신을 규정한다. 어디에도 기득권으로 편입되어 있지 않아서 어느 쪽으로도 구속되지 않은 자유로운 관계, 나와 내 가족과의 관계처럼 말이다.

불공정한 교통인프라

지방도시라고 해도 평생 도심에서만 살다가 처음으로 시골에 들어와 살다 보니 전에 미처 보지 못했던 것들이 눈에 들어온다. 대한민국에서 경계에 산다는 것, 시골에 산다는 것은 어떤 함의를 지니는 것일까. 일단 도시에 집중되어 있는 인프라에 접근하기 어렵다. 문화예술 시설이야 말할 것 없고 병원이나 슈퍼마켓 같은 편의시설과도 단절되어 있다.

편리한 대중교통은 언감생심이고 급하게 어딜 가려고 해도 시내에 있는 택시를 호출해야 하니 비용을 감당하기 힘들다. 나처럼 뒤늦게 들어온 사람들이야 대부분 차가 있고 일상이 도심과 연결되어 있어 크게 불편할 게 없지만 지역 토박이들이나 노인들의 불편함은 이만저만이 아니다. 원주 외곽으로 귀촌한 분들도 지방에 내려오니 생활이 고립된다고 고충을 토로한다. 운전면허증을 자발적으로 반납한 노인들은 발이 묶여 꼼짝도 하지 못하겠다고 하소연이다. 그래서 요즘은 고대시대에 물가에서 집단생활을 하며 살았던 것처럼 인프라와 거주지를 집중하는 것이 기후위기 시대에 걸맞은 지속가능한 방법이 아닌가 하는 생각이 들기도 한다.

시골이라 대중교통을 크게 기대하지는 않지만 그나마 가뭄에 콩 나듯 다니는 버스도 시계(市界), 도계(道界)에서 정확하게 단절된다. 차로 문막은 15분, 원주는 30분 거리지만 대중교통을 이용하면 서울이나 부산에 가는 것보다 더 어렵다. 내가 사는 동네는 지리적으로 원주 부론과 충주 앙성과 접해 있어 과거 왕래가 활발했다지만 지금은 마치 절벽이 가로놓인 듯 단절되어 마치 딴 나라에 가는 느낌이다. 과거 물길을 중심으로 공동체로 묶였던 지역은 어딜 가나 사정이 비슷하다.

지난가을 전남 구례에 여행갔을 때 하동은 옆 동네이니 못해도 한 시간에 한 대씩은 버스가 다니겠지 생각하고 방심했다가 부랴부랴 움직인 적이 있다. 구례와 하동은 전남과 경남으로 도계를 넘지만 섬진강을 두고 나란히 이웃한 동네라 왕래가 빈번했을 터인데 지금은 1일 4회 운행이 전부다. 자가용이 아니면 쉬 오가기 어려워진 것도 행정구역 중심으로 모든 것이 짜여진 결과로 지방자치 정착이 가져온 이면이다. 노래로도 유명한 전라도와 경상도를 가로지르는 섬진강 화개장터도 상황은 같다. 어느 곳이든 서울로 가는 길은 열려 있지만 이웃한 동네에 가는 것은 머나먼 길이다.

그렇다고 시내로 가는 것이 수월한 것도 아니다. 하루에 네 차례 운행되는 시내버스를 타려면 일정을 버스 시간표에 맞춰야 하니 이용할 만한 게 못된다. 그래서 바깥어르신이 돌아가신 후 승용차 없이 사는 옆집 어르신께 밤이든 낮이든 급한 상황이 생기면 내게 전화하라고 당부해놓았지만 이런 불편을 감수하고 언제까지 이곳에 사실 수 있을지 모르겠다.

교통인프라가 거미줄처럼 연결되어 있는 서울시민과 자차 없이는 사람답게 살 수 없는 내가 자동차세를 똑같이 내는 것은 합당한가. 아무리 잡으려 해도 강남의 집값이 천정부지로 오르는 이유는 SOC사업*으로 교통, 편의, 문화, 각종 서비스 등의 인프라가 촘촘하게 확충되기 때문이다. 공적 자금을 투입한 결과 개인의 자산 가치가 오르는 것이다. 강남에서 승용차는 대중교통을 대신하는 편안함의 상징이겠지만 나에게 승용차는 절대적인 이동 수단이다. 서울에서 전철역이 가장 많고 버스 노선도 다양한 강남에서 승

---

* 생산활동에 직접적인 영향을 주지는 않지만 경제활동을 하기 위해 꼭 필요한 시설을 확장하는 사업.

용차를 이용하는 것과 차로는 15분 거리의 문막을 나가려 해도 최소 3~4시간 돌고 돌아야 하는 내가 왜 자동차세는 동률로 내야 하는지 의문이 생길 때가 많다. 청년들이 묻는 것처럼 물어보자. 이것은 공정한 것인가. 이것은 정의로운 것인가.

지역을 위한 열린 자세

이제 5년차 시골사람인 나는 새삼스럽게 요란을 떨지만 시골에 거주하셨던 분들은 아주 오랫동안 불편을 감내하며 살아왔다. 어쩌다 버스를 놓쳐서 망연자실한 동네 어르신들을 태워드리면서 말을 건네면 원망도 탓도 없이 으레 그러려니 체념한 상태다.

"내가 일찍 나왔어야 하는데 늙은 내 잘못이야. 시골에 노인네밖에 없으니 당연하지 뭐."

서울에 밀리고 수도권에 밀리고 도청 소재지에 밀리고 사는 동네 다운타운에 밀리면서도 으레 그렇겠거니 하고 숙명처럼 안고 살아온 것이다. 시골에 사는 사람들은 당연히 이런 불편을 감내하며 살아야 하는 것일까. 승용차가 없는 것은 개인이 무능한 탓이니 자신을 탓해야 하는 것일까. 자가용이 아니면 꼼짝도 할 수 없어 식구 수대로 차가 있어야 하는 사람들과 복잡하고 귀찮아서 자가용을 이용하는 사람들에게 똑같은 자동차세를 부과하는 것은 합당한 일일까. 정답은 모른다. 아니 없다. 그저 질문을 던질 뿐.

동(洞), 같은 물을 나눠먹는 사람들이 묶인 행정체계의 기초단위다. 행정구역은 읍·면·동으로 구획된다. 온라인 세계에서는 점점 경계가 사라지는데 현실에서의 읍·면·동은 점점 고립된다. 읍·면·동은 경계를 넘어 상호협력하는 방향으로 가야 한다. 그러나 지금은 접경지 도계(道界) 협력은커녕 읍·면·동 간의 경계를 넘나들기도 어려운 게 현실이다. 사람이 물리적으로 넘나들기 어렵다면 행정은 더 말할 것이 없다.

행정구역의 경계는 편의상 지어놓은 것인데 오히려 그것이 원활한 교류와 통합을 방해하고 있는 것은 아닐까. 어쩌면 지방자치라는 이름으로 이웃한 지역끼리 선을 확실하게 긋고 삶의 양식에서조차 선을 넘지 못하게 하는 것은 아닐까. 이런 문제의식이 나만의 것인가 싶다가도 비슷한 고민의 흔적을 만나면 무척 반갑다.

경기연구원이 최근 발표한 '접경지역 인강경 광역연합' 보고서가 눈길을 끈다. 인천-경기-강원 자치단체들이 광역연합을 구성해 접경지역* 혁신의 발판으로 삼자는 내용이다. 네트워크형 지방행정체계를 도입해 접경지역의 공통 과제와 미래에 대응하자는 발상이 신선하다. 지역 특수성을 기반으로 제시된 상호협력 모델이라는 점에서도 주목된다.**

분리할 것은 분리하고 통합할 것은 통합하는 열린 자세는 지역

---

* '비무장지대 또는 해상의 북방한계선과 잇닿아 있는 시군'을 가리키는 것으로 경기, 강원, 인천의 15개 시군이다.
** 「'접경지역 인강경 광역연합'에 주목한다」, 『인천일보』, 2021. 12. 2.

적인 문제를 지구적인 관점으로 접근해 풀어가야 한다는 것과 맥락을 같이한다. 경계인으로 살다 보니 이전에는 하지 않았던 생각에 젖어들 때가 많다. 그러나 불편함, 문제제기, 상상력에서부터 새로운 발상이 시작되니 경계인으로 사는 것이 과히 나쁘지만은 않은 것 같다. (2021. 12. 20)

4
세상이 들려준 이야기

평가는 시간이 하는 것이다.
우리가 해야 하는 일은
그대로의 역사를
기억하는 것이다.

기득권에 도전해 「세상을 바꾸는 여성들」

기득권에 도전하는 용기 있는 여성들

「세상을 바꾸는 여성들」은 2018년 미국 민주당 예비선거에 참여한 풀뿌리 후보, 그것도 여성 도전자들의 이야기를 다룬 다큐멘터리다. 버니 샌더스를 미 대통령으로 보내는 캠페인을 조직한 풀뿌리 단체에서는 민주당 기득권에 도전할 보통 사람들을 공모했고 추천을 받아 미국 전역에서 후보로 내세우고 컨설턴트 역할을 지원했다. 그들은 정치판도를 재정의하고 노동자, 교사, 간호사 같은 보통 사람들이 정치현장에서 이웃의 목소리를 대변하게 만들고 싶어 했다.

양당제에 로비가 합법인 미국에서 공화당은 말할 것도 없고 민주당 의원들도 절대적인 기득권 세력이다. 풀뿌리 단체의 활동가는 미 국회의원 81퍼센트가 백인 남성이자 백만장자이며 로비스트와 특수 이익단체를 통해 의회에 진출한 변호사가 대부분이라고 지적한다. 성별, 계층별, 직업별 다양성이라곤 눈꼽만치도 찾아볼 수 없는 건 한국과 매한가지다. 그런 정치 환경에서 비주류가 도전하는 것은 얼핏 바위에 계란을 던지는 무모한 행동으로 보이지만 역사는 늘 그런 사람들에 의해 꿈쩍도 하지 않을 것 같은 수레가 조금씩 진창을 벗어나면서 진보해왔다.

의료보험이 없어 검사할 때를 놓쳐 뇌사에 빠진 22세 딸을 잃어버린 어머니 발레리, 웨스트 버지니아에서 석탄기업과 결탁해 지역과 사람들의 삶은 안중에도 없는 조 맨친 민주당 의원에게 도전한 폴라 진, 하루 18시간을 웨이트리스로 일하는 멕시코 이민자이자 인디언의 후손 알렉산드리아 오카시오코르테스 등이 빛나는 주인공들이다. 1년에 3만 명의 평범한 시민들이 복잡한 보험체계를 이해하지 못해 가족을 잃는 나라, 석탄기업의 후원을 받는 민주당 의원의 비호 아래 저항의 목소리를 냈던 사람들은 어디론가 사라져버리는 나라, 그래서 경선에 도전하는 것만으로도 목숨을 걱정해야 하는 나라. 월스트리트와 제약회사의 후원으로 기득권의 이익을 대변하는 의원들의 나라이자 지구상 그 어느 나라보다 자본공학으로 정치하는 나라, 올더스 헉슬리가 경고한 또 다른 의미의 '멋진 신세계' 미국의 얼굴이다.

그런 나라의 뉴욕 14지구 하원의원 선거에서 민주당 서열 네 번째라는 10선 경력의 민주당 하원 원내의장 조 크롤리 의원에 맞서 경선에 도전한 알렉산드리아 오카시오코르테스는 용감하다 못해 무모해 보인다. 멕시코계 이민자 가정에서 성장한 그녀는 대학에 다니고 한때 사회운동에 참여하기도 했으나 금융위기 이후 웨이트리스로 살아야 했다. 그녀는 경선조차 없었던 지역에서 우리도 무언가를 해보자고 호소하고 의원들에게 먹고사는 것에 관심을 가져달라고, 의료보험은 인권이라고, 함께 싸우자고 외친다.

조 크롤리 의원은 TV토론에서 자신은 트럼프에게 항의할 준비를 하느라 바쁘며 국경에서는 어린이를 부모에게서 떼어놓고 있는데 이는 매우 비윤리적이라고 열을 올린다. 이에 도전자 알렉산드리아 오카시오코르테스는 그렇다면 왜 이민자 법에 반대표를 던지지 않느냐고 따져 묻는다. 조 크로리 의원은 이 질문에 답변하지 못하고 넋 나간 표정을 짓는다. 그는 그동안 얼마나 소셜 페이스로 일관해왔는지 스스로 인정한 셈이 되었다. 결국 2018년 6월 26일, 그녀는 불가능해 보였던 민주당 경선에서 10선 현역 의원이자 하원 원내의장인 조 크롤리를 제치고 당당하게 워싱턴에 입성한다.

남성 중심의 정치 카르텔에 도전하는 한국의 여성 정치인들

풀뿌리 세력이 기득권 세력에 맞서 뜨겁게 도전하던 2018년, 우리는 그들보다 두 달 먼저 더불어민주당의 권리당원과 시민이 참여하는 지방선거 경선을 치렀고 나는 3선 시의원 끝에 기초단체장에 도전하는 연륜 있는 여성후보를 돕고 있었다. 미국 민주당 경선과 한국 더불어민주당 경선이 어찌나 비슷한지 역시 정치든 경제든 미국이 모델이구나, 무릎을 치게 된다. 발레리, 폴라 진, 알렉산드리아 오카시오코르테스는 인천, 여수, 그리고 원주에서 남성 중심의 정치 카르텔을 뚫고자 악전고투했던 여성 단체장 후보들과 닮았다. 다른 점이 있다면 바다 건너편은 정치신인이었고 이곳은 지방의회에서 잔뼈가 굵은 베테랑 여성 정치인들이었다는 점이다. 그럼에도 경험이 부족하고, 선이 굵지 않으며, 너무 디테일하다는 등 자질이 부족하다면서 깎아내리는 이유도 신기하리만치 닮았다.

본선이든 예비 선거든 선거는 어느 모로 보나 여성과 정치신인에게 절대적으로 불리한 제도다. 어차피 자신이 될 게 뻔하다며 필요성을 못 느낀다기에 구걸하다시피 해서 공개토론회를 얻어냈지만 시민참여 경선이라면서 정책토론회에 시민들의 참여를 제한하고, 후보를 알려야 하는 대상이 권리당원인데 당원명부를 공개하지 않았다. 기득권에 도전하는 사람들은 허공에 대고 소리쳐야 하는 명백히 기울어진 운동장이었다. 그러다 보니 아직 정책선거를 할 능력도 준비도 안 된 우리나라에서 특히 지방선거는 혈연·지연·학연이라는 봉건적인 관계망이 절대적인 영향을 미친다. 그리고 기존 남성 중심의 질서에서 여성과 소수자, 청년은 절대적으로 불리하다.

선거에 출마 안 하는 사람은 있어도 한 번만 하는 사람은 없는 것 같다. 선거에서 패배해본 사람은 안다. 이해관계가 작동하는 선거에 주연으로 참여하며 인간에 대한 믿음과 애정, 희망을 놓지 않는 것이 얼마나 어려운 일인지 말이다. 그리고 기득권의 아성이 얼마나 높고 견고한지도. 기득권은 촘촘하고 디테일하며 젠더정의에 불친절하다.

알렉산드리아 오카시오코르테스의 말처럼 좀더 이성적이라면 절대 선거 따위는 하지 않을지도 모른다. 그러나 불가능해 보이는 일에 도전하는 용기 있는 이들이 있어 여기까지 온 것일 테다. 노무현 전 대통령이 낙선이 자명함에도 출마한 선거를 다룬 다큐멘터리에는 유권자에게 악수를 청하지만 거부당하는 장면이 나온다. 악수를 청하며 내민 손을 뿌리치는 이에게 "손은 한 번 잡아줄 수 있잖아요" 하고 너스레를 떨며 반강제로 악수하고 특유의 걸음걸이로 쓸쓸하게 걸어가던 그의 뒷모습이 떠오른다. 걸음걸이조차 좌우로 흔들며 균형을 잡으려고 한 것이었을까 생각했던 것까지도. 최연소 여성의원으로 미 하원에 입성한 알렉산드리아 오카시오코르테스, 초심을 잃지 않고 보통 사람들의 대변자가 되어 있을까? 1년이 지난 지금 초선 하원의원인 그녀가 자못 궁금해진다. 같은 해 우리나라 지방의회에 들어가신 분들의 1년 성적표는 누가 매길까. (2019. 6. 12)

누구를 위하여 종을 울리나

정치검사의 불편한 진실

윤석열 검찰총장을 보면 한재림 감독의 영화 「더 킹」의 정치검사 한강식 전략부 부장이 생각난다. 윤 총장이 "사람에 충성하지 않는다"라고 했을 때 느껴졌던 서늘함은 많은 이들의 칭송 속에 묻혔고 다수의 눈이 정확하기를 기대했다. 그런데 아니나 다를까, 그는 오직 검찰조직을 맹신하는 검찰주의자임이 드러났다. 조국 전 장관이 아니었더라면 그조차 드러나지 않고 대통령과 국민을 기만했을지도 모른다.

영화 같은 현실이라 말하지만 때로 현실은 영화보다 더 영화 같을 때가 많다. 배우 정우성이 연기한 한강식 부장은 검찰 내에서도 요직이라 할 수 있는 전략부 부장검사다. 20대 초반에 사법고시를 패스하고, 노태우 정부가 '범죄와의 전쟁'을 선포했을 때 목포에서 조폭을 소탕해 정의사회 구현이라는 명예와 실력을 인정받는다. 김영삼 정부 때는 하나회를 쑥대밭으로 만들어 군부독재 청산의 주역이자 문민정부의 공헌자로 일약 스타검사로 등극한다.

무당이 김대중 후보의 대통령 당선을 점치자 상대편의 비위를 선거캠프에 제보해 승승장구의 길을 걷기도 한다. 그러나 모두가 예상치 못했던 노무현 후보의 당선은 몇 억짜리 무당에게도 난공불락이었나 보다. 누가 되어도 좋으니 검찰개혁을 내세운 노무현 후보만은 되지 않게 해달라 굿판에 앉아 빌고 있는 고위검사들의 가련한 모습이라니. 하지만 노무현 후보가 당선되자 한강식은 "대학도 안 나온 새끼가! 상고 나온 새끼가! 무당 구속시켜!" 하고 분개한다. 급기야 정치검찰과 언론, 야당의 합작인 '논두렁 시계'로 그를 거꾸러뜨린다.

노무현 대통령의 장례식을 부하들과 창문으로 내려다보며 조소하는 한강식은 그 공로를 인정받아 검사장이 된다. 다음 코스는 검찰총장일 터. 한강식은 후배 검사들에게 조직을 지키기 위해서는 반드시 보복해야 한다고 일갈한다.

그러나 범죄와의 전쟁 때 보험으로 들어놓았던 조폭과의 연결고리가 드러나면서 한강식 밑에서 성공한 검사의 길을 걷던 젊은 검사는 토사구팽 신세가 된다. 하루아침에 그들만의 리그에서 쫓겨난 그는 내부 고발자가 되어 한강식을 무너뜨리고 악어의 눈물을 흘린 뒤 여당의 유력한 대선후보의 지역구에 출마해 정치적 야망을 불태운다. 한강식이 그랬듯 정치검찰을 고발하는 검사도 정치검사에 지나지 않는다는 불편한 진실. 그가 마지막으로 내뱉는 말은 "더 킹", 즉 유권자가 왕이라는 것이다.

윤석열 검찰총장은 박근혜 대선후보의 국정원 댓글사건 수사로 강직한 검사 타이틀을 얻었고 지방으로 좌천되어 핍박받는 강골검사의 이미지를 얻었다. 그러나 한 가지 간과한 것이 있으니 한강식이나 윤석열 검찰총장이나 누구를 위하여 종을 울리는가 하는 점이다. 정치검사는 처음부터 만들어지는 것이 아니라 기소권과 수사권으로 권력자들을 떨게 하며 정치검사로 거듭나는 것이다. 이를 제어할 수 있는 힘은 어디에도 없다. 자신의 임명권자인 대통령과 법무부장관을 정면으로 들이받는 초유의 검란으로 그들은 정치검사라는 본색을 드러냈다.

영화 같은 현실

1961년 5·16 쿠데타 이후 정치군인은 1987년, 더 길게는 1993년 문민정부가 들어설 때까지 공안정치, 공포정치로 민주주의를 유린했다. 87년 체제의 최대 수혜자인 검찰과 언론은 서로 유착하며 근 30년 동안 정치검찰을 공고하게 구축해왔으니 정치군인 30년, 정치검찰 30년이다. 조국 법무부장관 후보자 청문회 종료 직전 수사하지도 않은 사문서 위조혐의로 부인을 기소한 사건을 신군부의 저항과 같은 것으로 보는 시각도 무리는 아닌 것이다. 사람도 30년이 한 세대인데 돌아보면 정치군인도, 정치검찰도 더 이상 방치하면 안 된다는 경각심을 전 국민이 갖게 만드는 데까지 공히 30년이 걸렸다.

군사정권과 함께 등장한 386세대는 30년 주기를 두 번 돌아 은퇴시기에 이르러 정치검찰의 척결, 수사와 기소를 분리하는 검찰

정상화를 시대정신으로 부여받았다. 검찰개혁, 언론개혁에 전력을 다하는 것, 이것이 5060세대의 마지막 사회적 소명이자 책임이라 생각한다.

한강식의 부하검사는 전략부의 비밀 문서고에 잠들어 있는 사건이 맛있게 익을 때까지 기다려야 한다고, 이슈는 이슈로 덮는 거라고, 기자와 대형로펌과 합작해 묵히고 터뜨리는 것이 예술이지 않느냐고 우쭐해한다. 영화는 현실의 반영인 동시에 현실의 끝자락만 겨우 건드리게 마련이다. 법조 카르텔 안에 들어가 있는 사람들은 지금 우리 곁에 보이지 않는다. 한 사람, 영화에서 끝까지 한강식의 카르텔을 수사하고 폭로에 성공한 여검사 안희연은 감찰국장이 된다. 현실에서 누군가가 떠오른다면 그것이 정답인 듯하다. 나는 그녀에게서 대한민국 검찰의 희망을 본다. (2019. 10. 5)

산티아고에 비가 내린다

아옌데 개혁정부의 최후

흔히 어릴 때 수영이나 자전거타기 등 몸으로 배운 것은 안 잊어버린다고 한다. 몸이 기억한다는 건 어떤 식으로든 유전자에 새겨진다는 뜻이다. 쿠데타의 기억도 그럴까. 우리는 정부수립 이후 두 번의 군사쿠데타를 겪었다. 민주주의의 새로운 실험을 할 수 있는 절호의 기회가 있을 때마다 이를 필사적으로 막으려는 군부와 그들에게 기꺼이 협력했던 검·경이 있었다.

1973년 9월 11일과 1980년 5월 18일은 시공간을 달리했을 뿐 같은 운명의 날이다. 1973년 9월 11일. 화창한 봄날이었던 그곳엔 아침부터 "지금 산티아고에는 비가 내립니다"라는 엉터리 일기예보가 국영라디오에서 흘러나온다. 5·18 광주 진압의 작전명인 '화려한 휴가'가 칠레에선 '산티아고에는 비가 내린다'였다. 지중해성 기후대인 산티아고에서 비가 온다는 건 곧 겨울이 시작된다는 신호다. 화창한 봄날에 그렇게 겨울이 왔고 진짜 화창한 봄날이었던 광주도 휴가를 시작하면서 동토의 땅이 되었다.

1973년 피노체트가 군사쿠데타로 살바도르 아옌데 정권을 무너뜨린 이 사건은 쿠데타 작전개시 암호「산티아고에는 비가 내린다」는 제목으로 프랑스로 망명한 칠레인 헬비오 소토에 의해 2년 후 흑백 다큐멘터리 영화로 만들어졌다. 이 영화는 1989년 전두환이 5공 청문회에 출석하기 전날 밤 KBS가 토요명화로 방영했다는데 기억이 없다. 알았대도 당시 라틴아메리카에 대해 과문한 데다 제목도 멜로영화 같은 느낌이라 관심을 두지 않았을 것 같다. 이 영화의 시작은 대통령궁의 폭파로부터 시작된다.

1970년 민주적인 선거로 사회주의 정권을 탄생시킨 아옌데는 칠레의 부유한 집안에서 태어나 의사가 되었고 제2차 세계대전 이후 라틴아메리카 사회주의 혁명의 소용돌이 끝에 대통령이 된 후 각종 사회개혁을 추진하다 중산층 이상 국민들의 반발을 샀다. 그러나 실상은 아옌데 정부의 국유화 조치로 막대한 부를 가져다주던 구리광산을 빼앗긴 군부가 미국의 지원을 받은 결과였고 라틴아메리카에서 패권을 장악하려는 미국 닉슨과 CIA 키신저의 합작음모였다. 아옌데 대통령에게 죄가 있다면 카리브해에서 국민소득이 가장 높고 미국인이 될 수도 있는 푸에르토리코처럼 살 수는 없다며 억압 속의 배부름보다 주권 있는 자유를 원한다고 선언했다는 점이다.

브라질을 제외하고 주로 스페인 식민지였던 라틴아메리카 각국은 식민지 모국이 나폴레옹으로부터 식민 지배를 받게 되자 남미에서 출생한 에스파냐인인 크리오욜을 중심으로 독립운동이 확산

된다. 이때 볼리바르가 볼리비아, 베네수엘라, 콜롬비아, 에콰도르를 해방시키고 스페인군에 대패하여 안데스산맥으로 퇴각한 칠레의 오히긴스 부대는 아르헨티나를 해방시킨 산 마르틴의 지원으로 전열을 정비한 후 칠레로 재진격해 독립을 쟁취한다. 이달고 신부를 중심으로 멕시코와 과테말라도 이때 독립한다.

이때부터 스페인이 쥐고 있던 라틴아메리카의 운명은 먼로 독트린을 선언한 미국으로 넘어간다. 제2차 세계대전 이후 남미에 사회주의가 확산되자 미국은 반공을 내세우고 각국의 군부쿠데타를 지원하여 군사독재정권을 수립하도록 지원한 것이다. 볼리비아 혁명에 뛰어들어 미 CIA 지원을 받던 볼리비아 정부군에 사살된 체 게바라의 꿈은 쿠데타 정부를 타도하고 라틴아메리카 사회주의 연방을 만드는 것이었다.

칠레여 영원하라

사회주의 정권이 들어섰던 과테말라는 미국이 지원한 군사쿠데타를 겪은 후 36년간이나 끔찍한 내전을 치렀고 독립 후 미국에 종속되었던 쿠바는 쿠바혁명 이후 미국의 살인적인 경제봉쇄를 당했으며 라틴아메리카 그 어떤 국가도 미국으로부터 자유로운 나라는 없었다. 이에 분노한 노암 촘스키는 국익을 우선한 미국의 패권주의를 일관되고도 신랄하게 비판해왔지만 미국은 지금도 전쟁과 쿠데타 지원을 통한 패권 장악을 반성할 생각이 없다.

피노체트는 소위 '빨갱이 사냥'을 위해 군대를 동원했고 대통령궁 폭격을 시작으로 아옌데 정부요인과 지지자들을 무참히 학살했다. 아옌데는 "칠레여 영원하라, 민중이여 영원하라, 노동자여 영원하라!"는 마지막 연설을 내보낸 후 직접 총을 들고 저항하다 최후를 맞는다. 이후 피노체트의 17년 군사독재가 이어지고 아옌데의 개혁적인 정책은 모두 무위로 돌아간다. 남미에서 가장 성공적인 민주주의 국가로 평가받았던 칠레는 민주주의 규범이 파괴되면서 퇴행의 길에 들어선 것이다.

한국이 첫 번째 FTA를 체결한 나라, 세계에서 가장 긴 나라 칠레는 피노체트의 장기집권을 겪으며 시민사회가 미처 성장하지 못한 채 국민소득 2만 6,000달러에도 국민의 절반이 월 64만 원 소득에 머물러 있다. 가계수입이 절대 부족하니 지하철 요금 50원 인상에도 전 국민이 분노할 만큼 양극화와 불평등이 심각하다. 오늘 아침 뉴스를 보니 볼리비아의 대통령은 부정선거 스캔들로 사임하고 브라질의 룰라는 580일 만에 석방되었다고 한다. 남미는 좌파정치인들이 역사적으로 뿌리가 깊지만 다국적 기업의 압박과 미국의 개입으로 쿠데타의 기억을 가진 극우세력이 만만치 않아 여전히 갈 길이 멀다.

아마도 미국의 승인, 최소한 묵인하에 이루어졌을 12·12쿠데타. 2019년, 알츠하이머를 핑계로 재판 출석도 거부했던 89세의 전두환이 골프를 쳤단다. 광주를 물으니 "광주랑 내가 무슨 상관이야?" 하고, 추징금에 대해 물으니 "네가 대신 좀 내줘" 하고 씨부렁거린다. 3당 합당으로 대통령이 된 YS가 '하나회'를 청산했지만 그들의 후예들은 여전히 야만의 시대를 그리워한 나머지 유전자에 아로새겨진 쿠데타의 추억을 잊지 못한 채 친위쿠데타 음모를 꾸민 것이 드러났다. 심지어 박물관에 간 줄 알았던 삼청교육대가 그들에겐 잠시 스킵한 영광이며 언제라도 현재진행형으로 소환할 수도 있다는 망상을 드러냈다.

가끔은 미·중·러·일본에 둘러싸여 있는 한국이 이만큼 독립적일 수 있다는 것에 놀라고 성숙한 시민사회의 역량에 감탄한다. 동시에 돈의 노예가 되어 예수도, 학문도, 역사도, 나라도 팔아먹으려는 파렴치한 인간들과 공생하고 있다는 사실에 몸서리가 쳐진다. 그래도 이 모든 것을 시민사회가 성장하는 밑거름으로 삼아야 한다. 단, 쿠데타와 같은 반민주적인 작태가 발붙이지 못하게 한다는 것을 전제로 말이다. 우리나라도 그렇지만 남미를 보면 진보적인 정책으로 민중의 지지를 받는다 해도 쿠데타라는 충격을 받으면 엄청난 퇴보가 불가피하다는 것을 타산지석으로 삼게 된다. 당연하다고 생각하던 것이 어느 날 당연한 게 아닌 사회가 된다면? 이런 상상은 쿠데타를 조금이라도 추억하거나 거론하는 시도를 철저히 응징하지 않으면 언제든 현실이 될 수 있다.

휴가는 평화롭게, 비가 내리는 서울은 덕수궁이나 경복궁 돌담길을 걷기 좋은 날로만 기억되게 하는 건 우리에게 달려 있다. 최소한 내 생에 더 이상의 쿠데타는 없을 거라 생각했는데 우리가 누리는 정치적 자유와 민주주의는 한시라도 소홀히 하면 언제든 깨질 수 있는 유리그릇임을 이제라도 깨닫게 되어 다행이다. 정치

지형이 왜곡되어 보수정당의 정체성을 가지고 있음에도 진보정당
이라 과대평가되는 더불어민주당 정부의 한계는 분명하다. 하지
만 해방 이후 비정상적으로 기울어진 운동장을 바로잡아 그것이
기본값이 되는 날까지 쿠데타의 기억을 뼈에 각인하고 있는 저들
을 경계해야 함은 아무리 강조해도 지나치지 않다. (2019. 11. 11)

*2년 후인 2021년 11월 23일 전두환이 죽었다. 반면 3년 후인
2022년 3월 11일 칠레에서는 1990년 민주정부 회복 이후 가장 왼
쪽에 있는 가브리엘 보리치가 대통령에 취임했다. 1986년생 밀레
니얼 세대인 보리치 대통령의 새 내각에는 피노체트 쿠데타로 축
출됐던 살바도르 아옌데 전 대통령의 손녀 마야 페르난데스도 입
각했다.

2년간의 내전 끝에 36년간 스페인을 지배한 파시스트 프랑코의
무덤은 사후 44년 만에 이전되었다. 스페인 정부는 독재자 프란시
스코 프랑코와 그의 정권을 찬미하거나 독재정권에 희생당한 이
들을 모욕할 경우 최대 15만 유로(약 2억)에 달하는 벌금을 부과
하는 '민주주의 기억법'을 승인했다. 피노체트는 고문 피해자와
실종자 가족들에 의해 고소당했고 2006년 91세로 사망할 때까지
가택연금과 면책특권 박탈로 시달렸다.

독재자의 말로는 살아생전 국민이 응징하지 못했다 하여 끝나
도 끝난 게 아님을 보여준다. 전두환은 광주시민들과 국민들에게
사과할 마음 따위 추호에도 가진 적 없는 인물이다. 비록 이승에선

침상에서 편히 갔을지 몰라도 대한민국 그 어디에도 그의 뼛가루가 안식을 취할 수 있는 자리는 없을 것이다. 독재자는 갔지만 여전히 그 시절을 추억하는 자들이 살아 있다는 것, 군대가 아니라 검찰을 통해 부드러운 쿠데타를 획책할 수도 있다는 것을 잊지 않는 것이 독재자를 기억하는 방식이 되어야 한다.

누가 '기생충'이고 누가 '조커'인가

사회적으로 거세된 남성성

지난주부터 벼르던 영화 「조커」를 봤다. 어중간한 시간대라 120석 규모 극장의 스크린을 혼자 독점하면서 말이다. 과감한 결단력과 바람을 현실화하는 초인적인 능력이 있는 히어로가 등장하는 영화를 좋아하지 않아서 조커에 대해 잘 모른다. 또 나이 먹을수록 점점 어둡고 음울한 영화는 꺼리게 되는데 주위에서 「조커」는 그렇지 않다며 꼭 보라는 권유가 있어 개봉한 지 한 달이 훌쩍 지나 뒤늦게 보게 된 것이다. 하긴 똑같은 이유로 「기생충」도 보았으니 근래 호감도 낮은 영화를 두 편이나 본 셈인데 두 작품은 참 많이 닮아 있다.

공동체 상영과 같은 특별한 경우가 아니면 영화는 혼자 보러 다니기 때문에 혼자 한 생각이니 지극히 주관적일 수밖에 없다. 결론적으로는 「기생충」도 그렇고 「조커」도 그렇고 김기덕 감독의 「피에타」를 볼 때처럼 불편하다. 영화 후기를 잘 읽지 않으니 다른 이들은 어떻게 보았는지는 모르지만 대체로 호평인 것은 분명한 것 같다. 조커로 분한 호아킨 피닉스의 연기는 정말 최고였다.

러닝타임 내내 떠오른 생각은 도널드 트럼프를 대통령으로 만든 주역이라는 저소득층 백인 남성의 목소리가 저러했을까 하는 것이었다. 정신질환자인 주인공 아서는 슬프거나 화가 날 때 웃음이 터져 나오는 병을 가지고 있다. 그럼에도 다른 사람을 웃게 하는 코미디언이 되고 싶어 하며 유일하게 할 수 있는 일인 광대 역할로 노모를 부양하는 따뜻한 아들이기도 하다. 어머니와 아이들에게 친절하며 동료들에게도 못되게 굴지 않는다. 그의 유일한 낙은 코미디언이 진행하는 '머레이쇼'를 보는 것이며 광대로 분장하고 일하는 일자리를 잃고 싶지 않다는 것뿐이다. 소박하기 그지없다.

전통적으로 일찍이 부모에게서 독립하는 것이 일반적인 나라에서 어머니와 단둘이 사는 40대 백인 남성. 그에게 시 예산으로 약물 복용과 심리상담을 해주는 상담사도, 지하철 살인사건 용의자로 체포된 후 정신상담을 받을 때의 상담사도 흑인 여성이다. 어머니가 과거 망상장애로 정신과 진료를 받았다는 이야기를 듣고 확인하기 위해 찾아간 정신병원에서 30년 전 자료를 찾아주는 직원도 흑인이고, 나중에 그 또한 아서의 망상이었음이 드러나지만 이웃집 싱글맘인 소피도 흑인 여성이다. 아서는 흑인보다도 못한, 그들에게서조차도 인정받지 못하는 존재인 것이다.

반면 지하철에서 흑인 여성을 성희롱하다 아서에게 살해당하는 세 남자는 금융계 회사를 다니는 백인 남성이고 아서의 우상인

코미디언 머레이도 백인 남성이다. 아서에게 총을 주어 곤경에 빠뜨리게 하는 광대 대행사 동료도 백인이며 아서를 잡기 위해 가면 쓴 사람들로 가득한 지하철로 뛰어드는 형사도 백인 남성이다. 그들은 아서를 조롱하며 루저 취급을 한다.

망상장애가 있는 어머니가 자신을 속였다는 것에 분노한 아서는 어머니를 죽이고 자신을 찾아와 총을 건네준 동료도 잔인하게 살해한다. 그리고 어김없이 발작적인 웃음을 터뜨리며 함께 찾아온 다른 동료에게 돌아가라고 말하지만 그는 집을 나가고 싶어도 손잡이에 손이 닿지 않아 자신의 힘으로는 나갈 수 없는 난쟁이(왜소증 환자)다. 문을 열어달라고 부탁하자 아서는 문을 열어주며 "넌 나에게 잘해준 유일한 친구"였다고 말한다. 난쟁이는 아서보다 더 열등한 존재로 대접받는 신체적 약자다. 하지만 난쟁이에게는 아서도 강자가 아니었을까. 강자와 약자, 가해자와 피해자는 늘 대척점에 있는 고정적인 것이 아니다.

백인 남성인 아서는 모든 백인 남성에게 무시당하고 자신에게 도움을 주는 흑인 여성 상담사에게도 한심한 사람 취급을 받는다. 재밌는 건 그 누구에게도 존재가치를 인정받지 못하는 아서가 사람들에게 폭행을 당할 때 항상 머리가 아닌 성기를 보호하는 자세를 취한다는 것이다. 루저 백인 남성이 가지고 있는 유일한 것이 생물학적 남성성이었던 것일까. 그러나 마음을 나눈 친구라고 생각했던 이웃집 흑인 싱글맘도 실은 망상이었으니 어쩌면 그의 남성성은 사회적으로 이미 거세된 것일지도 모른다.

살해당한 인간에 대한 예의

이 영화가 불편한 것은 소외와 차별로 분노하는 민중의 삶에 무관심한 정치인들과 기득권이 정장을 차려입고 극장에서 만인에게 페이소스를 선사하는 아서의 찰리 채플린 연기에 폭소하기 때문이 아니다. 우연히 발생한 지하철 살해사건의 범인이 된 아서가 비로소 자신의 존재가치를 인정받고 쾌감을 느껴서도 아니다. 소외받는 최하위 계층인 광대끼리조차도 연대가 약하고 대중이 즉자적인 분노를 표출하며 폭동을 일으켜 도시를 무법천지로 만들기 때문도 아니다.

영화에서 가장 인상 깊었던 대사는 아서가 하는 말이다. 그는 "사람들이 너무 무례해요" "내 이야기를 듣고 있지 않잖아요" "사람들은 최소한의 예의도 없어요"라고 말한다. 아서에게 웃음병이 있어 어머니는 어릴 때부터 그를 '해피'라고 불렀지만 그는 생에 단 한순간도 행복하지 않았다고 말한다. 어머니조차 자신을 평생 속여왔을지도 모른다고 분노한다. 아서가 바란 것은 거창한 것이 아니었다. 선량하게 살아가고자 하는 자신을 벌레 취급하지 말고 '사람'으로 봐달라는 것, 즉 인간에 대한 가장 기본적인 예의를 요구하고 있는 것이다.

오늘날 인간에 대한 예의는 살해당했다. "대통령의 목을 따자"는 목사, 동료를 비하하는 국회의원, 아이를 키우는 엄마를 '맘충'이라 부르는 사람들. 사람들의 무례에 상처 입은 아서의 탄식이야말로 영화에서 가장 공감되는 지점이었다.

이 영화가 불편한 이유는 사회경제적으로 최하위 계층의 삶과 분노를 유희의 수단으로 삼아 얻을 수 있는 것이 무엇인가 하는 점이다. 엄청난 몰입감과 아서의 감정선을 따라 고조되는 긴장감 넘치는 배경음악, 웃으면서도 눈은 울고 있는 연기를 훌륭하게 해내는 배우 등 멋진 요소들은 참 많다. 마천루 같은 건물 사이로 난 까마득한 계단을 올라가면서 머레이쇼에 출연하기 위해 붉은색 정장을 입고 춤을 추며 내려오는 장면은 정말 섹시했다. 그는 더 이상 그 계단을 오르지 않을 것이므로.

하지만 예술은 시대와 삶을 반영하고 사회의 어두운 곳에 빛을 비춰야 한다고 믿는 나로선 버림받은 패배자들의 대책 없는 분노와 폭동을 보여줌으로써 그들을 정말 제거해야 할 기생충처럼 느끼게 한다는 점이 불편하다. 올해 칸 영화제에서 황금종려상을 받은 영화 「기생충」이 흥행몰이로 북미에서만 1,127만 달러(130억 원) 이상의 수입을 올렸다는 소식이 들려온다. 「조커」도 전 세계 10억 달러 흥행수익을 앞두고 있다고 한다. 사회적 약자들의 이야기로, 그들의 분노를 이용해 결국 대자본이 돈을 버는 불편한 현실. 「기생충」이나 「조커」로 경제적 약자의 주거현실과 장애인의 삶을 들여다보고자 했다고 말하면 좀 나은 사람이 되는 것일까. 현실에서의 가난과 소외도 컷 사인과 동시에 신기루처럼 사라질 수 있다면 얼마나 좋을까.

2016년 트럼프가 대통령 선거에 당선됐을 때 팍스 아메리카나는 종말을 고했다는 생각을 했다. 그리고 같은 해 영국에서는 브렉

시트가 통과되었다. 어찌 보면 1989년 소련의 해체와 동구권의 몰락으로 사회주의 실험이 실패로 돌아갔음을 확인한 것처럼 자본주의 또한 신자유주의라는 극약처방에도 생명을 다한 것인지도 모른다. 지난 세기의 대중은 산업화로 제한적이나마 경제적 권리를 얻었고 봉기로 정치권력을 획득하려 했다. 21세기의 대중은 참정권이라는 이름으로 일부나마 정치적 발언권을 쟁취했지만 소수 엘리트들의 점유물임을 깨달음으로써 자신이 사회에서 무관심과 소외의 대상이 될까봐 두려워한다. 과거에는 정치권력으로부터의 소외와 노동착취에서 벗어나는 것이 목표였다면 지금은 자신의 존재가치 그 자체를 잃어버리게 될까봐 두려워한다. 실제로 극소수의 정치경제 엘리트들은 대중을 마치 없는 사람인 양 그림자처럼 취급하고 있다.

많은 학자가 지적하듯 20세기 파시즘과 사회주의와의 경쟁에서 민주주의와 자본주의로 대변되는 자유주의가 승리한 이래 21세기 초반의 20년은 인류사상 가장 큰 평화와 번영을 누리고 있다. 전염병 사망자보다 고령 사망자가 더 많고 기아 사망자보다 비만 사망자가 더 많으며 전쟁과 폭력으로 인한 사망자보다 교통사고 사망자가 더 많은 세상이 되었다. 인류가 그토록 바라마지 않던 정치경제적으로 매우 안정적인 시대가 온 것이다. 그러나 사람들은 더 불행해졌다고 느낀다. 도대체 뭐가 문제인 것일까.

트럼프에게 표를 던진 사람들이나 브렉시트를 선택한 영국 시민들이나 본질은 어쩌면 자신들을 잉여인간 취급하는 사회, 자신들을 필요로 하지 않는 사회에 대한 분노일지도 모르겠다. 홍콩, 이라크, 남미 등 전 세계적으로 대중의 분노는 세기말 현상으로 느껴질 만큼 높아지고 있다. '조국 죽이기'에서 시작된 공정과 불평등이란 화두가 세대론까지 들먹이며 연일 사회적 이슈가 되고 있는 한국도 예외는 아니다. 과연 진짜 기생충은 누구인가. 진짜 조커는 누구인가. (2019. 11. 13)

환향녀, 400년 만에 나래 펴고 오더라

병자호란의 실상을 담은 고발문학

중국 우한에서 조국으로 돌아가기를 학수고대하는 동포들, 우리 동네만큼은 절대 안 된다며 트랙터를 몰고 나온 소수의 사람들에게 공포와 혐오를 부추기는 사람들과 자유한국당(현 국민의힘)을 보면서 문득 떠오른 것은 우리말에서 가장 치욕스러운 말, 환향녀(還鄕女)였다. 상황도 조건도 많이 다르지만 한 줌도 안 되는 무능을 넘어 파렴치한 세력과 분별없이 휩쓸리는 사람들을 보고 있자니 400년 전 부조리극과 너무나 흡사해 역사가 얼굴을 달리하며 반복되는 것 같아 등골이 서늘해진다.

병자호란은 임진왜란 이상의 씻을 수 없는 상흔을 남겼다. 늘 그렇듯 전쟁의 최대 피해자는 여성과 노약자들이다. 병자호란을 배경으로 한 조선 후기 소설 중 『강도몽유록』(江都夢遊錄)이라는 작품이 있다. 여기서 강도(江都)는 소현세자 등의 왕족이 피란을 가 임시 왕도로 정해진 강화도의 별칭이다. 『강도몽유록』은 국가의 위기관리 능력을 여성의 시각에서 신랄하게 비판한 작품이지만 사용하는 어휘나 문체를 보면 남성이 썼을 가능성이 높아 보인다. 직설적이면서도 은유적인 표현으로 역사적 사실을 가차 없이 비판한 작품으로 병자호란에 대한 생생한 증언을 담은 대표적인 고발문학이라 할 만하다.

소설은 '청허'라는 선비의 꿈을 통해 강화도에서 죽은 여인 15명이 모여 저마다 자신이 어떻게 죽었고 어떤 원한이 있는지를 고발하는 단순한 구성이다. 여인들은 관리였던 남편과 시아버지의 무사안일과 부조리, 비루함을 고발하고 인조반정 공신계층에 대한 비판도 서슴지 않는다. 남편이 싸울 생각은 않고 스스로 변발하고 청의 종이 되는 모습, 왕비의 언니이자 중신의 아내는 아들이 자신을 찔러 죽이고 정절을 인정받아 표창받은 것을 비판한다.

당시 영의정이었던 김류의 부인은 사사로이 자식에게 중책을 맡긴 남편의 직권남용과 밤낮으로 향락에 빠져 방비를 게을리한 아들 김경징(두 사람은 인조반정 공신이다)이 부끄럽다며 자신은 자결했지만 원한이 사무친다고 하소연한다. 그 외에도 며느리, 딸과 함께 자결한 늙은 여인 등 전쟁의 참상은 말로 다하기 어렵다. 여인네들의 고통이 오죽했으면 남성 중심의 완고하고 경직된 사회구조가 혼란을 초래했다며 용골대를 물리친 박씨부인 같은 여성 영웅을 만들어냈을까.

조국으로 돌아온 환향녀들

인조의 항복을 받아낸 청은 조선의 여인 수십만 명을 끌고 가

궁궐이나 고관대작의 후처로 들였다. 나머지 조선인들은 봉천(지금의 심양) 노예시장에서 매매했고 이때 자금력이 있는 양반들은 가족을 되사왔다. 볼모로 청에 가 있던 소현세자와 세자빈 강씨는 수완을 발휘해 모은 재물로 속환(贖還)시장에서 꽤 많은 조선인을 구해냈다고 한다. 천신만고 끝에 고향으로 돌아온 여인들은 '환향녀'라 불렸다. 그러나 왕족이나 양반가의 여인들은 절개를 잃었다는 이유로 시집과 친정에서 버림받았다.

국가의 치욕을 초래한 지배층의 무능으로 고초를 겪은 아내와 딸, 어머니들은 가문을 위해 자결하거나 이혼할 것을 강요받았다. 아내의 동의가 없어도 이혼할 수 있게 허락해달라는 상소가 빗발치며 사회적 문제로 대두되자 급기야 이혼금지령이 내려지기도 했다. 그리하여 차츰 '환향녀'는 "절개를 잃은 여인"이라는 일반명사 '화냥년'이 되었고 화냥질·화냥기 등 성적으로 문란한 행동을 하는 여성을 비하하는 치욕스런 단어가 되었다. 우리 역사에서 국가와 사회가 여성에게 집단적으로 행사한 폭력의 증거다.

자신들의 무능함으로 치욕을 당해야 했던 여인들을 두 번 죽이는 족속들, 돌아온 딸과 며느리에게 자결을 강요하고 정절부인 칭호를 하사받거나 열녀문을 세워 가문의 거짓된 영광으로 삼았던 족속들이 이 땅의 기득권 세력의 뿌리다. 달라진 게 있다면 지금은 국민이 정부를 선택할 수 있고 다행히 문재인 정부는 국민의 생명과 안전을 소중히 여길 줄 아는 집단이라는 점이다. 속절없이 수십만의 여성과 장정들을 볼모로 보내야 했던 무능한 조선이 400년이 지나 전세기를 띄워 제 나라 국민들을 데려올 만큼 국력이 강해졌다. 이번엔 보란듯이 극진히 모셔와서 잘 보살피고 안전해질 때까지 조국이 품어줄 수 있을 만큼 경제적으로 부강해졌다. 그러려고 열심히 일하고 열심히 세금을 낸 것이다.

분명한 것은 국민의힘은 언제나 정치논리만 앞세우고 국민의 생명과 안전 따위는 안중에도 없는 사람들이라는 것이다. 하긴 지난 세월호 사건으로 똑똑히 보았으니 더 보탤 것도 뺄 것도 없다. 다만 그들에게 부화뇌동해 연신 짐승의 언어를 토해내는 일부 몽매한 사람들이 안타까울 따름이다. 그럴수록 자신의 무덤을 점점 깊이 파고 들어가는 것임을 깨닫게 될 것이다.

내일, 아니 오늘 우한 교민들이 무사히 돌아와 시설에 입소하기를, 중국에 남아 고군분투하고 있는 의료진과 두려움에 떨고 있을 중국인들을 위해 기도한다. 나는 우한 교민들의 귀국을 지켜보며 400년 전 조국과 가족에게 버림받았던 환향녀들의 넋이 나래를 펴고 훨훨 날아오는 것을 본다. (2020. 1. 30)

알파와 엘로이는 행복한가

냄새와 수직구조로 드러내는 혐오

『지킬 박사와 하이드 씨』『타임 머신』『프랑켄슈타인』. 이 작품들의 공통점은 『종의 기원』 이후 눈부신 근대과학의 발전을 구가하던 영국 빅토리아 시대에 탄생한 소설로 과학문명의 진보와 과학자의 자세를 곱씹어보게 만드는 작품이라는 점이다. 이후 오늘날까지 대표적인 디스토피아 소설로 꼽히는 조지 오웰의 『1984』와 올더스 헉슬리의 『멋진 신세계』가 등장했다. 이 모든 작품은 영국에서 영국 작가들에 의해 탄생했고 조지 오웰의 『위건 부두로 가는 길』과 더불어 이 작품들의 끝에 엥겔스의 『영국 노동자계급의 상황』이 놓이는 것은 우연이 아니다.

영화 「기생충」은 '수직구조'라는 날실을 '냄새'라는 씨실로 직조한다. 이 두 가지는 자본주의 태동 이전부터 신자유주의의 임계점에 이른 오늘날까지 변함없이 사람들의 상상력을 제한하거나 자극해왔다. 본디 혐오란 두려움에서 오는 배타적 태도에서 비롯된 것이니 조지 오웰의 시대나 지금이나 더럽고 추하며 늙은 것에 대한 혐오가 한 치도 다를 바 없다는 것은 어쩌면 당연한 일인지도 모르겠다.

"여기서 우리는 서구 계급 차별 문제의 진짜 비밀과 맞닥뜨린다. 그것이 부르주아로 자란 유럽인은 자칭 공산주의자일지라도 몹시 애쓰지 않는 한 노동자를 동등한 사람으로 여길 수 없는 진짜 이유이기도 하다. 그것은 요즘에는 차마 발설하지 못하지만 내가 어릴 때만 해도 꽤 자유롭게 쓰곤 하던 섬뜩한 말 한마디로 요약된다. '아랫것들은 냄새가 나.' … 여기서 우리는 넘을 수 없는 장벽과 마주친다. 어떤 호감도 혐오감도 '몸'으로 느끼는 것만큼 근본적일 수는 없다."[*]

조지 오웰이 '냄새'를 말한다면 허버트 조지 웰스는 그의 소설 『타임머신』에서 '수직구조'를 말한다. 자본주의의 발돋움판 앞에서 도드라진 냄새와 수직구조는 조롱인지 유머인지 경계가 불분명한 페이소스와 함께 영화 「기생충」에 완벽하게 구현된다. 자본주의와 제국주의를 주도해온 서구인들은 마치 이제야 그런 문제를 알아차렸다는 듯 '잘 만든 불편한 영화'로 평가하며 호들갑을 떤다. 더는 회피할 수 없는 자기반성에 이른 것이 아닐까 싶다.

『멋진 신세계』(1932)와 『타임머신』(1895)을 처음 읽은 1990년

* 조지 오웰, 이한중 옮김, 『위건 부두로 가는 길』, 한겨레출판, 2010, p.172.

대 이래 물리학과 생물학의 만남이라는 혁명적인 과정을 지나오면서 최소 100년 후에나 벌어질 일이라고 생각했던 소설의 디테일한 부분까지 현실에서 보게 되는 놀라움을 경험하고 있다.

셰익스피어의 『템페스트』에서 제목을 따온 『멋진 신세계』는 실험실의 포드시스템으로 완벽하게 계급을 생산해내는 2540년의 세계를 다룬다. 알파, 베타, 감마, 델타, 엡실론으로 계급이 구분되고 오감을 이용한 오락과 말초적인 신경을 만족시키는 그는 '소마'로 독서나 자연에 대한 애착을 갖지 못하게 주입한다. 지금 우리가 사는 방식으로 성장한 존은 '야만인'으로 불리는데 '문명인'에게 나이 들어 추해질 권리, 지저분하고 때로 질병에 걸릴 권리, 내일 무슨 일이 일어날지 몰라 불안에 떨 권리를 요구한다. 기술진보에 맞서 인간성을 지킨다는 것은 곧 불행할 권리를 요구하는 것임을 역설적으로 보여주는 것이다.

『타임머신』은 인류의 꿈인 시간이동 기계를 이용해 80만 년이라는 시간을 뛰어넘는다. 시간여행자는 진보를 믿고 부지런히 걸어온 인류가 맞이한 어두운 미래를 목도한다. 그것은 바로 지상세계에 사는 '엘로이'와 지하세계에 사는 '몰록'이라는 두 종류의 인간이었다.

노동할 필요가 없어진 엘로이는 군이 키가 커야 할 이유가 없어 120센티미터의 아담한 키에 이목구비가 오목조목 뚜렷하고 희고 매끈한 '드레스덴 도자기 같은 미모'를 갖추었으며 읽지도 쓰지도 못하고 지적 호기심이나 끈기, 학습의지도 없는 천진난만한 사

람들이다. 과학소설의 창시자라 불리는 작가 하버트 조지 웰스는
이를 두고 "지성은 자살했다"고 말하기도 했다. 그들은 모기나 잡
초가 없는 향기로운 꽃과 과일이 가득한 지상세계에 사는데 우리
가 천국을 상상할 때의 모습과 비슷하다. 영화 「기생충」에서 배우
조여정이 연기한 순진하고 천진하며 백치미까지 느껴지는 연교가
엘로이와 참 닮았다.

반대로 어두운 지하세계에서 엘로이들이 사용할 물건들을 생산
하며 사는 몰록은 외모도 지하에 맞게 진화해 마치 골룸처럼 괴기
스럽다. 기택이네 가족보다 더 아래에 사는 근세의 모습은 몰록과
매우 흡사해 봉준호 감독이 이 소설을 참고한 게 아닌가 생각될
정도다. 가까스로 현재로 돌아온 시간여행자는 엘로이에 대한 연
민과 몰록에 대한 혐오감을 전하며 문명의 진보와 인류의 퇴보라
는 부조리를 말한다.

두려움을 이겨내는 법

엥겔스의 고발처럼 당시 영국 노동자의 삶이란 지옥을 방불케
했으니 몰록을 상상하는 것도 무리는 아니었을 것이다. 그러나 자
본주의가 승승장구하면서 엘로이와 몰록 사이에는 수많은 층위가
나눠져 계급을 단선화하기 어려워졌다. 지상을 기준으로 높이에
따라 타워팰리스와 마린시티, 빌딩형 고층아파트, 15층 아파트,
연립주택, 일반주택, 그리고 반지하로 나뉘는 주거형태가 존재한
다. 그리고 타워팰리스와 반지하 사이에는 한 단계씩 높이 올라가

고자 하는 수많은 '나'의 욕망이 있을 뿐이다.

재밌는 건 투자에 관심이 없는 나조차도 아파트에 살 때는 어찌다 교차로 같은 정보지를 볼 때마다 내 집의 시세를 살펴보며 묘한 충만감을 느끼곤 했다는 것이다. 주택으로 옮겨오고 나서야 비로소 집에 대한 물질적 평가에서 자유로워졌고 진짜 '집'에 살고 있다는 느낌과 집은 값으로 매길 수 없는 그 무엇이라는 생각을 하게 되었다.

현대농업은 다품종 소량생산이라는 가족농의 손발을 자르고 집약적 단일작물의 기업농으로 가격이나 환경 등의 문제를 야기한다. 다양성을 존중하지 못하고 차별과 배제를 배태하는 많은 문제는 고랭지 배추와 같은 집약적 단일작물처럼 인간의 주거형태가 아파트라는 대단위 밀집형으로 단순화된 것에서 출발하는 게 아닐까 하는 생각을 주택에 살면서 많이 하게 되었다.

생물학에도 조예가 깊었던 『멋진 신세계』의 작가 올더스 헉슬리는 "모든 진보에는 반드시 그 희생의 대가를 동반한다"고 했다. 마치 천상의 세계 같은 아름다운 곳에서 더럽고 추한 것은 몰록에게 맡기고 위생적이고 갈등도 없이 사는 엘로이는 행복한가. 읽고 쓰기, 나아가 생각조차 하지 않아도 원하는 건 다 얻을 수 있는 『타임머신』의 엘로이, 쾌락과 소비는 물론 공유·균등·안정이라는 사회주의가 완벽하게 구현된 『멋진 신세계』에 사는 알파계급은 행복한가. 그들을 호모 사피엔스라 할 수 있을까. 언어는 생각의 집이고 주택은 육신의 집이다. 둘 다 무엇을 어떻게 담느냐에 따라 존재가 규정되는 유물론의 지배를 받는다.

"우리 모두 계급 차별을 맹렬히 비난하지만 그것이 정말 없어지기를 진지하게 바라는 사람은 아주 드물다. 여기서 우리는 중요한 사실 하나와 맞닥뜨린다. 그것은 모든 혁명적 소신이 갖는 힘의 일부는 아무것도 변하지 않을 것이라는 은밀한 확신에서 비롯된다는 점이다."*

섬뜩하지 않은가. 전에는 조지 오웰의 이 말에 동의할 수 없었다. 물론 지금도 인간과 역사에 대한 낙관은 변함없지만 점점 그의 의견에 가까이 기울어져가는 나를 발견한다.

우리가 선거를 하고 정치에 관심을 갖는 이유는 최소한 반지하보다 더 내려가지는 않도록, 또는 반지하에 최소한의 바람과 햇살을 들여보내기 위함이라 믿는다. 예나 지금이나 시민과 신민, 엘로이와 몰록이라는 극명한 계급적 양극단을 방치해온 인류는 욕망의 끝에서 온갖 혐오와 차별의 바이러스를 만났다. 세계적인 재난 상황마저 계산기에 넣어 돌리는 사람들과 같은 하늘을 이고 사는 것은 새삼스러운 일이 아니다. 아무것도 변하지 않을지 모른다는 두려움을 이겨내고 뭐라도 해보는 것, 그것이 선거다.

(2020. 2. 19)

* 앞의 책, p.212.

평창, 평화의 메시지를 담다

영화로 본 전쟁의 참상

2018년 평창동계올림픽 이후 올해로 두 번째 맞는 평창국제평화영화제가 개막했다. 박근혜 정부 때만 해도 동계올림픽은 예산 지원도 부족하고 관심도도 낮아 천덕꾸러기나 다름없었다. 그러나 촛불혁명으로 문재인 정부가 들어서면서 평창올림픽은 평화의 상징으로 부상했다. 남북이 공동으로 입장하고 여자 아이스하키는 남북 단일팀으로 출전했으며 현송월 단장이 이끄는 북한응원단이 몇 차례 공연도 성황리에 치렀다. 지구촌 마지막 동서 냉전의 현장인 한국이 평화의 상징이 되는 것은 어쩌면 자연스러운 일일지도 모르겠다. 그래서 2019년부터 평창에서 국제평화영화제가 시작되었고 나는 그 두 번째에 다녀왔다.

영화제에서 선보이는 장단편 영화를 다 합치면 90편이 넘는다. 홍보가 많이 안 된 건지 코로나19 때문인지 매 영화마다 관객은 십여 명에 불과했다. 한 가지 주제를 다양하게 천착하는 영화제는 인식의 지평을 넓힐 수 있다는 점에서 매력적이다. 더구나 전쟁과 평화라니, 대북전단으로 인한 남북한의 교착상태와 새로운 긴장을 생각해보면 더욱 뜻깊다. 인류에게 잉여생산물이 생긴 이래 전쟁은 한 번도 쉰 적이 없다지만 참호전이 개발된 제1차 세계대전 이후의 잔인함과 냉혹함은 그 모든 것을 뛰어넘는 것이었다.

첫 번째로 본 영화는 융 창(Yung Chang) 감독의 「이것은 영화가 아니다」(2019)였다. 이 영화는 북아일랜드 독립투쟁과 2018년 시리아 내전에 이르기까지 38년 동안 계속되고 있는 중동 내전의 민낯을 취재하고 보도해온 영국 일간지 『인디펜던트』지의 중동 전문기자 로버트 피스크를 다룬 다큐멘터리다. 전쟁이나 분쟁과 관련해 이해당사국 정부들과 언론은 결코 진실을 말하는 법이 없다는 것은 익히 아는 바다. 국제분쟁의 현장으로 달려가 참상을 기록하는 로버트 피스크는 기자가 세상을 바꾸지는 못하지만 사람들의 삶이 어떻게 부서지는지 기억하고 각국 정부와 언론의 거짓말에 대항해 진실을 말할 수 있다고 강조한다. 다음 세대를 위해 기억하지 않음으로써 마치 없었던 일이 되지 않도록, 그런 일이 있었는지 몰랐다고 하지 않게 되기를 바라며 지금도 총알과 폭탄이 터지는 분쟁의 현장으로 달려간다고 말한다.

그를 기자의 삶으로 이끌었던 영화 「해외특파원」에서는 기자의 활약으로 인류를 전쟁의 위험에서 구해내기도 하고 멋진 여자를 만나기도 한다. 하지만 그는 현실은 영화가 아니라고 독백한다. 초로의 기자가 오늘도 구시대적인 취재방식인 취재노트와 펜만 들고서 분쟁의 현장에서 어떻게든 전선 가까이 가보려고 한다. 또 나

토는 왜 영미에서 흘러나온 무기를 추적하지 않는지, 시리아 홈스 외곽의 철저하게 파괴된 현장에서 그 많던 사람은 어디로 갔는지 묻는다. 그는 오늘날 유럽의 골칫거리는 유럽인들의 외면과 방관으로 만들어진 것임을 고발하고 자신의 조국이 하는 나쁜 짓을 기록하겠다고 한다.

로버트 피스크 기자는 우리에게 말한다.

"기자들은 '어디서, 어떻게'에만 관심 가져서는 안 됩니다. 그건 누구나 다 말합니다. 하지만 기자는 '왜?'라고 물어야 하며 보통 사람들이 하지 못하는 '권위에 도전하는 역할'을 해야 합니다."

이 영화를 만든 캐나다의 융 창 감독은 진실의 주관적 견해에 대한 의문을 품고 미디어를 소비하는 방식의 변화 속에서 글의 적합성에 대해 생각해보기를 주문한다. 그 어느 때보다 기자의 글쓰기에 회의적인 시각이 지배적인 지금, 저널리스트를 지향하는 사람들이라면 새겨들어야 할 대목이다.

조지 오웰은 "전쟁의 가장 끔찍한 특징 가운데 하나는 모든 전쟁 선전물, 모든 악다구니와 거짓말과 증오는 언제나 싸우지 않는 사람들에게서 나온다는 것"이라고 말하면서 "의용군에서 돌아온 후 뒤져본 언론 중 『맨체스터 가디언』(『가디언』의 옛 칭호)은 예외로 하고 싶다"라며 그 정직성을 더 존경하게 되었다고 했다. 하지만 그것도 현장을 최우선의 취재처로 인식하는 기자가 있을 때의 이야기다.

최근 한국 언론의 신뢰도가 또다시 최하위로 조사되었다는 씁

쓸한 보도가 있었다. 역사상 최고의 언론자유를 누리는 기자들이 생산해내는 기사에 대한 최하위 신뢰도. 우리에겐 단독 기사와 조회수에 집착하는 이들을 지칭하는 새로운 이름이 필요하다.

북한 고아들과 우정을 나눈 유럽인들

두 번째로 본 영화는 한국전쟁 70주년에 톺아보는 김덕영 감독의 「김일성의 아이들」(2020)이다. 가끔 '어떻게 그 생각을 한 번도 하지 않을 수가 있었던 거지?' 하고 머리를 망치로 한 대 맞은 느낌이 들 때가 있는데 이 영화가 그랬다. 한 번도 생각해보지 않은 '김일성의 아이들.' 제목만 보고 히틀러 유겐트와 비슷한 북한 소년단의 이야기인가 했는데 뜻밖에 보물 같은 작품을 만났다. 영화를 보면서 모르는 것이 얼마나 많은지, 빙산의 일각을 보고 마치 전체를 본 것처럼 착각하는 일이 얼마나 많은지, 부분은 다른 많은 부분들과 연결되어 있음에도 그 고리들을 무시하며 또는 도외시하며 살아가고 있는 나를 발견했다.

전쟁은 권력자들이 결정하지만 구체적인 참상은 늘 발언권이 없는 사회적 약자들이 감당하며 씻을 수 없는 상흔을 남긴다. 특히 어린이들의 희생은 뼈아프다. 한국전쟁으로 남북 각지에서 10만 명 이상의 전쟁고아가 생겨났다. 남한은 홀트아동복지회를 비롯한 여러 복지회를 통해 전쟁고아들을 서구의 가정으로 입양 보냈고 기부금 명목으로 막대한 돈을 받았기에 오랫동안 고아 수출국이란 오명을 들어야 했다. 부끄럽지만 경제규모 10위 언저리에 있는 지금도 많은 아동이 해외로 입양되고 있다.

반면 북한의 경우 5,000명 이상의 북한 고아들이 입양이 아닌 위탁교육이라는 이름으로 폴란드, 체코, 헝가리, 루마니아, 불가리아 등 동유럽으로 보내졌다고 한다. 휴전되기 전인 1952년 6월 사회주의 종주국 소련은 체제의 우월성을 선전하고 전쟁의 후처리 경쟁에서 우위를 선점하고자 북한 전쟁고아 동유럽 이주 프로젝트를 계획한 것이다. 루마니아 2,500명, 폴란드 1,000명, 체코 700명, 헝가리와 불가리아에 각각 500명씩 보내진 북한의 아이들은 최고의 시설을 갖춘 기숙사와 양질의 교육, 수준 높은 의료진과 전문요리사를 두었으며 외부에는 철저하게 비밀에 부쳐졌다.

전후 재건사업을 해야 하는 동유럽 국가들에겐 여러모로 부담이 컸겠지만 공산주의 연대와 국제주의를 강화한다는 소비에트 연방의 회유와 군사적 압력 앞에서 별도리가 없었을 것 같다. 특히 '손님이 온 것은 신이 온 것과 같다'는 속담이 있을 만큼 손님을 환대하는 풍습이 있는 폴란드에서는 아이들을 정성껏 돌봐준 모양이다. 동유럽 5개국에서 북한의 아이들은 북한에서 파견된 교사와 현지 교사들에게 두 나라의 언어와 역사를 배우고 정서적 불안을 극복하며 성장했다.

그들과 함께 우정을 나눈 유럽의 아이들은 노인이 된 지금도 북한 아이들이 불렀던 노래를 기억하며 "우리는 고무신이었지만 그들은 가죽신을 신었어요. 우리도 버터 바른 빵이 제일 그리웠지만 부모를 잃고 나라를 떠나온 북한의 친구들에게 잘해주는 건 당연한 일이었지요"라고 추억한다. 폴란드는 전후 폐허를 재건하는 어려움 속에서도 북한 아이들에게 간식을 포함한 하루 다섯 끼를 챙겨주고 가죽신발을 신길 정도로 풍족한 생활을 제공했던 것이다. 그리고 당시 아이들을 안아주는 것은 금기시되어 있었음에도 동유럽의 젊은 교사들은 아이들이 아버지, 어머니라 부를 만큼 따뜻하고 헌신적으로 보살펴주었다. 아이들도 교사들도 각국의 정부와 소비에트 연방이 의도한 정치적 목적이나 프로파간다와는 상관없이 사랑과 우정, 그리고 인류애를 나누는 순수한 인간의 만남이었던 것이다. 아이들은 7년여 동안 동유럽에서 유년 시절을 보내며 전쟁 트라우마를 극복하게 도와준 또 하나의 고향을 갖게 되었을 것이다. 감독은 마지막까지 영화의 제목을 '두 개의 고향'으로 하고 싶었다고 하는데 그 편이 더 설득력 있어 보인다.

폴란드에 간 아이들은 음식과 언어에 적응하며 집에 돌아온 것처럼 행복했지만 대대적인 숙청으로 시작된 김일성의 폐쇄정책과 동유럽의 자유화를 경계한 당국은 1957년부터 아이들을 강제 송환했다. 유럽문화의 영향을 받아 1956년 헝가리 혁명에 가담한 아이들도 있었고 폴란드에서 서유럽으로 탈출을 시도하다 소환되어 수용소로 보내진 아이들도 있었다. 결국 동유럽으로 이주했던 북한 아이들은 1959년까지 모두 송환되었다. 김일성에게는 유럽의 자유주의적 문화의 영향을 받은 아이들이 체제를 위협하는 존재로 인식되었을 것이기에 이들을 북한 전역으로 분산시키고 1961년부터는 동유럽과의 서신교환도 금지시켰다고 한다.

아이들만 생사를 모르는 게 아니다. 최초의 루마니아-한국어 사전을 만든 초로의 제오르제타 미르초유 씨는 열아홉 살 때 신입 교사로 북한 아이들을 가르쳤으며 북한에서 파견된 교사 조정호 씨와 오랜 비밀연애 끝에 양국의 허가를 받고 결혼해 딸까지 두었다. 하지만 남편과 강제로 헤어졌고 지금도 생사를 확인하지 못하고 있다. 그녀는 지금도 중년이 된 딸과 함께 남편의 소식을 기다린다. 언젠가 남편을 만나면 대화를 이어가기 위해 한글공부를 시작했고 16만 개의 단어를 담은 루마니아-한국어 사전을 발간했다. 세상에서 가장 슬프고도 아름다운 사전이다.

평화를 위한 여정

북한의 아이들과 우정을 나누었지만 지금은 노인이 된 유럽의 아이들이, 가장 가난하고 외로웠던 시절을 보듬어준 유럽의 친구들과 선생님이 북한으로 돌아간 친구들을 애타게 찾는다. 그들은 아시아의 동쪽 끝에서 온 아이들을 한결같이 다정하고 미소를 잃지 않으며 전투적이고 신체적으로도 잘 단련된 의젓하고 예의 바른 아이들로 기억한다. 그들은 북한에 있을 친구들에게 따뜻한 안부를 전한다.

"보고 싶다 친구야! 널 만난 것은 내 인생 최고의 행운이었어. 널 다시 만날 수 있다면 나는 어디든 달려갈 거야!"

"남과 북, 두 나라의 평화를 기도할게."

어린 시절의 동심을 간직한 가장 아름답고 순수한 인간의 얼굴이다.

몇 년 전 아우슈비츠에 가기 위해 폴란드의 브로츠와프를 잠시 들른 적이 있다. 그때는 동유럽의 작은 소도시와 한국 사이에 어떤 접점이 있을 거라고 전혀 상상하지 못했다. 그런데 그곳에 한반도의 평화를 기도하고 동양 친구를 그리워하는 노인들이 있다니. 북한의 아이들은 그곳을 떠나기 전 자신들의 이름을 기념비에 새겨 넣었다. 그 아이들을 매개로 동유럽의 작은 마을조차도 나, 그리고 한국과 연결되어 있었구나 싶어 가슴이 먹먹했다. 한반도의 평화는 우리만 절실한 게 아니었던 것이다.

평가는 시간이 하는 것이다. 우리가 해야 하는 일은 할 수 있는 일을 함과 동시에 있는 그대로의 역사를 기억하는 것이다. 유럽의 젊은 교사들도 정부의 지침과는 다르지만 어린 시절이 공백으로 남지 않도록 아이들의 생활기록부에 고향 주소, 부모의 이름과 직업까지 상세히 기록했으며 24시간 기록영상을 만들고 더 많은 사진자료를 남기려고 노력했다. 그리하여 종군기자 로버트 피스크의 말대로 "아무도 기억하는 이가 없어 마치 없었던 일이 되지 않게, 그런 일이 있었는지 몰랐다고 하지 않게" 한 것이다. 그리고 그들은 지금도 끊임없이 어디 있냐고, 살아는 있냐고 묻고 또 묻는다.

인류가 궁극으로 추구하는 가치는 바로 가장 조화롭고 균형잡힌 상태인 '평화'가 아닐까. 전쟁은 제국주의에서 이념으로, 이제는 자본과 시장으로 넘어갔다. 그러나 북한의 아이들이 수천 킬로

미터를 달려 동유럽으로, 다시 조국으로 돌아가며 경험한 국경과 이념을 초월한 휴머니즘이야말로 '평화'가 얼마나 소중하고 가치 있는 것인지 대변해준다. 어떠한 대가를 치르더라도 양보할 수 없는 것이 '평화'를 위한 여정인 것이다.

동양인의 외모와 유럽인의 정체성 사이에서 극심한 혼란과 분열을 겪어야 했던 수만 명의 남한 전쟁고아들과 스탈린의 아이들에서 김일성의 아이들로 살아야 했던 북한의 전쟁고아들, 종국에는 자취마저도 찾을 길 없는 전쟁의 상처이자 부끄러운 어른들의 민낯이다. 영화는 사랑과 우정, 인류애는 프로파간다로도 억누를 수 없는 고귀한 것임을 말하고 있지만 온통 '전쟁'이라는 말로 가득한 한국전쟁 70주년에 우리가 기억해야 할 것은 오직 하나, '평화'다. '평화'는 팽팽한 긴장 속에서 부단히도 노력하고 협상하며 조율하는 결과값이기도 하다. (2020. 6. 23)

코로나가 빚어내는 콘트라스트

역병을 이겨내는 법

「다만 악에서 구하소서」라는 영화가 소리 없이 인기몰이를 하나보다. 어떤 영화인지는 모르겠으나, 제목 하나는 작금의 상황과 딱 맞아떨어진다. 14세기 유럽에 페스트가 창궐했을 때 90퍼센트는 농민이었고 제한적이나마 지식을 접한 계층은 극히 일부였다. 당시 페스트 치료요법은 두 세기가 지난 뒤 예언가 노스트라다무스가 더러워진 리넨은 버리고 거리의 시체는 치우라고 위생을 강조하기 전까지 경악을 금치 못할 것들이 대부분이었다.

죽은 쥐로 환부 문지르기, 시궁창 안에서 살기, 병든 사람 쳐다보지 않기, 오줌과 고름 마시기, 그리고 자신을 채찍질해 신께 용서를 구하라는 식이었다. 파울 퓌르스트의 판화 「로마의 부리의 사」(1656)를 통해 당시 의사들의 복장을 짐작할 수 있다. 비말을 차단하고 공기 중 악마의 영혼이 들어오지 못하도록 밀랍을 바른 거대한 검은 갑옷을 입고 가까이 다가오는 환자를 때리기 위한 막대기를 들고 부리로는 역병을 쪼아 퇴치할 수 있다고 믿어 새 가

면을 쓴 부리의사. 그리고 역병 환자들을 보살피는 일을 도맡았으나 이후 마녀로 몰려 희생당한 여의사 와이즈우먼들이 있었다. 한계는 있었지만 그들은 공포를 무릅쓴 이타주의자들이었다. 그때나 지금이나 전염병 앞에 대혼란을 일으킨 건 종교적인 광신자들이다.

제2차 세계대전 종전 직후에 출간된 알베르 카뮈의 『페스트』에도 악의 상징과 같은 역병 앞에서 인간의 선한 본성을 보여주는 의사 리외와 그를 도와 통계작업을 하거나 자발적으로 보건위생대를 조직해 전염병에 대처하는 특별할 것 없는 인물들이 있다.

카뮈는 이들을 통해 공감과 우정을 바탕으로 주어진 본분을 다하며 반항하는 행위만이 인간을 인간답게 만드는 본질임을 보여준다. 특히 남루했던 삶에서 벗어나기 위해 의사가 된 리외에게는 오로지 페스트에 걸리지 않고, 걸려도 옮기지 않으며, 죽지 않고 살아남는 것만이 중요할 뿐이다. 그의 궁극적인 목표는 페스트의 퇴치다. 신천지 예배에서 확산된 대구의 코로나19 위기 때 눈부시게 활약한 정은경 본부장을 볼 때마다 의사 리외를 떠올린다.

이 작품에서 눈에 띄는 문제적인 인물 중에 예수회의 파늘루 신부가 있다. 그는 역병은 사악한 자들에게 가해진 신의 징벌이니 신에게 의지해야 한다고 설교하지만 죄 없는 어린아이가 처참하게 죽어가는 모습을 보며 입을 다문다. 그리고 구원은 신이 아니라 이 땅에 발 딛고 살아가는 사람들의 건강에 있다는 것을 받아들이며 십자가를 손에 쥐고 죽어간다. 그가 전 생애에 걸쳐 의탁한 신은 어디에 있는가.

우리가 K방역이라는 찬사를 들으면서 코로나19 방역에 나름 선방할 수 있었던 건 각자 자신에게 주어진 일을 해낸 덕분이었다. 의사와 간호사는 집단발병지로 자원해 내려가고 자영업자들은 어렵지만 고통을 인내했으며 무대를 잃은 예술가들은 나름의 방법으로 관객과 만나기 위해 몸부림쳤다. 아이를 둔 부모들은 진이 빠지도록 일과 육아를 병행했으며 조부모는 기꺼이 손주를 돌보았다. 어느 집단, 어느 계층도 특별히 내가 더 힘들다고 울부짖지 않았다. 모두가 일상에서 스스로 시민으로서의 윤리의식을 갖고 양보하고 배려하며 성실하게 임했다. K방역의 진짜 영웅은 각자 자신이 할 수 있고 해야 하는 일을 기꺼이 해낸 대한민국의 시민 한 사람 한 사람이다.

카뮈는 『페스트』에서 예언했다.

"페스트 간균은 결코 죽거나 사라지지 않고 수십 년간 방의 가구, 지하실, 짐 가방의 옷, 손수건, 폐지 속에서 참을성 있게 기다리다가 사람들에게 불행과 교훈을 주기 위해 쥐들을 깨워 그것들을 어느 행복한 도시에서 죽으라고 보낼 날이 분명 오리라."

인간이 인간의 본분을 망각한 그날이 바로 오늘인 것인가. 우리는 어떻게 이 질병을 지하실에 다시 잠재워둘 수 있을까.

보통의 영웅들에게 박수를!

코로나19 치료의 최전선에 있는 의사와 간호사들은 지난 2월부터 지금까지 바람 한 점 안 통하는 방역복을 입고 악전고투 중이다. 몇 달 동안 의료진과 정부, 온 국민이 힘을 다해 협력해온 덕분에 겨우 현상유지에 성공했는데 보수 정치인들과 손잡은 광신적인 극우기독교인들이 한순간에 국가와 이웃을 도탄에 빠뜨렸다. 중세 시대에 죽은 쥐를 환부에 문지르던 몽매한 사람들처럼 비말을 나눠갖고 검사를 거부하며 확진자가 이송을 도와주는 사람을 깨물고 달아나고 병원에서 탈출한다. 보건소에 전화해서 악다구니를 하고 거짓선동으로 방역당국을 절망에 빠뜨린다.

이들의 행동을 어떻게 볼 것인가. 이들에게 몽매한 신념을 갖게 만든 힘은 무엇이었을까. 타인의 고통과 국가의 안전에는 눈꼽만큼도 관심이 없는 이들도 근대적 인간이라 할 수 있을까. 그들은 거짓되고 조작된 신의 목소리에 맹목적으로 복종하며 폭력을 휘두른 몽매한 중세적 인간과 무엇이 다른가. 혐오와 파괴적인 분노로 가득한 태극기부대를 넘어 나라를 위기에 빠뜨린 저들을 국가와 시민사회는 앞으로 어떻게 보듬어야 할까. 국가시스템의 붕괴와 이웃의 고통을 웃으며 손짓하는 이들을 악마화하고 외면하기에는 우리의 부모 형제와 이웃이 얽혀 있다.

코로나19로 비롯된 비대면 방식에 겨우 적응해가던 우리는 미증유의 사태를 맞고 있다. 우주복 같은 방역복을 입고 고투하는 의료진과 종로로 신촌으로 돌아다니며 방역수칙을 어기는 확진자 간의 이 엄청난 콘트라스트에 어떻게 대처해야 할지 숙제를 받아들고 있다. 『페스트』의 의사 리외는 불행과 고통을 더 이상 날카롭게 느끼지 않고 절망에 익숙해지는 것이 절망보다 더 나쁘다고 말한다. 무기력하고 가장 사적인 관계를 포기하게 만들며 비대면으로 공감과 연대를 실천해야 하는 숙제, 이번에도 기댈 곳은 상식과 배려, 양보와 협력의 정신을 발휘할 보통의 영웅들뿐이다.

(2020. 8. 19)

진실을 찾는 자 오이디푸스

무겁고 무서운 진실

그리스 비극은 인간의 의지와 무관하게 주어지는 운명의 냉혹함, 그리고 그에 정면으로 맞서는 영웅들의 이야기를 통해 카타르시스를 느끼게 한다. 그와 동시에 인간이 추구해야 할 궁극의 가치는 무엇인지, 운명으로부터 참된 자유를 얻는다는 것은 무엇인지 생각하게 한다.

소포클레스를 비롯한 비극시인들은 그리스가 페르시아와의 전쟁을 거친 후 민주주의가 가장 꽃피우던 시기에 활약한 사람들이다. 이는 인간의 본성과 존재에 대한 질문을 천착하게 만든 힘이 어디에서 비롯되는 것인지 짐작하게 해준다.

오늘날 수사 스릴러물의 원형이라 할 수 있는 소포클레스의 대표작 『오이디푸스 왕』에서 오이디푸스는 아버지를 죽이고 어머니를 아내로 맞이하게 될 거라는 끔찍한 신탁을 피하기 위해 길을 나서지만 아이러니하게도 그 길은 신탁으로 가까이 가는 길이 된다. 운명은 피할 수 없는 숙명임을 말하려는 것일까. 빅토르 위고도 노트르담 사원 어느 귀퉁이에 쓰여진 'ANATKH'(숙명)라는 글자를 보고『파리의 노트르담』을 구상했다고 하니 운명과 숙명은 인간의 힘으로는 어찌할 수 없는 신의 영역인가 하는 생각을 하게 된다. 위고는 서른도 안 된 나이에 인간에 대한 통찰과 혜안을 가졌지만 나 같은 필부의 삶은 몇 배로 고단할 수밖에 없다. 아무리 애써도 안 되는 일은 안 되더라, 일이 되려고 하면 우연이 겹쳐 우습지도 않게 풀리기도 하더라 하는 경험을 몇 번 하고 나서야 비로소 고개를 주억거리게 되니 말이다.

오이디푸스 왕의 위대함은 끊임없이 질문을 던지고 그 질문에 답을 찾아 나선다는 데 있다. 테베왕국에 들어갈 때 스핑크스의 질문을 받은 것을 제외하면 국가와 백성의 안위를 위해 그는 늘 스스로에게 질문을 던져야 했다. '라이오스(테베의 왕이자 이오카스테의 남편이었던 그의 아버지)를 죽인 자는 누구인가' '내가 그 범인인가' 그리고 궁극으로 맞닥뜨리는 존재의 근원을 묻는 질문, '그럼 나는 누구인가'. 그가 이 세 가지 질문에 대한 진실에 다가갈수록 자신의 손으로 냉혹한 운명을 앞당겨야 하는 역설을 끌어안았으니 그런 점에서 오이디푸스는 이미 영웅이다.

관객들은 그가 무지의 어둠에 있을 때부터 코러스를 통해 진실을 알았지만 오이디푸스 왕은 그의 부은 발(오이디푸스는 '부은 발'이라는 뜻이고 이는 그의 출생비밀과 연결된다)을 보고 눈치챈 아내이자 어머니인 이오카스테가 극구 만류함에도 고집스럽게 끝까지 진실을 추적해나간다. 그는 결국 진실의 문 앞에서 "나도 듣기 무서운 진실 앞에 이르렀다. 그래도 들어야 한다"며 자신의 출생을 둘러싼 진실을 목도한다.

오이디푸스는 "내 나라를 구할 수만 있다면 나 하나쯤은 망가져도 상관없다"고 말한다. 수사망을 좁혀가는 과정에서 자신에게 주어진 운명의 저주를 알아채지만 그는 포기하지 않는다. 그 결과 자결한 이오카스테의 옷에서 브로치를 뽑아 자신의 살과 뼈를 만든 아버지, 피와 영혼을 만들어준 어머니를 알아보지 못한 자신의 어리석은 눈을 찌르고 방랑자의 길을 선택한다. 하지만 일찍이 그의 죽음이 놓인 자리가 가장 신성한 자리가 될 것이라는 신탁을 받은 바 있었으니 운명에 맞서 신념대로 행동하고 사유한 오이디푸스는 아테네 근방 테세우스의 땅 콜로노스에서 영원한 자유를 얻는다.

지도자로서 진실을 추구하는 덕목을 가졌기에 파멸했지만 운명을 받아들임으로써 운명에서 자유로워진 것이다. 소크라테스가 내면의 소리로 자주 언급한 '다이모니온'(Daimonion)은 옳다고 믿는 것을 행하는 용기와 자신에 대한 깊은 믿음을 의미한다. 가장 강한 자였으나 장님이 되어 거렁뱅이로 살지언정 진실이 더 중요하다는 오이디푸스. 그는 죽음으로도 번뇌를 끊어낼 수 없다는 것을 알기에 살아서 진실이 주는 치욕을 감내하는 것만이 속죄하는 길이라고 생각했던 것일까. 진실은 그래서 무겁고 무섭다.

운명과 소명이 화해하는 아모르파티

"내가 종교처럼 숭상하고 목숨을 걸어서라도 지키려고 하는 것은, 국가가 아니야, 분명해. 소위 애국, 이런 게 아니야. 진실이야."

생전에 리영희 선생은 오직 진실만이 숭고한 가치임을 강조했다. 설령 칼끝이 자신을 향한다고 해도 말이다. 링컨도 진실은 중상모략에 대한 가장 훌륭한 변호라고 했다. 그러나 진실을 마주하는 것은 용기를 필요로 한다. 진실은 연민을 느끼는 가슴이 없어 그 무게를 고스란히 감내해야 하기 때문이다.

우리는 진실의 문에 들어가는 열쇠를 가진 사람들을 얼마나 많이 잃었던가. 조국 전 장관의 회고록 『조국의 시간』을 두고 많은 이들이 비아냥거리고 폄훼하는 것은 두려움의 다른 표현이다. 때로 자신의 과오나 죄책감을 덮고자 희생양을 만드는 자들은 피해자를 찾아가 죽음의 향을 피우기를 주저하지 않는다. 진실을 말하는 자는 평온한 마음이지만 그 진실 뒤 어둠 속에 웅크리고 있는 자들은 언제든 증오와 거짓, 혐오의 창을 던질 준비가 되어 있다.

그들이 전가(傳家)의 보도(寶刀)처럼 신봉하는 자유민주주의 사회에서는 누구에게나 말할 권리가 있고 사회는 들어주어야 할 의무가 있다. 객관적인 사실에 근거하고 있다면, 그리고 합리적인 의심에 기반한 논리적 정합성을 갖추고 있다면, 아니 최소한의 문명사회임을 부정하지 않는다면 비난은 잠시 접어두고 듣는 것이 우선일 것이다. 파편적으로 입맛에 맞는 것만 오려 붙여서 비난하는 것이야 오늘날 한국 언론의 특기가 되었으니 말할 가치조차 없다.

하지만 적어도 '합리적 정신'과 '인권'을 보장하는 민주적인 사회를 지향해온 사람들이라면 자기 자신에게 모욕적이지 않기 위해서라도 말할 권리를 행사할 수 없었던 사람의 항변을 듣고 읽는 것 정도는 기꺼이 해야 하는 일이다.

소문만 들어 아는 사실과 진실은 다르다. 나는 그가 하는 말이 한 치의 오차도 없는 진실이라고 확신하지 못한다. 인간은 누구나 불완전하고 기억이나 기록이라는 것도 오류나 왜곡이 있을 수 있음을 안다. 하지만 신뢰하게 만드는 첫 번째 덕목은 맥락과 의도에 있다. 아귀가 맞게 설명할 수 있다는 것은 그만큼 진실에 가깝다는 뜻이다. 따라서 지위고하를 막론하고 한 개인이 우리 사회가 추구해온 절차적 민주주의, 즉 보편가치인 인권을 심대하게 침해당한다면 기꺼이 그의 편이 되어줄 것이다.

시시포스가 위대한 이유도 오이디푸스 왕처럼 자신의 운명을 받아들였다는 데 있다. 그의 위대함은 무거운 돌을 산정으로 밀어 올리는 시간이 아니라 다시 낭떠러지 아래로 굴러떨어진 돌을 향해 걸어 내려오는 시간에 있다. 조국 전 장관도 법학자로서, 진보적인 지식인으로서 평생의 소명인 검찰권력의 정상화를 향해 기꺼이 낭떠러지 아래로 한 발 한 발 내딛는 중이다. 산산조각 난 인간의 마음속에서 운명과 소명이 화해하는 아모르파티(Amor Fati)는 운명을 받아들임으로써 운명으로부터 자유로워지는 역설이니 좀더 많은 이들이 미래에서 온 사람이 되면 우리가 사는 세상은 더 나아지지 않을까.

세상에서 쫓겨나는 사람은 오직 둘뿐이다
미래를 가로막는 과거의 사람이거나
오늘이 받아들이기 두려운 미래의 사람

과거의 사람을 쫓아내는 사람들은
자신이 무슨 일을 하고 있는지 안다
하지만 미래의 사람을 추방하는 자들은
지금 자신이 무슨 일을 하고 있는지 모른다

미래에서 온 사람은 언제나
낯설고 불편하고 불온해 보이기에*

(2021.6.4)

* 박노해, 「미래에서 온 사람」, 『그러니 그대 사라지지 말아라』, 느린걸음,
2010.

지도자는 깃발을 올리고 시민들은 사수하고

타협하고 설득하는 과정이 곧 민주주의다

"해답보다 질문이 더 중요하다는 것을 깨달을 때 우리는 선진국이 될 수 있다."

한빛미디어 박태웅 의장의 이야기다. 그는 『눈 떠보니 선진국』에서 한국 공교육은 도덕적 개인은 가르치되 합리적 시민을 가르치지 않는 것, 신독(慎獨)하되 협업하지 않는 것을 놓치고 있다고 안타까워한다. 자신이 원하는 것을 얻기 위해서는 생각이 다른 타인을 설득해야 하고 그 과정에서 협상과 타협은 필수적이다. 서로가 오직 내 것만을 주장한다면 다음 장으로 넘어갈 수 없을 테니 일방적인 주장이 아니라 대화와 토론을 통해 협상하는 능력을 기르는 것에 반대할 사람은 없을 것이다. 우리는 언제쯤 정치인들이 합리적으로 토론하는 모습을 볼 수 있을까.

민주주의 운영원리 중 하나인 다수결의 원칙은 소수의 의견을 존중해야 한다는 조건을 달고 있지만 매번 소수의견은 묵살되기 십상이고 세상을 움직이는 것은 역시 옳든 그르든 다수가 선택한 결과에 의해서다. 한국정치사에서 정치적 대척점에 있는 이들이 끈질긴 대화와 토론으로 합리적인 결정을 내린 적이 있던가. 과문한 탓이겠지만 언뜻 떠오르는 사례가 없다. 반말과 훈계, 눈을 부릅뜨며 시정잡배들처럼 고성이 오가는 국회 상임위 회의장은 이제 낯설지도 않다.

반대자를 만나 집요하게 설득하고 토론하는 것이 곧 민주주의의 요체임을 보여주는 영화 「링컨」은 미국 수정헌법 제13조를 둘러싼 숨 막히는 막후정치의 드라마를 보여준다. 1865년 1월, 재선된 지 2개월째, 남북전쟁 4년째, 영화는 노예제 폐지를 담은 수정헌법 제13조가 상원을 통과하고 하원 3분의 2 찬성이 필요한 시점에서 시작한다. 수정헌법보다 사상자 60만 명을 낸 전쟁 종식이 우선이라는 여당의 요구가 거세다.

그러나 링컨은 반대파 하원의원들을 설득하기 위한 막후작업을 지시한다. 그의 동료들은 수정안이 통과하는 데 부족한 20표를 확보하기 위해 아직 마음을 정하지 않았거나 망설이는 의원들을 찾아다니며 토론하고 논쟁하면서 설득한다. 때론 자리를 약속하고 돈으로 회유하기도 하며 적법하게 비껴갈 수 있을 정도의 거짓말도 서슴지 않는다.

이 지점에서 주어진 권력을 어떻게 행사할 것인가, 정의를 위해서 편법을 사용하는 것을 어떻게 볼 것인가 하는 질문을 하게 된다. 보통 정치인들은 권력을 얻기 위해 권모술수와 정치적 거래를 불사한다. 편법과 비겁을 자행해 정의를 얻는 것, 그리고 원칙을 지키느라 부조리를 방관해 더 많은 피해를 양산하는 것 사이에 어떤 함수가 존재하는 것일까.

처음부터 완벽한 것은 없다

링컨은 화약을 제안하러 온 남부 대표팀에 보낼 전보를 고심하다 전보업무를 하는 청년들에게 태어나는 데 선택권이 있는지 물으며 "서로가 같은 물질로 이뤄졌다면 그 각각은 서로 같다"는 그리스 철학자 유클리드의 원론을 말한다. 2,000년 전에 쓰인 수학적 추론의 법칙에서도 '자명한 것'이라고 말하는 것처럼 출발점은 평등이고 그것이 정의라고 말이다. 남부군과 평화회담이 성사되고 전쟁이 끝나면 수정헌법은 더 요원해질 터였다. 그는 남부군 대표를 워싱턴에 들이지 말라고 전보를 수정할 것을 지시한다. 화약보다 수정헌법이 우선이라는 판단을 내린 것이다.

링컨이 상대방을 설득하는 방식은 대개 이러하다. 자기논리를 보강해 자기확신을 더하는 과정과 더불어 상대에게 스스로 생각하게 하고 스스로 판단하게 하는 것, 그리하여 자신이 설득당한 것이 아니라 생각을 바꾼 것이라는 느낌을 갖게 한다. 협상으로 치면 최고의 윈윈전략이다. 그가 전장의 병사들, 공장 노동자들, 전보업무를 수행하는 청년들과 나누는 대화는 대통령이라는 권위보다 동시대를 살아가는 이웃으로 느껴질 만큼 친근하고 솔직하다. 그가 가난한 시골 출신이어서 가능한 것인데 신뢰를 바탕으로 한 협상과 타협에는 이만한 무기가 없다.

표결을 며칠 앞두고 흑인 여성 케클리 부인과 나누는 대화도 인상적이다.

"노예시대가 끝나면 당신들이 어떤 존재가 될지 나는 모릅니다."

"흑인들은 노예가 된 순간부터 자유를 위해 싸우고 죽어갔어요. 아무도 자유로워진 후를 말하지 않았죠. 무엇보다 자유가 먼저였으니까요."

링컨은 늘 상대가 자신의 생각을 말할 수 있게 언로를 열어둔다. 이 또한 상대가 무엇을 원하는지 정확하게 알아야 하는 협상가의 중요한 덕목이 아니겠는가.

근데 여기서 이런 질문이 가능하다. 평소 링컨의 신념은 "깃발을 올리면 그것을 유지하는 것은 국민의 몫"이라는 것이었으니 노예제 폐지 이후의 세상은 오직 국민의 몫이 되는 것인가. 그 깃발의 신념은 누가 정하는 것인가. 깃발의 당파성은 무엇으로 결정되는가.

백인 남성들에게 노예제 폐지는 흑인들도 자신과 동일한 투표권을 가진다는 것과 여성에게도 투표권을 줘야 한다는 공포를 의미했으니 지옥과 다름없었을 것이다. 링컨은 불안해하는 반대파에게 "타인을 억압하는 자유를 버린다면 또 다른 자유를 얻을 것"이라 말하고 노예해방 이후의 준비가 안 돼 있다는 반론에 그것은 평화도 마찬가지며 뭐든 하나하나 닥치는 대로 풀어가는 수밖에 없다고 설득한다.

비록 수정안 통과를 위해 '모든 인간은 평등하게 태어났다'에서 '법 앞의 평등'으로 후퇴하긴 했지만 단 2표 차로 "19세기 가장 위대한 입법이자 부패로 통과되고 가장 순수한 사람이 추진한 법안"인 수정헌법 제13조가 가결되었다. 영화는 반대파를 회유하고 설득하기 위해 다양한 전술을 구사하는 링컨에 초점을 맞춘다. 노예제 폐지가 링컨 자신에겐 어떤 이익이 있을까. 그것은 오직 정의다. 그는 공정성과 자유에 대한 도덕적 욕구만이 정의라고 믿는다. 옳다고 믿는 결과를 얻기 위해서는 고난의 과정을 겪을 수밖에 없다는 것을 잘 아는 그는 지난한 설득을 통해 반대파를 감화시켰다. 하지만 수정안 통과의 기쁨이 가라앉기도 전에 링컨은 저격당했고 미국인들은 그가 올린 깃발을 유산으로 물려받았다.

현대판 노예제도

옛날이야기의 좋은 점은 "나쁜 놈은 벌받고 착한 사람은 행복하게 오래오래 살았대"라고 함으로써 그간의 긴장과 안타까움을 일순간에 안도와 행복으로 바꿔놓는다는 데 있다. 그러나 현실세계에 그런 판타지는 절대 존재하지 않는다. 역사는 늘 아(我)와 피아(彼我)의 투쟁이고 인간은 본능적으로 욕망의 동물이기에 끊임없이 감시하고 견제해야 하는 존재가 아니던가.

타협의 선물인 만인에게 주어진 자유, 즉 수정헌법 제13조 제1항 "어떠한 노예제도나 강제노역도 해당자가 정식으로 기소되어 판결로써 확정된 형벌이 아닌 이상 미합중국과 그 사법권이 관할

하는 영역 내에서 존재할 수 없다"는 선언은 위대했다. 그럼에도 이 조항이 족쇄가 되어 합법적으로 배제당하는 역설이 발생한다. 조지 플로이드 사건처럼 언제든 마음만 먹으면 아프리카계 미국인들을 범죄자로 만들어 노예처럼 착취하는 법적 근거가 되는 것이다.

「미국 수정헌법 제13조」라는 다큐멘터리는 자유를 보장받지만 범죄자는 제외한다는 수정헌법 제13조 제1항의 매우 중대한 결함과 태생적 한계를 가지고 있음을 조목조목 증명해 보인다. 파편적인 사실들을 토대로 하는데 각각의 '사실'들이 진실을 가리키고 있다는 것에 동의하게 된다. 인류 역사상 최대의 기득권 포기라 할 수도 있을 노예제 폐지에 찬성한 이들은 링컨이 말한 '인간의 자유'라는 자연권의 접근이 아니라 흑인들을 노예로 평생 먹이고 입히고 재우는 것보다 값싼 노동력으로 고용하는 게 더 유리하다고 판단했을지도 모른다. 그러나 그것만으로는 부족했던 모양이다.

다큐멘터리는 노예제 폐지 이후 노예들은 자유를 찾았지만 붕괴된 남부의 경제재건을 위해 흑인을 경범죄로 잡아들여 값싼 노동력으로 대체했다고 고발한다. 그리고 1970년대 닉슨과 1980년대 레이건의 범죄와의 전쟁, 마약과의 전쟁에서 주로 백인들이 연루된 고가의 코카인보다 크랙이라는 저렴한 마약에 몇 배의 가중치를 둠으로써 흑인 범죄자를 기하급수적으로 늘려 흑인에 대한 공포를 조장하고 그들을 합법적인 노예로 부렸다고 폭로한다.

오늘날 미국 인구가 전 세계 인구의 5퍼센트인데 죄수 인구는 세계인구의 25퍼센트이며 미국 인구의 6.5퍼센트가 흑인 남성인데 수감된 흑인 남성은 40.2퍼센트에 달한다고 한다. 이 통계는 1850년대 노예의 수보다 더 많은 흑인이 사법당국의 통제하에 있다는 것을 의미한다. 그리고 흑인을 향한 인종차별이 매우 합법적이고 교묘하게 작동한 결과라고 보아도 큰 무리가 없다.

민주당 정부라 하여 다를 건 없어서 빌 클린턴 재임 시에는 중범죄를 세 번 저지르면 무기징역에 처하는 삼진아웃 제도를 도입했다. 오바마 정부 때는 흑인과 유색인종 전체를 한시적 범죄자로 체포하고 이들을 구금할 수 있는 SB1070법을 통과시켰다. 그렇다면 교도소마다 흑인과 유색인종 수감자들이 차고 넘쳤을 테니 국가 재정에 부담이 갈 것이 뻔하지 않은가. 다큐멘터리는 민영화된 교도소 수감자들의 노동력을 이용하기 위해 입법자들과 감옥과 관련된 미국 기업과의 커넥션을 고발한다. 즉 자신과 관련된 기업의 이익을 위해 흑인 범죄를 늘리기 위한 법들을 제정하고 교묘한 방법으로 흑인들을 대량투옥시키면 기업의 감옥 내 생산시스템이 가동되어 합법적으로 노예처럼 부릴 수 있게 된다는 것이다.

범죄와 산업이 만난 범산복합체의 탄생

이 시스템의 중심에 있는 알렉(ALEC: American Legislative Exchange Council)은 창설된 지 40년이 된 입법교류회의로, 말 그대로 정치인과 기업인의 법안 로비(동업)단체다. 알렉이 주도한 대표적인 범죄법안이 SB1070법이고 민영화된 감옥은 그들을 이용해 막대한 이윤을 얻는 구조다. 세계 수감자 4명 중 1명이 미국에 수감되어 있을 정도로 세계 최고의 수감율이니 미처 재판을 다 감당하지 못해 재판 대신 형량거래가 이루어지고 사법당국의 묵인하에 범산복합체가 노예제라는 맥락을 이어온다는 것이다. "노예제나 강제노역 금지원칙에 유죄판결을 받은 자는 제외한다"는 수정헌법 제13조의 예외조항이 빚은 현대판 합법적 노예제다.

링컨은 편법을 써가면서까지 '정의'를 구현하고자 수정헌법의 깃발을 올렸다. 그의 말대로 깃발을 지키는 것은 국민들의 몫이다. 이는 시사하는 바가 매우 크다. 특정한 악마나 괴물 같은 인간이 세상을 혼란하게 하는 게 아니다. 각자 서 있는 자리에서 오직 자신의 권리만이 옳다고 주장하는, 각자의 기득권을 놓지 않고자 하는 본능이 이성을 압도하는 결과의 총합만큼 세상을 망치게 마련이다. 이것을 견제하지 못하면 정당한 정치행위가 되고 역사가 된다는 것을 다양한 사례에서 확인할 수 있다. 이에 더해 민주주의는 한시도 방관해서는 안 되는 매우 취약한 구조물임도 절감한다.

한국사회의 기득권이 검·언·정·판 카르텔이라면 미국사회의 기득권은 공화당 인사들이 강조하는 '진정한 미국인' 즉, 미국에서 태어나 영어를 쓰는 백인 개신교도다. 민주주의 실현을 위한 각종 진보적 시도들은 늘 기득권의 강력한 정치적 반대에 부딪힌다. 수정헌법 제13조를 둘러싼 한 편의 영화와 그 이후를 다룬 다큐멘터리를 보면 정책 결정은 어떤 과정을 거쳐야 하는지, 결정 후 어떻게 깃발을 지켜야 하는지 질문하지 않을 수 없다. 두 작품은 어떤 일이든 한 면만 보아서는 안 된다는 깨달음을 주기도 한다.

인간은 불완전한 존재이므로 본질적으로 처음의 선의는 언제든 변질될 수 있고 틀릴 수 있다는 것을 의심해야 한다는 것은 참명제다. 권력이 비대해진 곳은 부패하기 마련이라 견제와 균형을 요구했을 것이고 이는 삼권분립의 정신으로 자리 잡았을 것이다. 어쩌면 제도적 강제나 선해야 한다는 당위성이 아니라 인간의 욕망을 철저하게 반영한 제도만이 오래 살아남는 것이라고 보는 게 맞을지도 모르겠다.

많은 이들이 노무현 전 대통령이 링컨과 닮았다고 말한다. 그것은 아마도 지지자들을 열광시키는 전투적인 연설(언어)과 행정가로서의 성과주의라는 언뜻 보면 어울리지 않는 두 가지 면모를 갖추고 있어서가 아닐까 싶다. 노무현 전 대통령의 지시로 만든 방역 대응 매뉴얼이 코로나19에 지대한 공헌을 한 것도 그의 성과주의의 한 단면을 보여주는 것이다. 차갑지만 본질은 뜨거운 사람, 기득권은 이런 사람을 두려워하는 것 같다. 협상은 가능하지만 결코 개인적 욕망을 앞세우지 않을 것임을, 그때 통한 조롱이 이번에도 통할지는 좀더 두고 봐야겠다.

깃발을 올리는 사람

"나는 아직 변방사또다. 새싹도 못 된 사람이다."

몇 년 전 당시 성남시장이었던 이재명 후보가 『시사인』과 인터뷰한 내용이다.

"내가 이승만의 문제를 우아한 언어로 있는 사실만 지적하면 그걸로 끝이에요. 어, 맞는 말이네, 끝. 거기에다가 바늘을 하나 끼워 넣어야 해요. '얼어 죽을' 같은 거 말이죠. 무슨 시장이 저렇게 막말을 하나 하고 반응이 오면 그때 내가 한 번 더 얘기할 기회가 생기는 거예요."

그는 체급이 높아지면 언어도 행동도 무거워지지 않겠냐고 했다. 과연 자력으로 기초 단체장에서 대통령 후보로 성장한 그의 전략적인 면모를 엿볼 수 있는 발언이다. 그의 화법이 늘 불안하다고 느껴진 데에는 다 이런 연원이 있었던 것이구나 싶었다.

반대파를 설득하고 협상에 성공하려면 자신의 정치적 비전에 대한 확신이 전제조건이다. 아내와 동료 공화당 의원들의 반대에도 불같이 화를 내고 때론 조롱하고 부탁하며 자신의 의지를 재차 확인시킨 링컨의 의지가 있었기에 비록 지금은 만신창이가 되었다 할지언정 세기적 법안 통과라는 기적을 일궈낸 것이다.

리더는 깃발을 올리는 사람이며 그 뒤는 국민들의 몫이라고 한 링컨의 말처럼 이재명 후보도 "깃발이 없으면 각개격파당한다. 강하게 결집된 지지층이 존재해야 외연확장이 가능하다"는 주장을 이미 시장 시절에 분명히 했다. 이재명 후보가 노무현 전 대통령과 겹쳐 보이는 지점이 있다면 선동가적 뜨거움과 행정가적 차가움을 동전의 양면처럼 지니고 있기 때문일 것이다. 그릇에 꽉 찬 물

은 아래로 흐르는 법, 확신이 있는 내부동력이 커진다면 중도확장
은 여러 갈래로 물 흐르듯 길을 낼 것이다. 그 길을 어떻게 넓히고
가꿔갈 것인가 하는 문제도 깃발 아래 모인 국민만이 아니라 깃발
을 세운 리더의 능력과 직결된다는 것은 지나간 역사의 경험이 전
하는 가르침이다. (2021. 12. 2)

나는 민주주의자인가

• 에필로그

대선이 끝났다. 87년 체제를 마감하고 새로운 시대를 열 수 있을 거라는 기대와 희망은 비통함을 넘어 불안과 공포의 마음을 가져다주었다. 민주주의란 어쩌면 서로 다른 정치세력이 견제와 균형을 잡아가며 한 걸음씩 앞으로 나아가는 것이건만 왜 우리는 이토록 불안해하는 것일까. 비록 투표권은 없었지만 1987년 직선제로 첫 번째 치러진 대선을 내 생의 첫 선거운동으로 참여한 후 이토록 깊은 공황에 빠지긴 처음인 것 같다.

나는 1991년과 2009년, 그리고 2014년 세 차례 우울증에 가까운 실의와 절망을 경험했다. 1991년은 노동운동과 학생운동에 중요한 변곡점이 되어 개인적으로 87년 체제를 종식시켰다고 평가하는 5월 투쟁이 있었고 2009년에는 노무현 전 대통령을 잃었다. 그리고 2014년은 세월호가 수장되는 것을 실시간으로 지켜본 해다. 마치 온몸이 물에 젖은 것처럼, 가위에 눌린 것처럼 절망에서 오는 무기력증에 시달렸다. 집안이 풍비박산 났을 때조차 겪지 않았던 깊은 우울이었다. 세 번의 우울감에 공통점이 있다면 나와 정치 사이의 간극이 너무 멀고 깊어 그 비어 있는 자리에 들어선 강물에 익사한 느낌이랄까, 마치 모든 것이 산산이 부서지고 내동댕이쳐진 느낌이랄까, 뭐 그랬다. 그런데 올해 봄에 다시 느끼는 상실감은 그 모든 것을 다 넘어서는 수준이어서 지금도 당혹감을 떨쳐내기 어렵다.

부서진 마음을 위로하려면 일상과 거리두기, 낯설게 하기가 필요했다. 어떻게든 부서진 마음에 대한 조의를 표해야 했다. 그래서 떠올린 것이 몇 년 전에 읽었던 미국 사회운동가 파커 J. 파머의 『비통한 자들을 위한 정치학』이었다. 이 책의 원제는 '민주주의의 마음 치유하기'다. 그는 "비통한 현실에 부서져 흩어질 게 아니라 부서져 열리는 마음이 요구된다"며 민주주의를 지탱하게 하는 힘은 법과 제도보다 민주적인 태도, 공동체를 향한 마음의 민주적 습관에 있다고 했다.

유발 하라리가 사피엔스의 지난한 역사를 톺으면서 결국엔 공감과 공존, 자기 깨달음이라는 동양적 방식으로 귀결한 것처럼 파머는 '근대성에서 비롯된 마음'에서 오늘날 정치현실의 이유를 찾아야 한다고 말한다. 전에 읽을 때는 그냥 고개를 주억거렸던 그의 말들이 하나하나 펄떡거리며 살아오는 느낌이었다.

나는 대선이 끝난 후 산산이 부서진 내 마음조차도 제대로 보듬어주지 못하고 방치하거나 비관과 냉소로 일관해왔다. 그리고 그 기저에는 정당한 분노라 말했지만 실은 미움이라는 일차적인 분노의 감정이 있었다는 것을 깨달았다. 역시 바닥까지 내려가야 비로소 서늘하게 본질을 들여다보는 게 인간인 것인가.

그래서 나 자신에게 물었다. 나는 시민인가. 나는 민주주의자인가. 다양성을 말하면서 다른 생각을 가진 이들을 악마화하지는 않았는가. 그렇다면 내가 설득하고자 했던 대상은 어떤 사람들인가. 정치의 과잉, 오염된 정보, 소통의 부재라는 난관을 뚫고 어떻게 교감하려고 한 것인가. 대척점에 있는 이들을 분노의 감정 말고 진정성을 가지고 그 마음을 만지려고 하기는 한 것인가. 말로는 소통을 말하면서 마음의 빗장을 굳게 닫아걸고 있었던 것은 아닌가 하고 말이다. 분노로는 아무것도 할 수 없다는 것, 네거티브는 절대 포지티브를 이길 수 없다는 것을 머리가 아니라 마음으로 받아들이기 시작하면서 일상으로 돌아올 힘을 낼 수 있었다.

결과와 관계없이 2022년 대선은 'Citizen'이 아니라 'Ctizenship'을 갖춘 시민으로 성장하는 살아 있는 민주시민 학습장이었다. 노예해방 법안을 통과시키기 위해 반대편 의원들을 하나하나 설득하고 토론하고 그것도 안 되면 회유와 거래도 마다않고 관철시킨 링컨처럼, 정치적 시민성을 터득한 시민들은 합법적인 테두리 안에서 수단과 방법을 가리지 않고 캠페인에 참여했다. 민주주의 사회를 살아가는 시민으로서 무엇을 해야 하는지 스스로 학습하는 기회가 되었고 대화와 토론이 얼마나 중요한지, 타인을 설득하기 위해서는 무엇이 필요한지 생각하는 계기가 되었다. 선거권을 자신의 사적 욕망을 실현하는 방편으로 도구화하는 것에 반해 공적인 가치를 높이는 것이 곧 내 삶에도 이익이 되는 길이라는 것, 개인의 욕망이 공공선과 조화를 이룰 수 있다는 것을 깨닫는 과정은 그래서 위대하다.

파커 J. 파머의 말대로라면 신념이 다르다 하여 돌을 던질 것이 아니라 우리와 다른 선택을 한 사람들의 마음이 무엇인지 들여다보아야 한다. 다수결이 소크라테스를 죽음으로 몰고 갔다 하여 민주주의를 부정할 수 없듯이 차별과 혐오를 감추지 않는 자에게 권력이 넘어갔다 하여 그 성과가 사라지는 것이 아니며 민주주의의 근본을 부정할 수는 없지 않겠는가. 동료 시민들에 대한 믿음이 부서진 마음을 어떻게 갈무리하여 열리는 마음으로 나아가게 할 것인지 생각해야 하지 않겠는가.

지난해 가을 치악산 종주를 하던 날 시간계산을 잘못해 어둠 속에서 하산하는 실수를 했다. 낙엽이 쌓인 돌계단이 이어지는 내리막길에서 랜턴의 불빛은 오히려 등산로를 분별하기 힘들게 했다. 낮의 눈과 밤의 눈이 다르다는 것을 그날 알았다. 밤하늘이 흐렸음에도 랜턴을 끄고 내 눈과 마음에 의지하자 오히려 길이 또렷하게 보였다. 잠시 계단에 앉아 날개를 접고 둥지에 깃든 새들의 낮은 울음과 어둠이 깃든 밤이 내는 온갖 소리들을 들으며 고요와 적막에 몸을 맡겼다. 나는 그들 중 하나일 뿐이라는 생각에 미치자 어둠은 더 이상 물리쳐야 할 그 무엇이거나 두려움이 아니었다. 산은 누구나 자기 안에 자신을 밝혀줄 혜안의 힘을 지니고 있다는 것을 알려주었고 내 안에 숨은 등불에 의지하여 무사히 산에서 벗어났다. 그리고 만난 산사의 창호지에서 배어 나오는 희붐한 빛은 어제

알던 그 빛이 아니었다.

　나는 우리 모두가 서로에게 희미하지만 따뜻한 빛이 되기를 원한다. 누군가 그곳에 있다는 것, 언제든 소리쳐 부르면 화답받을 수 있다는 믿음을 본다. 현실과 당위, 정치와 일상 사이의 넓고도 깊은 간극을 각자가 내는 희붐한 빛으로 스스로 서고 동시에 서로 의지할 수 있다면 그 강에 익사하지 않고 오히려 배를 띄울 수 있을 거라는 믿음을 본다. 말 그대로 독립된 개인의 굳건한 사회적 연대다.

　파커 J. 파머는 숨 가쁜 속도로 쏟아내 무력감을 자아내는 정치 뉴스에 저항할 것과 이견을 드러냄으로써 동의하지 않을 자유를 행사하되 동의하지 않는 사람들을 악마화하지 말라고 말한다. 또 자신의 의견을 말하는 뻔뻔함과 동시에 자신의 의견이 틀릴 수도 있다는 겸손함을 가지라고 말한다. 어쩌면 민주주의는 법과 제도 이전에 용기내어 말하기, 그런 용기를 내는 시민들이 만나 사회적으로 연대하고 공공선에 대한 관심을 넓혀가는 크기만큼 우리 곁에 다가와 앉는 것인지도 모른다. 성인이 된 이래 끊임없이 자문하는 '어떻게 살 것인가'의 본질은 '어떻게 함께 살 것인가'였음이 아닌가. 교활한 정치인들과 언론을 위시한 기득권 세력이 장악한 상상에서 비봉한 사람들이 함께하는 비통한 자들의 정치, 그것이 오늘 우리에게 주어진 민주주의를 근본부터 성찰하는 과제인 듯하다.

　"지금은 세상을 바꾸려면 위대한 지도자 한 사람이 나타나는 게 아니라 국민들 마음속에 새로운 시대를 향한 올바른 생각이 자리 잡게 하는 게 제일 중요합니다."

노무현 전 대통령이 남긴 당부다. '민주주의 최후의 보루는 깨어 있는 시민들의 조직된 힘'에서 다시 원점으로 돌아가 나 스스로 시민이 될 것, 나 홀로 시민이 아니라 어떤 방식으로든 연대하고 협력하는 시민, 그리하여 어떻게 하면 함께 잘 살 것인가를 말하는 시민이 될 것, 내 의견에 동의하지 않는 이들을 악마화하지 않고 어떻게 함께 살 것인지 그들의 마음을 들여다볼 것, 이것이 올봄이 나에게 주는 숙제다. 그 숙제를 비통함을 느끼는 동료 시민들과 연대함으로써 함께 풀어가라는 것도.

추천하는 말씀

깊은 강물처럼 도도한 글

강미숙 작가는 황량한 겨울바람 속에서도 꿋꿋하게 꽃눈을 피운 나뭇가지를 내뻗어 매섭게 허공을 찌르는 기상이 넘치는 나무 같은 사람이고, 포슬포슬한 텃밭을 일궈 키워낸 옥수수와 감자를 즐겁게 나눔하면서 흙이 지닌 따뜻한 숨결을 사람들의 가슴에 불어 넣어주는 사람이다. 그래서 그녀의 글은 생명을 살리는 깊은 강물처럼 흐른다. 강 주변에 모여 사는 사람들에게 먹을 것을 나눠주듯 평화롭게 흐르다가, 강물을 더럽히는 것들이 밀려들면 용트림을 일으키며 수많은 전사의 깃발처럼 물마루를 흔들어 강물 밖으로 밀어내는 것이다.

일상을 소중히 여기듯 사회의 풍토가 아름다워지기를 소망하며 썼던 글. 소셜 미디어에서 수많은 사람을 감동으로 이끌었던 글들. 그런 강미숙 선생의 글이 다툼과 경쟁으로 황폐해지고 있는 사람들 곁으로 나온다고 하니 참으로 기쁘고 고마운 일 아니겠는가.

−이인휘 · 소설가

더 나은 세상을 향한 진실한 목소리

나는 요즘, 보수기득권층의 홍보지로 전락한 레거시 미디어보다 강호의 고수들이 활동하는 페이스북을 통해 정보를 얻고 세상과 소통한다. 강미숙 선생의 글은 기존 종이 신문의 칼럼보다 훨씬 날카롭고 진지하고 참신하다. 시대를 읽는 눈은 밝고, 정치적인 생각은 진보적이되 거칠지 않으며, 우리의 삶을 따뜻하게 감싸 안는다.

일상을 다룬 글들도 단순한 신변잡기나 가십 수준이 아니라 여성과 시민, 아내와 어머니의 정체성을 인식하면서 쓴 글로 공감을 자아낸다. 그중에서 유방암 판정을 받고 치유하는 과정에서 얻은 경험과 지혜를 이웃들과 나누는 모습은 강 선생은 이런 개인사도 공공의 영역으로 확장하는 여장부였구나 하는 생각이 들게 할 정도로 감동적이다.

개인적인 문제든 정치사회적인 문제든 강 선생이 독자들에게 설득력 있는 글을 쓸 수 있는 바탕은 어디에 있을까. 나는 강 선생이 스스로 언명하고 있듯이 '더 나은 세상에 살고 싶은 욕망에 충실한' 글을 쓰기 때문이라고 생각한다. 이러한 강 선생의 글쓰기는 루쉰 작가와 리영희 선생이 글을 쓰는 이유가 '세상의 진실을 밝히기 위해서'라고 했던 정신과 다르지 않다.

−**김영** · 인하대 명예교수, 여의도 샛숲학교 교장

굳세고 성실한 한 경계인의 생각

대통령이 선출직 공인이라면 시민은 당연직 공인이다. 나는 한 시민으로서 나의 공적 책무를 대통령만큼이나 무겁게 생각하는 편이다. 아, 그러나 민주공화국을 지키는 멋진 시민이 되는 일은 실로 만만치 않다. 피·땀·눈물의 시대는 끝났나 했더니 가짜뉴스와 거짓 선동, SNS 헛소동을 헤치고 사실과 진실을 탐사해야만 하는 새로운 공무(公務)가 이어진다.

선거 때 한 표를 던지는 일 따위는 아무것도 아니다. 사실을 확인하고 진실을 수색하는 데 그 천 배 만 배의 노력을 들여야 한다. 이러다 또 피를 흘려야 할지도 모른다.

사인(私人)으로서의 나는 늙었고 공인(公人)으로서의 나는 지쳤다. 양시양비론(兩是兩非論) 뒤로 적당히 숨고 싶다. 오십보백보라며 싸잡아 냉소하고 싶다. 할 만큼 했다고 미루고 싶다. 인간이 하는 일이 그렇지 뭐 체념하고 싶다. 그럴 때 원주와 여주의 경계 그 어딘가를 생각한다. 그곳에 사는 강미숙을 생각한다. 오늘도 오십보의 차이를 꼼꼼히 따지고 있는, 자신의 머리로 정리하지 않고는 한 발짝도 나아가지 않는 굳세고 성실한 한 시민을 생각한다.

−유시주 · 희망제작소 이사

당신은
어떤 세상을
살고
있습니까

지은이 강미숙
펴낸이 김언호

펴낸곳 (주)도서출판 한길사
등록 1976년 12월 24일 제74호
주소 10881 경기도 파주시 광인사길 37
홈페이지 www.hangilsa.co.kr
전자우편 hangilsa@hangilsa.co.kr
전화 031-955-2000 **팩스** 031-955-2005

부사장 박관순 **총괄이사** 김서영 **관리이사** 곽명호
영업이사 이경호 **경영이사** 김관영 **편집주간** 백은숙
편집 강성욱 박희진 노유연 최현경 이한민 김영길
관리 이주환 문주상 이희문 원선아 이진아 **마케팅** 정아린
디자인 창포 031-955-2097
CTP출력·인쇄 예림인쇄 **제본** 예림바인딩

제1판 제1쇄 2022년 5월 6일

값 17,000원
ISBN 978-89-356-6945-5 03340

• 잘못 만들어진 책은 구입하신 서점에서 바꿔드립니다.